안녕하세요,
비인간동물님들!

안녕하세요, 비인간동물님들!

고단한 동료 생명체를 위한 변론

북트리거

인류세 시대, 우리 곁의 동물과 어떻게 관계 맺을까.

인간동물과 비인간동물의 만남

10여 년 전, 나는 툰드라와 바다의 경계 지점에 있는 알래스카 카크토비크 마을에 있었습니다. 마른 식물들을 밟으면 상큼한 풀 냄새가 코끝을 스쳤지요. 따뜻한 여름날이어서 얼었다가 갈라진 땅이 우수수 떨어져 나갔습니다. 땅속에는 하얀 얼음이 들어 있었는데, 찰떡 아이스 속의 아이스크림처럼 "나, 1만 년 전 얼음이야."라고 말을 걸었지요.

그런 소리 말고는 적막했습니다. 나무 한 그루도 없었습니다. 바람은 소리를 내지 않고 이끼 위로 날았고, 거대한 환초가 막아 버린 파도도 성을 내지 않았죠. 북극에서 일주일 머무는 동안 나를 자극한 것은 어느 어린 북극곰의 씩씩거리는 숨소리가 유일했습니다.

그날 나는 에스키모(이누이트)들이 몇 해 전 사냥하고 버려 둔 고래 사체 더미에서 북극곰을 기다렸습니다. 고래 사냥철이 되면 북극곰은 귀신같이 알고 바다에서 헤엄쳐 상륙합니다. 북극의 여름은 깊어져 이제 모기들이 득실대고 바다 얼음도 녹았으니, 지금쯤 북극곰이 가까이 왔을 겁니다.

사흘 만에 어린 백곰이 나타났습니다. 아마도 갓 독립해 거친 북극의 환경에서 시행착오를 거쳐 여기까지 온 것 같았죠. "저 마을에 가면 이제 곧 에스키모들이 새 고래를 잡아 올 거라고. 먼저 가서 기다려."라고 누군가 말해 주지 않았을까요.

우리는 픽업트럭에서 숨을 죽이고 바라보았습니다. 감자탕에 붙은 고기를 파먹듯이, 북극곰은 몇 해간 얼었다 녹았다 한 고래 뼈에 붙은 살점을 뜯어 먹었습니다. 얼마나 지났을까요. 북극곰은 빨간 피를 얼굴에 묻히고 우리를 멀뚱히 쳐다봤습니다. 뒤로는 『눈의 여왕』에서나 나올 법한 잔잔한 은빛 바다가 펼쳐져 있었죠, 라고 쓰려니 고귀한 장면을 더럽히는 것 같군요.

이렇게 표현해야 옳습니다. 흡사 폭풍 전야처럼 고요하여 나는 숨 막힐 듯 긴장했습니다. 우리는 서로 바라봤지만 해치지 않았습니다. 세상은 갑자기 소란에서 조화로 이행한 듯했고, 이제 곧 진리의 신이 강림하여 모든 것을 바꾸어 놓으리라는 착각에 빠졌습니다. 이 순간은 너무 아름답고 순수해서, 세상의 진리를 담은 결정체 같았죠.

나는 '이것이 바로 에피파니(epiphany)로구나!' 하고 깨달았습니다.

찰나의 순간에서 경험하는 영원의 감각, 갑작스럽고 현저한 깨달음….
세계의 시원에 맞닿은 듯한 이 경험은 사람을 사로잡고 삶을 바꿉니다.

***

구석기시대에 인간과 동물은 하나의 세계에서 살았습니다. 존재론
적으로 평등했지요. 하지만 시간이 흐를수록 인간은 초월자의 성벽을
쌓고, 성 밖으로 몰아낸 동물을 생산하고 착취했습니다. 그 결과, 인간
은 동물과 다른 세계에 삽니다. 오늘날의 동물들은 반려동물, 야생동
물, 실험동물, 농장동물 등 각각의 용도에 맞춰 다른 대우를 받으며 인
간에게 분할 통치됩니다. 집 안에서 강아지 전용 방송을 보며 호강하
는 강아지가 있는 반면, 평생 임신과 출산을 반복하다 죽는 암퇘지가
있죠.

우리는 동물이 불쌍하기 때문에 동물에게 관심을 쏟습니다. 최근
들어 동물권을 소개하는 많은 책도 그 점에 집중하죠. 맞습니다. 공감
은 인간과 동물의 심리적 관계를 이어 주는 다리입니다. 수렵시대 사
냥꾼이 죄책감을 해소하는 의식을 행하던 옛날 옛적부터, 농장의 농
부가 가축들의 선한 관리자를 자임했던 오래지 않은 과거, 그리고 동
물권 활동가가 피켓을 들고 동물 해방을 외치는 오늘날까지 공감은
인간 행동의 추동력이었습니다. 하지만 우리의 선한 마음을 일깨우는
것만으로 동물권에 대해 다 이야기했다고 할 수 없습니다. 한편으로
동시대 동물의 처지는 사회적·경제적 체제의 결과물로, 유구한 역사

동안 이어져 내려온 호모사피엔스의 문화 속에서 바꿔어 가기 때문입니다.

동물권은 어려운 분야 중 하나입니다. 공리주의 철학과 인류학에도 정통해야 하고, 진화과학에도 소양이 있어야 인간과 동물의 관계를 높은 곳에서 조망할 수 있죠. 이 책은 이 시대 동물이 처한 처지를 입체적이면서도 쉽게 보여 주려 했습니다. '인간-동물'의 관계사를 다룬 1부는 역사책과 인류학을 접한다는 기분으로, 동물의 현실을 폭로한 2부는 신문 기사를 읽는 기분으로 읽어도 좋겠습니다. 동물에 대한 혐오와 동정 그리고 동물권 철학을 다룬 3부와 4부에서는 진화과학과 공리주의, 페미니즘의 시각을 녹였습니다. 이어 문명사적 통찰을 통해 인간과 동물이 공존하기 위한 대안을 5부에서 모색했습니다.

인간도 동물입니다. 우리는 '인간(人間)동물'이고, 동물은 '비인간(非人間)동물'이죠. 진화론의 창시자 찰스 다윈은 인간과 동물의 행동에는 차이보다는 유사성이 두드러진다고 일관되게 강조했습니다. 이 책의 제목에서 동물 대신 '비인간동물'을 쓴 것도 다윈과 같은 방향을 바라보고 있기 때문입니다. 동물 또한 우리와 마찬가지로 즐거워하고, 슬퍼하고, 성취감을 느끼고, 생존을 위해 살아가는 '동류(同類)의 존재'인 거죠. 이 책의 목표는 제가 북극곰을 만났을 때 느꼈던 그 동류감을, 구석기시대의 감각을 회복하는 것입니다.

미국의 작가 아이작 아시모프는 독자로 하여금 "유레카!"라고 외치게 하는 책보다 "그거 참 재미있군." 하며 눈을 반짝이게 하는 책이 좋은 책이라고 했습니다. 이 책이 그런 책이 됐으면 좋겠습니다. 앞으로 펼쳐질 동물권을 향한 여정에 작은 나침반을 건넵니다.

2022년 1월

남종영

목차

동물은
왜
불행해졌을까?

"네가 길들인 것에 너는 언제까지나 책임이 있어."

앙투안 드 생텍쥐페리 Antoine de Saint-Exupery 의 『어린 왕자』(1943)에서 여우가

떠나는 왕자에게 한 말입니다. 길들인 것에 책임지지 못하면, 길들여진

존재는 불행해집니다.

1부는 인간과 동물이 맺은 관계의 역사입니다. '역사' 하면 인간의 역사를

생각하지, 동물의 역사는 생각해 본 적이 없을 거예요. 아프리카 속담에

이런 말이 있습니다. "사자가 글을 쓰기 전까지 역사의 영웅은

사냥꾼으로 남을 것이다."

동물은 글을 쓸 수 없으므로, 현재의 역사는 인간에게 편파적입니다.

동물은 영웅인 인간을 위해 등장하는 조연일 뿐이지요. 그들의 불행조차

당연하게 여겨집니다.

동물의 역사를 복원하는 일은 드넓은 바다에서 부스러진 유리 조각을

수집하는 것과 같습니다. 그렇다고 해서 포기할 필요는 없어요.

우리가 알 수 있는 사실부터, 동물이 말해 주는 이야기부터 적어 나가면

되니까요.

인간-동물 관계의 역사는 크게 세 시기로 나뉩니다. 수렵시대, 사육시대

그리고 후기 사육시대입니다. 처음엔 인간이 동물과 경쟁하다가, 어느덧

동물을 길들이게 됐고, 이제는 그들을 창조하는 데까지 나아갔지요.

동물은 왜 불행해졌을까요?

1 ____

야생에서 처음 만나다

_동물과 인간, 그 교감의 오랜 역사

열 목숨 얻기 위해

한 목숨 바친 그대 희생 빛내리

넋이여 고이 잠들라

경상북도 김천의 농림축산검역본부에 가면 축혼비(畜魂碑)라는 이름의 비석 하나가 있습니다. 동물의 영혼을 위로하는 내용의 비문이 위와 같이 새겨져 있지요.

동물실험을 하는 대학과 연구소는 해마다 이런 비석 앞에서 '실험용으로' 인간을 위해 살다가 죽은 동물들을 위로하는 위령제를 엽니다. 실험용 쥐가 좋아하는 고구마, 감자, 그리고 실험용 개가 좋아하는 사료 같은 것들이 제사상에 오르지요. 희생된 동물의 넋을 기리는 자리인 만큼, 의식은 경건하게 진행됩니다. 제단에 하얀 국화꽃을 헌화하는가 하면, 미안함과 고마움을 담은 위혼문(慰魂文)을 낭독하기도 합니다.

"수금(獸禽)의 생명이여, 품성은 각기 다르나 목숨은 같으니라. (…) 가련한 그 넋을 위하여 묵념하고 명복을 축원하오니 밝은 세상에 다시 나아가 영생하길 기원하노라."

우리나라 동물 위령제의 역사는 100년 가까이 됩니다. 위령제에는 동물실험 기관의 연구원들이 참석합니다. 인간의 이익을 위해 동물을 이용했지만, 위령제를 통해 미안한 감정과 심심한 위로를 건네는 것이지요.

동물 위령제를 여는 이유

농림축산검역본부에 축혼비가 세워진 것은 1969년 박근식 박사에 의해서였습니다. 그는 한국 동물 위령제의 기원을 좇는 연구자와 가진 인터뷰에서 비석을 세우게 된 계기를 이렇게 설명합니다.

"피를 혈관을 찾아 가지고 뽑고, 나중에 목에 있는 경추를 분리시키면

인간은 동물의 생명을 이용하지만 동시에 깊은 죄의식을 갖고 있다. 사진은 농림축산검역본부에 있는 축혼비.

(병아리가) 죽어요. 그런데 눈은 말똥말똥해 가지고 나를 쳐다본다고… 그 애처롭기가 짝이 없어. 이것이 하루에 한두 마리가 아니고 수백 마리씩 그렇게 하는데… 이건 안 되겠다. 이건 우리가 아무리 사람이 권력을 가지고 그 짐승들의 목숨을 거둔다고 하더라도 내가 해부하는 사람으로 봤을 때는 가슴이 굉장히 아팠어. 그래서 이것을, 내 죄를 사하는 방법이 없겠느냐? 그러고 고민을 하고 있는데 (…)"[1]

동물의 관점에서 동물실험은 끔찍합니다. 살아 있는 생명체의 세포에 인위적으로 종양을 배양시키는 암 연구, 바이러스를 주입한 뒤

반응을 보는 면역학 연구, 심지어 유전자를 변형해 새로운 형질을 만드는 연구 등 대개 동물의 본성과 자유에 반하는 실험이지요.

보통 이런 실험동물들은 인간의 손에 의해 대량생산된 뒤 실험실 케이지(cage)에 갇혀 짧은 생을 살다가 죽어요. 연구원은 그 끔찍함을 누구보다 잘 아는 이들이지요. 그래서 연구원들이 '내 죄를 사하는 방법'으로 동물 위령제를 여는 것인지도 모르겠네요.

'인간=동물'이던 시절이 있었다

사실 인간이 동물에게 느끼는 죄의식을 해소하는 의식(儀式)을 벌이는 전통은 아주 오래됐답니다. 우리가 숲에서 살면서 다른 동물을 사냥하던 시절까지 거슬러 올라가지요. 550만 년 전에 침팬지와 분기된 인간은 다른 동물을 사냥해 육식을 하면서 가장 가까운 친척인 침팬지와는 다른 길을 걷습니다(침팬지도 간혹 고기를 먹긴 했지만 그 비율은 5%도 되지 않았어요. 인간의 고기 섭취 비율은 자그마치 20~40%였지요). 인류는 창과 화살촉 등의 도구를 개발해 나갔고, 사슴 같은 초식동물의 발자국을 식별하고 쫓는 기술도 발전시켰답니다.

하지만 구석기시대 수렵채집인이 벌였던 사냥이 지금 우리가 떠올리는 사냥과 같다고 생각하면 오해예요. 오늘날의 사냥이 안전한 곳에 서서 화면을 보고 총을 쏘는 '오락'과 같다면, 수렵채집인의 사냥은 몸을 바쳐서 벌이는 '싸움'이었으니까요. 인간이 동물을 잡아먹기도 했지만, 동물이 인간을 잡아먹기도 했습니다.

수렵채집인은 동물을 대등한 관계로 여겼습니다. 숲에서 살아남는 데 지적으로든 체력적으로든 인간이 동물보다 우월하다고 보기 힘들었지요. 역설적으로 인간은 힘겨운 삶을 살아가는 존재로서 동물에게 동류감(同類感)을 느꼈을지도 모르겠어요. 마치 사자가 하이에나를 '존중'하는 것처럼 말입니다. 비슷한 서식지에서 비슷한 사냥감을 좇는 늑대를 인간이 존중했기 때문에 늑대가 더 쉽게 개로 진화했을 것이라는 가설도 있지요.

이런 환경에서는 인간이 세계를 보는 방식 또한 달랐을 거예요. 에두아르도 콘Eduardo Kohn이라는 캐나다의 저명한 인류학자는 『숲은 생각한다』(2013)에서 아마존강 원주민 부족의 사냥을 따라간 이야기를 들려줍니다.[2]

밤이 되자 콘은 땅바닥에 엎드려서 잠을 청했습니다. 그때 원주민이 다가와 '엎드려서 자면 안 된다'고 경고했지요.

"반듯이 누워 자! 그래야 재규어가 왔을 때 그 녀석을 마주 볼 수 있어. 재규어는 그걸 알아보고 너를 괴롭히지 않을 거야. 엎드려 자면 재규어는 너를 아이차(aicha, 먹잇감)로 여기고 공격한다고."

간단한 생존 전략 같지만, '재규어의 눈'으로 세상을 볼 수 있어야 할 수 있는 말입니다. 이 부족은 다른 동물이 무엇을 생각하고 어떻게 행동할지를 꿰뚫고 있어요. 이를테면 원숭이를 사냥할 때는 일부러야자나무를 쓰러뜨리곤 합니다. 야자나무 쓰러지는 소리는 원숭이에게 포식자가 나타났다는 신호거든요. 이 소리를 들은 원숭이가 도망치려고 숨어 있던 나무에서 튀어나오면, 그 찰나를 놓치지 않고 원주민들이 원숭이를 사냥하는 것이지요. 원주민들은 원숭이 입장이 되어 생각한 다음, 원숭이를 속입니다. 이렇게 역지사지(易地思之)에 능해야 숲에서 살아갈 수 있습니다.

콘은 또 하나의 이야기를 들려줍니다. 원주민들이 둘러앉아 있는데, 수풀 너머에서 그들이 키우는 사냥개 소리가 들려옵니다. 그런데 놀랍게도 원주민들은 소리만 듣고도 사냥개가 무엇을 하고 있는지 다 아는 것처럼 이야기합니다. 처음에는 "우악, 우악, 우악" 하고 짖는 소리가 나자 개가 사냥감을 쫓고 있는 모양이라고 합니다. 뒤이어 "야, 야, 야" 하는 소리가 나자 사냥개가 습격에 들어갔다고 말하고요. 개가 무언가 큰 짐승을 만나면 그런 소리를 낸다는 겁니다. 이번에는 "아야~이, 아야~이" 하는 괴성이 들립니다. 한 원주민이 이렇게 해석합니다. "개들은 틀림없이 퓨마를 사슴으로 잘못 보고 다가갔다가 당했을 거예요."

아마존 원주민의 사례에서 보듯, 과거 수렵채집인은 인간을 뛰어넘어 동물과 관계 맺는 데도 능숙했을 것입니다. 동물의 소리와 몸짓을 해석할 줄 알고, 동물에게 거짓 신호를 보낼 줄도 알고, 어떤 동물과는 의사소통도 할 줄 알았을 거예요.

수렵채집인의 사냥 윤리

현대인들이 맺는 관계는 대부분 인간과 인간끼리예요. 인간 대(對) 동물의 관계는 개나 고양이 등 반려동물과 함께 사는 일부 가정, 그리고 소나 돼지 등을 기르는 축산 농민들만이 체험할 수 있지요. 동물은 우리 일상에서 사라졌습니다. 자본주의가 본격화하며 도시화가 급속히 진행되고, 대규모 공장식축산 농장으로 가축이 수용되면서 동물이 인간으로부터 격리됐기 때문입니다.

반면에 수렵채집인은 일상 가운데서 동물과 관계를 맺었어요. 이들은 세계를 동물의 눈으로 바라보고 동물과 역지사지하는 것, 즉 '동물-되기'(becoming-animal)가 일상화되어 있었습니다. 아니, 인간이 그대로 동물이었기 때문에 이러한 표현 자체가 어울리지 않을 수 있어요. 사실 수렵채집인 역시 숲에 사는 다양한 동물 종 중 하나였지요. 지금 우리는 인간을 자연 밖에 있는 초월적인 존재라거나 동물과 다른 특수한 존재라고 생각하지만, 당시의 수렵채집인은 동물과 마찬가지로 인간도 자연의 일부라고 생각했을 가능성이 커요.

동물은 그들에게 어떤 존재였을까요? 아마도 사냥과 생존의 경쟁자인 동시에 환경과 자원을 공유하는 동료였을 겁니다. 같은 처지에 있기 때문에 수렵채집인은 동물을 자신들과 마찬가지로 이성적이고 지적인 존재로 봤을 테죠. 자꾸 사냥에 실패할 때면, 동물의 재주와 속임수, 능력 같은 것이 더욱 우러러보였을 테고요.

하지만 인간은 이런 동물을 사냥해서 먹어야 했어요. 사냥 과정에

수렵시대 인간은 스스로를 동물이라고 생각했다. 각 부족의 샤먼은 인간과 동물의 영혼을 연결시키는 역할을 했다. 시베리아 북부 에벤키족의 샤먼이 사슴의 뿔과 모피를 두르고 사냥의 성공을 기원하는 장면.

서 함부로 대하면 '그들이 앙갚음을 할지 모른다'는 두려움이 들었을지도 모릅니다. 생존을 위한 사냥 끝에는 성공했다는 성취감과 안도감이 들었겠지만 동시에 불편함과 미안함, 죄의식 같은 모순적이고도 복잡한 감정들이 머리 안을 맴돌았을 거예요. 사냥과 육식에서 오는 불편함. 수렵채집인은 이러한 긴장을 해소할 필요가 있었습니다.

이 과정 속에서 '사냥의 윤리'가 쌓여 갑니다. 이를테면 동물을 죽일 때는 불필요한 고통을 최소화한다든지, 사냥한 뒤엔 남김없이 모든 부위를 나눠 먹는다든지 하는 식으로 말이에요. 죄의식을 해소하고자 자연스럽게 제례 의식도 발달했을 거라고 인류학자들은 추정합니다.

최근까지도 수렵 활동을 한 원주민 부족을 연구하면, 과거 수렵채집인의 정신세계를 엿볼 수 있습니다. 시베리아의 한티족은 얼마 전까지만 해도 곰을 사냥하던 공동체예요. 한티족은 곰을 사냥한 뒤 이렇게 속삭였다고 해요.

"곰아, 너를 잡은 것은 교묘한 쥐란다. 땅 속의 쥐가 너의 생명을 잡아가고 말았구나."

한티족은 잡은 곰을 해체할 때도 조심스러웠어요. 곰의 가죽을 벗기고 머리를 떼어 낸 뒤, 귀에 잡풀을 쑤셔 넣었지요. 인간들이 하는 말을 곰이 듣지 못하도록 하기 위해서였어요.[3] 그 행위는 곰을 '속이려' 한 것이 아니었어요. 가슴속 깊이 자리한 죄의식과 죄책감을 이러한 행동을 통해 해소했던 것입니다.

수천 년 동안 수렵 활동을 이어 온 미국 알래스카의 코유콘족에게도 사냥할 때 지켜야 할 규칙이 있었습니다. 한번 상처를 입힌 사냥감은 포기하지 말고 끝까지 잡아야 했어요. 그렇지 않으면 긴 시간 고통 속에서 숲을 헤매며 동물이 죽어 갈 테니까요. 이들은 일단 동물을 사냥했다면 해체할 때도 되도록 빨리 끝내서, 그들의 고통을 최소화하고 존엄을 지켜 줘야 한다고 생각했답니다.[4]

동물을 잡더라도 일정한 예의를 지키는 것은 결과적으로 '과도한 사냥'을 막는 작용을 했습니다. 동물을 멸종시키지 않고 사냥을 지속 가능할 수 있게 했던 '생태적 지혜'로 기능한 것이지요. 인간의 죄책감은 인간과 자연의 균형을 잡아 주는 지렛대였습니다.

클로비스의 창이 바꾼 것

구석기시대에 변화의 조짐이 일기 시작합니다. 수렵채집인의 사냥 기술이 발전하기 시작한 겁니다. 아마도 처음에는 사냥꾼들 사이에서 분업이 시작되었을 거예요. 수색자, 추적자, 싸움꾼 등으로 역할이 나뉘고, 역할마다 적임자를 뽑고 지휘하는 감독도 나타났겠지요. 리더는 지형지물에 능숙하고, 동물의 전략을 꿰뚫고 있으며, 치열한 머리싸움을 할 줄 알아야 했을 거예요.

사냥 도구도 혁신을 거듭합니다. 4만 5,000년 전부터 화살촉과 창, 그물이 개발되어 쓰이기 시작합니다. 3만 년 전에는 인류가 개와 함께 사냥을 하기 시작한 것으로 보입니다. 정확한 연대가 학계에서 최종적으로 정리된 것은 아니지만, 이때쯤 늑대가 인간에게 길들여져 사냥에서 분업을 수행했을 것이라는 견해가 있습니다.[5] 인간은 동물의 급소를 노리는 날카로운 창을 개발했지만, 사냥감을 끈질기게 쫓아 지칠 때까지 괴롭히는 능력은 모자랐습니다. 그것을 개가 대신 해 주었던 거예요. 사냥감을 발견하면 개는 인간보다 앞서 목표물을 쫓은 뒤, 창을 든 인간이 올 때까지 물어뜯으며 힘을 빼어 잡아 두었습니다. 뒤늦게 도착한 인간은 창과 화살촉 등 정교한 도구를 이용해 동물을 쉽게 죽일 수 있었고요.

인간의 대표적인 사냥감 중 하나가 매머드였습니다. 매머드는 유라시아에서 북아메리카까지 북반구의 광범위한 지역에서 살았던, 코끼리와 비슷하게 생긴 거대한 동물이었습니다. 그런데 시베리아 원주민인 유카기르족의 구전설화에는 매머드가 사라진 이유를 짐작게 하는 중요한 단서가 있습니다.

아주 먼 옛날, 매머드 무리가 나무를 닥치는 대로 먹어 치웠다.
숲은 황폐화되고, 웅덩이와 늪만 남았다. 마침 매서운 추위가
들이닥쳤는데, 그만 매머드 하나가 거대한 얼음 속에 갇혀 버리고 만다.

유카기르족의 구전설화는 매머드의 멸종 원인을 매우 설득력 있게 보여 줍니다. 매머드는 1만 2,000년 전 빙하기 말기부터 급격하게 개체 수가 감소했는데, 따뜻해진 기후로 인한 서식 공간의 변화가 한 가지 원인으로 지목되거든요.

매머드는 차갑고 건조한 스텝 지역에서 번성했습니다. 높은 키의 풀과 관목이 펼쳐진 곳이었는데, 매머드는 추위에도 잘 적응해 얼음이 있어도 건조하기만 하면 잘 버틸 수 있었지요. 그런데 빙하기가 끝나고 얼음이 녹으면서, 매머드가 사는 북반구 중·고위도 지역이 급속히 습지로 바뀌기 시작합니다. 매머드는 여기저기 생긴 늪과 웅덩이 때문에 활동이 불편해집니다. 늪이나 웅덩이에 한번 빠지면, 거대한 덩치를 끌고 헤어나지 못해 죽어 가곤 했지요. 지역에 따라 매머드가 절멸하는 곳이 생기고, 매머드의 서식지는 지도상의 흩뿌려진 점 수준으로 급

격히 줄어듭니다. 매머드는 유라시아에서 아주 추운 극지방으로 내몰린 상태였고, 아메리카에서는 그럭저럭 수를 유지하고 있었습니다.

때마침 매머드를 포획하던 인간의 사냥 기술도 빠르게 발전해 절정을 향해 치닫고 있었습니다. 1만~1만 2,000년 전에 베링기아(Beringia)●를 통해 한 무리의 인간들이 아메리카 대륙으로 건너와 정착합니다. 이 사냥꾼 무리는 아주 독특한 창을 가지고 있었는데, 창촉이 아주 날카로웠지요.

부싯돌로 만들어진 창촉은 휴대전화만 한 크기였습니다. 예리한 날 때문에 살상용으로 그만이었습니다. 1936년 미국 뉴멕시코주의 클로비스에서 처음 발견되어 '클로비스의 창'이라고 불리는 이 창촉은 북아메리카에서만 약 1,500군데에서 1만 개 이상이 발견되었을 정도로 사냥에 매우 흔하게 사용되었던 것으로 보입니다. 클로비스의 창이 발견된 상당수 지역에는 매머드 같은 대형동물의 화석도 있었지요. 이 창으로 대형동물을 사냥했다는 얘기입니다.

추운 알래스카를 떠나 남쪽으로 내려온 클로비스의 사냥꾼들에게 아메리카 대륙은 신세계였을 것입니다. 매머드, 검치호랑이, 들소 등 고기가 풍부한 사냥감이 널렸고, 사냥 경쟁자도 없었으니까요. 날카로운 창을 무기 삼아 이들은 사냥에 열중합니다. 급기야는 매머드, 검치

● 플라이스토세(약 260만~1만 년 전)의 빙하기에 아시아와 아메리카 대륙은 여러 차례 육지로 이어져 있었는데, 당시 육지로 드러나 있던 현재의 베링해 일대를 말한다.

미국 아이오와주에서 발견된 클로비스의 창. 날카롭고 뾰족해서 대형 포유류를 급사시키는 데 유리했을 것이다.

호랑이 등 대형 포유류가 순식간에 멸종하고 말지요.[6]

수십만 년 전의 조상들처럼, 클로비스의 창을 든 사냥꾼들도 매머드에게 미안해했을까요? 아마도 그랬을 것입니다. 하지만 대폭 쉬워진 사냥 기술과 축적되는 부, 그리고 이를 둘러싼 경쟁심 때문에 미안함과 불편함이 예전만큼 절실한 문제는 아니였을 거예요. 심리적인 차원에서도, 예전보다 쉽게 사냥하고 죽일 수 있었기 때문에 동물에 대해 생각하는 시간은 줄었겠지요. 마치 주먹다짐으로 사람을 해하는 것보다 총 한 방으로 사람을 해하는 것이 죄책감이 덜 드는 것처럼요. 동물에 대한 전통적인 태도는 조금씩 부식되기 시작했습니다. 동물의 희생을 위로하는 제례는 계속되었지만, 점점 형식에 가까워졌을 것입니다.

동물은 왜 불행해졌을까?

수렵시대에서 사육시대로

인간과 동물의 관계를 중심으로 역사를 구분하자면 수렵시대, 사육시대, 그리고 후기 사육시대 등 세 시대로 나누어 볼 수 있습니다.

수렵시대는 앞서 말했듯 인간이 동물을 사냥하던 시대입니다. 인간과 동물이 숲에서 동등하게 경쟁하던 시대이지요. 수렵시대가 끝나고 인류 역사상 가장 큰 혁명인 신석기 혁명이 일어나면서 사육시대 (domesticity)가 개막합니다. 인류는 개에 이어 차례로 양과 염소, 소와 돼지, 그리고 말과 당나귀, 낙타를 가축으로 만듭니다. 살아 있는 동물이 이때 처음 인간의 소유물이 됩니다. 경제·사회 구조도 변하지요. 많은 가축을 소유한 사람이 권력을 가지게 됩니다. 잉여 자원이 많아지면서 사유재산이 생기고, 이를 둘러싼 싸움과 전쟁도 잦아지지요. 신석기시대가 열리고 청동기, 철기시대로 이어지면서 생산의 효율성은 높아지고 부가 축적됩니다.

이 시대의 사람들은 동물을 일상 속에서 경험할 수 있었어요. 동물은 농가에서 밭을 갈거나 수레를 끌거나 계란을 낳았지요. 인간과 동물의 관계는 긴밀하고 지속적이었습니다. 돌보는 가축 무리의 규모가 지금보다 훨씬 작았고, 인간은 동물을 하나하나의 개체로서 대했습니다. 한지붕 아래 살면서 동물을 때론 가족으로, 노동의 동료로 여겼고, 동물의 이름을 지어 부르기도 했지요. 언젠가 식탁 위에 올리거나 고기로 팔지언정 말이에요. 이러한 인간과 동물의 관계는 20세기 소비자본주의가 시작되기 전까지 지속됩니다.

언젠가 소 한 마리를 키우다가 판 시골 할머니의 경험을 들은 적이 있습니다. 그 할머니는 암소를 시장에 내놓기 일주일 전부터 마음이 불편했고 전날에는 펑펑 울었다고 합니다. 소에게 밭을 갈게 하고 결국엔 도살장에 보내지만, 그럼에도 미안해하는 마음의 모순이 우리에게 존재하는 거죠. 동물과 함께한 시간과 공간이 우리에게 미안함과 불편함을 만드는 겁니다. 동물을 하나의 인격체로서 경험할 수밖에 없고 동물과 교감할 수밖에 없기 때문이지요.

그런데 자본주의가 출현하고 도시화가 진행되면서, 인간과 동물의 관계는 혁명 전야를 맞습니다. 인간과 동물이 만나던 시공간이 점차 사라져 버리고 만 것이지요. 좁은 공간에 많은 인구가 모여 살다 보니, 도시는 가축의 거주 공간과 냄새, 분뇨 등 생태적 압력을 수용할 수 없었습니다. 소, 돼지 등 농장동물은 점차 도시 바깥의 농장으로 이동하게 되었습니다. 말과 당나귀 등 운송 수단 구실을 하던 동물은 내연기관을 지닌 차량과 철도로 대체되었고요.

육종과 사육 기술이 발달하면서 20세기 초반에는 공장식축산이 등장합니다. 최소한의 돈으로 최대한의 고기를 생산하는 데 초점을 맞춘 방식이지요. 인구가 늘어나면서 고기의 수요가 높아진 터였어요. 공장식축산은 소와 돼지, 닭을 대량으로 번식시키고 이른 나이에 도살함으로써, 고기를 상품 찍어 내듯 생산하는 경제적 혁신을 이룹니다. 이때부터 후기 사육시대(post-domesticity)가 개막합니다.

그렇다면 후기 사육시대에는 인간과 동물 사이에 어떤 변화가 일

동물은 왜 불행해졌을까?

어났을까요? 가장 특징적인 변화로 인간과 동물의 관계가 극단적으로 양극화된 것을 꼽을 수 있습니다. 도시에서는 개와 고양이 등 반려동물을 키우는 사람이 늘었습니다. 이들은 동물을 보살피고 동물과 교감을 통해 자신들의 기분을 위로받았지요. 반면에 공장식축산 농장에서 살게 된 가축은 인간과 대면할 기회를 상실하고 말았습니다. 생명은 고기를 만드는 방편에 지나지 않게 되었지요. 인간은 식탁 위에 올려진 돼지고기 스테이크를 나이프로 썰면서, 붙임성 좋고 장난기 많은 돼지를 굳이 떠올리지 않게 되었습니다. 미안함과 불편함을 잊은 것이지요(이에 관해서는 2장과 3장에서 본격적으로 설명하도록 하겠습니다).

∖⃥⃥

우리는 버스나 기차를 타고 가다가 가끔씩 먼 산과 지평선을 바라보곤 합니다. 미국 예일대학교의 사회생태학자 스티븐 켈러트Stephen Kellert는 이런 행동이 과거에 사냥을 위해 먼 곳을 조망하던 습관의 유산이라고 말합니다.[7] 인간이 동물과 떨어져 산 지는 불과 100~200년밖에 되지 않았습니다. 그보다 긴 1만 년을 신석기인으로 살았고(사육시대), 그보다 훨씬 긴 250만 년을 구석기 수렵채집인으로 살았지요(수렵시대). 동물에 대한 우리의 태도도 우리 몸에 새겨진 유전자의 각인에서 자유로울 수 없습니다. 동물 위령제를 여는 우리의 정성은 인간이 느껴 왔던 죄책감의 연장이라고 할 수 있어요.

인간은 생물학적으로 동물입니다. 지금 우리의 유전자 안에도 박혀 있지요. 그런데도 인간은 자신이 동물이라는 생각을 잊고 삽니다. 자신이 동물과 다른 초월적인 존재라고 생각하면서 동물을 아무렇게나 이용해도 괜찮다고 여기며, 심지어 돈으로 사고파는 상품으로 치부하지요. 인간은 자신이 동물인데도, 마치 동물이 아닌 것처럼 저 높은 곳에 올라가 인간과 동물을 이분법적으로 나누어 불러요. 인간의 동물 지배 심리가 이렇게 드러납니다.

'인간'과 '동물'의 정확한 표현은 '인간 동물'과 '인간이 아닌 나머지 동물'일 겁니다. 그래서 이 책에서는 글 흐름이나 문맥에 맞추어 '동물'이라는 단어와 함께 '비(非)인간동물'이라는 단어를 쓰려고 합니다. 우리가 동물을 비인간동물로 부르는 것이 그들에 대한 태도를 바꾸는 시발점이 될 수 있기 때문입니다.

동물은 왜 불행해졌을까?

'사육'의 역사로 본 인간과 동물의 관계

역사학자 리처드 불리엣^{Richard W. Bulliet}은 인간과 가축이 맺은 관계의 역사를 통괄하면서 '사육시대'와 '후기 사육시대'로 나눕니다. 둘 사이에 가로 놓인 것은 최근 100년 사이 사회·경제 체제의 격변을 이끈 일들이에요. 바로 자본주의 상품 경제의 본격화와 도시화, 그리고 공장식축산의 등장 이지요.

사육시대에서 후기 사육시대로 넘어가면서 인간과 동물의 관계는 어떻게 달라졌을까요? 우선 사육시대부터 살펴보겠습니다. 이때는 인간이 가축과 날마다 접촉하면서 그들과 사회적·경제적 공동체를 이루었습니다. 계란을 낳는 닭, 밭을 가는 소, 양털을 내주는 양, 음식물 쓰레기를 청소하는 돼지 등 가축은 가구의 경제 엔진이자 협력자 역할을 했어요.

고기의 성격은 지금과 달랐습니다. 사육시대에 고기는 대개 사육 과정에서 부산물로 이용됐고, 사육 그 자체의 목적이 아니었습니다. 인간은 동물의 지속 가능한 자원(노동력이나 계란, 털 등)을 주요 산물로 이용하고, 최후의 수단으로 고기를 써 왔을 뿐입니다. 지금처럼 육종 기술이 발달하지도 않았고, 고기와 알 등을 대량생산하는 산업의 혁신이 이뤄지기 이전이어서 동물이 귀했거든요. 인간은 동물의 성장, 교미, 죽음까지 전 일생을 가까이에서 지켜보며 심리적으로 동류감을 느끼기도 했습니다.

조선 시대에는 소 도살을 금하는 '우금령'(牛禁令)이 내려지기도 했습니다. 양반 사대부들이 소고기 맛에 빠져들어 도살이 자주 행해지자, 농사짓는 소가 부족해질 것을 우려해 조정이 직접 나선 것입니다. 소의 개체 수 감소는 농업 생산성을 떨어뜨릴 것이 뻔했기 때문에 이를 우려한 일종의 경제 정책이었던 셈이지요.

후기 사육시대가 개막하면서 인간과 동물의 접촉은 차단됩니다. 도시 바깥의 폐쇄적인 공장식축산 농장에서 가축이 사육되기 때문에 인간은 동물의 일상을 볼 일도 없고, 그들과 감정적으로 얽힐 일도 없었지요. 슈퍼마켓에서 랩으로 싸인 상품을 소비하는 게 동물과 만나는 가장 일상적인 접점입니다.

역설적으로 이 시대에는 소, 돼지 등 농장동물과 비슷한 위치에 있던 개와 고양이 등이 반려동물로 대우받음으로써 특권화됩니다. 고급 사료와 행동 교정 센터, 도그TV와 같은 문화적 충족물 등 이들을 위한 산업이 성장하지요. 인간은 반려동물에게 감정적 교감과 위로를 얻고 있고요. 한편으로는 맛있는 고기를 즐겨 먹고 가죽 제품을 사용하면서도, 다른 한편으로는 '가족'이 된 개, 고양이와 스스럼없이 지내는 상황이 모순적이지요? 이 모순이 후기 사육시대의 복잡한 양상을 단적으로 보여 줍니다.

동물은 왜 불행해졌을까?

2 ____

동물 지배의 기원
_가축화 사건

　100여 년 전, 영국 런던의 버킹엄궁전 앞에 얼룩말이 끄는 마차 한 대가 나타났습니다. 얼룩말 주인은 바로 은행가 집안으로 유명한 로스차일드 가문의 월터 로스차일드Walter Rothschild. 그는 은행가, 정치인이자 아마추어 동물학자였어요.

　세계 각국에서 온 동물 표본을 수집한 로스차일드는 1892년 하트퍼드셔주의 트링이라는 곳에 동물학 박물관을 열었어요. 오스트레일리아 토착 생물인 에뮤와 캥거루, 에콰도르 갈라파고스제도의 고유종인 갈라파고스땅거북 등 세계 각지에서 가져온 다양한 동물들의 표본을 갖췄지요. 이 가운데서도 로스차일드가 가장 자랑해 보인 동물은 얼룩말이에요. 그는 얼룩말을 가축으로 길들이겠다고 떵떵거렸어요. 런던까지 직접 얼룩말이 끄는 마차를 몰고 가기도 했습니다.

얼룩말을 가축으로 길들일 수 있다면, 기존의 말보다 장점이 더 큽니다. 시속 60km 이상의 빠른 속도는 자동차 못지않습니다. 또 말과 생김새가 엇비슷하니 '말처럼 길들여서 마차나 수레를 끌도록 할 수 있지 않을까?' 하는 생각이 들 법도 하고요.

로스차일드말고도 얼룩말을 가축으로 만들려고 한 시도가 있었어요. 당시는 유럽 제국주의 열강이 아프리카에 진출한 시기였습니다. 유럽에서 가져갔던 말들이 체체파리라는 흡혈 곤충에 물려 맥없이 죽어 나가자, 야생 초원에 살던 얼룩말을 운송용 말로 사용하고자 길들이려 했던 거지요. 욕심 반, 호기심 반으로 시작된 '얼룩말 길들이기'는 19세기 아프리카에 진출한 유럽인들에게 유행이었답니다. 하지만 죄다 실패하고 말았습니다.

로스차일드의 얼룩말 마차도 결국 소리 소문 없이 사라지고 말았어요. 왜 얼룩말은 긴 세월 동안 가축이 되지 못했을까요? 어떤 동물은 가축이 되었는데, 왜 어떤 동물은 가축이 되지 않은 걸까요?

얼룩말이 가축이 못 된 이유

미국의 문명사가 재러드 다이아몬드^{Jared M. Diamond}는 『총, 균, 쇠』(1997)에서 동물이 가축이 되는 데에는 '안나 카레니나의 법칙'이 통용된다고 했습니다.[8]

월터 로스차일드가 끌던 얼룩말 마차. 월터 로스차일드는 얼룩말을 운송용으로 길들이려 했지만 결국 실패했다.

이를테면 아프리카에 사는 얼룩말은 숱한 시도 끝에 가축화가 좌절되었고, 멧돼지의 먼 친척뻘인 아메리카의 페커리도 몸집이 커서 고기로 이용되기 좋지만 아직 야생 상태로 남아 있어요. 인간이 사육하는 돌고래와 코끼리도 있지만, 아직 우리는 그들을 '가축'이라고 부르진 않지요. 동물 종 가운데 가축이 된 종은 극소수입니다. 35kg 이상의 야생 초식동물 중에서만 따져 봐도, 가축이 된 동물은 단 14개 종밖에 없다고 다이아몬드는 말합니다.

기본적으로 인간은 동물을 길들이는 데 관심을 보여요. 동물을 사심 없이 예뻐하기도 하고, 실용적 용도에 맞으면 이용하려 들지요. 지금까지도 수렵채집 생활을 하는 극소수의 원주민 부족이 캥거루, 독수리, 앵무새 같은 야생동물을 기르는 것만 봐도 그런 사실을 알 수 있습니다.[9] 하지만 다이아몬드의 말을 들어 보면, 동물이 가축이 되는 진화적 사건은 여러 개의 '좁은 문'을 통과해야 하는 '확률 적은 게임'이에요.

얼룩말은 왜 가축이 되지 못했을까요? 얼룩말은 초원에서 사자, 치타, 표범 같은 포식자의 압력으로부터 살아남아야 하기 때문에 약간의 자극에도 예민하게 반응하는 본능이 있어요. 만약 여러분이 얼룩말을 데리고 거리로 나선다면, 아주 조금만 이상한 소리나 움직임이 포착되어도 얼룩말이 침착함을 잃고 흥분해서 날뛰는 모습을 볼 수 있을 겁니다. 사슴도 비슷한 이유로 가축이 되지 못했어요. 많은 천적을 피해 가며 살아가는 사슴은 쉽게 겁을 먹고 작은 기척에도 예민하게 굴어 가두어 키우기에 효율적이지 않았거든요. 기본적으로 포식자의 압력 속에서 환경 변화를 민감하게 받아들이는 동물은 가축이 되기 힘듭니다.

식성이 너무 좋은 동물도 가축으로는 적합하지 않아요. 가축 가운데 가장 큰 종인 소는 체중 450kg의 덩치를 키우기 위해 옥수수 4.5t(톤)이 필요합니다. 이 말은 소가 가축이 되려면 그 많은 먹이를 인간이 대거나, 아니면 드넓은 초지가 있어야 한다는 뜻입니다. 그런데 운 좋게도 이런 환경을 갖춘 지역에서 소는 가축이 됐지요.

그렇다면 코끼리는 어떨까요? 코끼리는 임신 기간이 무려 22개월인 데다가, 성체가 되기까지 10년이 걸립니다. 온순한 품종을 얻고자 인위적으로 교배하기에는 불리한 조건입니다. 육식성 포유류 역시 산 동물을 잡아다 줘야 하기 때문에 인간이 길들이다가 포기했을 것이 분명합니다.

안나 카레니나의 좁은 문

가축이 되려면 무리 속에서 위계를 지을 줄 아는 동물이 유리합니다. 좁은 공간에 가두어 키워야 하기 때문에 동물들 스스로 질서를 잡아 주어야 편하기 때문입니다. 양이 대표적입니다. 자기네들끼리 서열을 이루고 무리의 리더가 있기 때문에 인간이 관리하기 쉽습니다. 늑대 같은 경우는 위계 서열에 따라 리더에 순응하는 경향이 있습니다. 늑대가 개가 될 수 있었던 데에는 인간을 자신의 리더로 생각하고 따랐던 것이 결정적이었습니다.

반면에 영역 동물은 가축이 되기 힘듭니다. 이런 종은 무리를 이루는 대신 자신의 영역을 만들어 단독생활을 하는 경향이 있습니다. 자신의 영역이 분명한 동물을 한데 가두어 키우면 서로 물어뜯고 싸우다가 밤을 새겠지요. 호랑이나 사자가 가축이 되지 못하는 이유예요. 영역 동물인데도 예외적으로 인간의 땅에 자리를 잡은 동물은 고양이 정도입니다. 하지만 고양이는 사람에게 완전히 의존하지 않고 반독립적인 생활을 하지요. 외부와 손쉽게 연결되는 단독주택 같은 환경에서 고양이들은 수시로 밖으로 나갔다가 들어옵니다. 그렇게 해서 생긴 길고양이들은 지금도 반야생의 삶을 살고 있지요.

그렇다면 결론적으로 가축이 될 만한 동물은 얼마 되지 않을 것 같군요. 적게 먹고, 성장 속도가 빠르고, 예민하지 않고 온순하며, 무리를 지어 위계를 따지는 동물이 인간 세계에 들어와 환영을 받고 가축으로 진화할 수 있을 테니까요. 재러드 다이아몬드는 러시아 문학의 거장 레프 톨스토이^{Lev N. Tolstoy}의 소설 『안나 카레니나』(1878)의 첫 문장을 꺼내 놓습니다.

행복한 가정은 모두 엇비슷하지만, 불행한 가정은 제각각의 이유로 불행하다.

행복한 가정을 이루기 위해선 재산과 교육 수준, 친척, 부부 관계 등 여러 가지 면을 다 충족해야 하지만, 그중에서 어느 한 가지라도 어긋나면 가정이 불행해진다는 뜻이죠. 야생동물이 가축이 되는 것도 마찬가지입니다. 긴 역사 속에서 수많은 동물을 대상으로 가축화 시도가 있었습니다. 그런데 모든 조건을 충족해야지, 조건이 하나라도 어긋나면 실패하고 말았어요. 이것이 앞서 말한 '안나 카레니나의 법칙'이지요.

'가축이 된다'는 것과 '동물을 길들인다'는 것은 매우 다릅니다. 가축은 수십 수백 세대의 인위적인 선택과 교배를 통해 유전자 변화를 수반하는 것임에 반해, 길들임은 현재 상태에서 그저 교감하여 특정 행동을 끌어내는 것뿐이니까요. 수족관에서 돌고래쇼를 하는 돌고래가 가축은 아니지요. 길들인 것입니다. 관광지에서 사람을 태우고 다니는 코끼리 또한 가축이 아닙니다. 먹이와 채찍을 통해 길들인 것이지요.

반면에 개는 가축입니다. 인간과 함께 사는 것이 편하도록 유전자 안에 프로그래밍이 되어 있지요. 돌고래와 코끼리는 설사 수족관과 서커스장에서 태어났다고 해도, 이런 공간과 맞지 않는 본성 때문에 큰 스트레스를 받으며 살아갑니다.

가축은 어느 순간 갑자기 탄생한 게 아니에요. 인간이 자기 필요에 맞는 온순한 개체를 고르고, 다시 그 개체가 비슷한 특성을 보이는 온순한 개체와 교미해 번식하는 수많은 과정을 통해 새로운 '종'으로 거듭나게 된 것입니다. 그 긴 시간 동안 인간에게 새로운 가축 종을 만들겠다는 치밀한 계획과 지식이 있었던 것은 아니에요. 단순히 생활의 필요에 따라 비슷한 동물을 구해서 교배했을 뿐이지요. 인간이 미처 의식하지 못하는 수백 수천 년의 세월이 새로운 가축 종을 확립한 거예요.

'가축화 사건'은 일반적으로 1만 2,000년 전 마지막 빙하기가 끝나갈 무렵 수렵채집인이 정착 생활을 하면서 시작되었다고 봅니다. 오랜 사냥과 채집 생활을 끝낸 인류는 한곳에 머물러 농작물을 기르거나 가축을 키우기 시작했습니다. 불과 몇천 년 동안 세계 곳곳에서 사회적·경제적 혁명이 일어났습니다. 이른바 신석기 혁명이지요. 지금 보면 아무것도 아닌 일처럼 보이지만, 현생인류(호모사피엔스)가 등장한 지 20만 년 만에 일어난 가장 큰 사건이었어요. 그 전까지만 해도 인류는 50명이 안 되는 소규모 친족 집단을 이루어 계절의 변화나 사냥감, 천연 산물을 따라 이리저리 옮겨 다녔으니까요. 농작물 재배와 가축 사육의 여파는 사회를 바꾸었습니다. 사람이 모이고 도시가 생기고 국가가 생겼습니다.

가축을 기르며 양육을 배우다

다시 가축으로 돌아가 보죠. 개가 맨 처음 인간의 세계로 들어온 이후, 양, 염소, 돼지, 소, 말, 당나귀 등이 차례로 가축이 됐습니다. 동물의 노동력이 기계로 대체된 자본주의 출현 전까지, 가축은 수천 년 동안 인류 산업의 역군이자 경제활동의 중추였습니다.

가축은 양치기를 돕기도 하고 쟁기질하거나 수레를 끌기도 하고 침입자의 접근을 경계하는 등 인간 옆에서 일하며 젖과 털, 고기를 인간에게 제공했어요. 지금과 다른 면이 있다면, 인간이 가축에게 가장 기대한 것은 고기가 아니라 노동력과 부산물이었다는 점이에요. 가축은 귀한 존재였습니다. 우유나 털 같은 부산물 그리고 노동력은 가축이 살아 있는 내내 계속 얻을 수 있었지만, 한번 도살하여 고기를 먹어 버리면 끝이었으니까요. 따라서 과거 사람들은 양, 소, 말, 당나귀 등에게서 실리적 이득을 취한 뒤, 실용적 가치가 없어지는 적절한 시점에 도살함으로써 고기를 얻었어요. 돼지의 경우도 고기가 되기 전까지 음식물 쓰레기를 청소해 주는 역할이 더 중요하게 여겨졌지요.

가축은 인간과 가까운 존재였습니다. '축산'을 영어로 하면 '애니멀 허즈번드리'(animal husbandry)인데, 이는 '집에 연결된'(bonded to house) '동물'(animal)이라는 뜻입니다. 즉 인간이 동물을 일방적으로 착취하는 게 아니라, 한 식구로서 책임을 지고 보살핀다는 의미도 갖지요. 신석

동물은 왜 불행해졌을까?

기 혁명 이후 자본주의 출현 전까지, 이른바 사육시대에 가축은 가족 단위에 배속되어 사는 모습이 일반적이었습니다. 인간은 동물에게 먹을거리와 살 곳을 제공하고 가축을 맹수로부터 보호했어요. 그 대신 가축은 인간에게 부산물과 노동력을 제공했으니, 상호 이익 관계라고도 할 수 있겠지요.

둘 사이의 관계도 점차 친밀해졌습니다. 과거 수렵시대에 인간은 사냥을 할 때나 숲에서 우연히 마주칠 때 등 찰나에 동물을 만났지만, 신석기시대가 되자 인간과 가축은 같은 공간에서 지속적인 유대를 쌓게 됩니다. 어떻게 보면 '미운 정 고운 정'을 쌓아 간 거지요.

문명사가 제러미 리프킨Jeremy Rifkin은 『공감의 시대』(2009)에서 초기 신석기시대를 인류 역사상 가장 평화로운 시기로 봅니다.[10] 그는 '동물을 기르는 목축이나 작물을 재배하는 농업은 무언가를 꾸준히 보살피는 행위'라면서 인류의 "공감적 발달을 진보시켰다"고 말합니다. 신석기시대에 '양육'이라는 활동이 처음 시작되었으며, 바로 그것은 생명을 가꾸고 키우는 행위라고 말입니다. 양육 활동은 인간이 어린이를 키우는 일과도 연관이 있지요. 수렵시대만 해도 어린이는 최소한의 보살핌만 받고 홀로 독립하여 컸다면, 신석기시대 이후에는 어린이의 양육이 보다 길어지고 세밀해집니다. 동물이 대상이든 같은 인간이 대상이든, 양육이라는 행위를 인류가 좀 더 중시하게 되었다는 것입니다.

제러미 리프킨의 이러한 지적은 가축화의 양면 중 선한 측면에 주목하는 쪽에 서 있습니다. 인간과 동물이 서로 의존하여 살게 됐다는 '상호 이익 가설'의 시각을 보여 주지요. 실제로 과거의 인간-동물 관계는 지금의 후기 사육시대처럼 좁은 시멘트 건물에 수천 마리 동물을 가둬 놓고 키우는 일방적인 관계는 아니었습니다. 동화 속에 나오는 전통적인 농장을 생각하면 될 겁니다. 농가에 딸린 가축은 소, 돼지, 닭, 개, 오리 등 다양했고, 각각의 개체 수는 많지 않았습니다. 농부는 가축 하나하나를 알고 있었으며, 이들을 양육하며 부산물을 얻었지요. 가축들끼리도 사회관계를 맺었습니다. 개와 닭, 거위와 돼지가 너른 마당에서 친구가 되었지요. 농장을 중심으로 '인간-동물', 그리고 '동물-동물'의 유대 관계가 맺어지고 이어져 왔던 것입니다.

유대에 기반한 이용이라는 측면에서 보면, 가축화 사건 이후 형성된 사육시대의 인간-동물 관계는 20세기 현대 자본주의가 시작되기 이전까지 길게 지속됩니다. 그러다가 인간과 동물 사이의 관계는 공장식축산의 등장으로 인해 다시금 혁명적인 변화를 맞게 되지요. 후기 사육시대의 구체적인 양상은 3장에서 살펴보겠습니다.

영원한 트레블링카의 시작인가

지금까지 가축화의 긍정적인 면에 대해서 살펴보았습니다. 하지만 그게 전부일까요? 미국의 역사가 찰스 패터슨Charles Patterson은 『동물 홀로코스트』(2002)에서 "우리가 지배적 종으로 올라서게 된 역사를 들여다보면, 동물을 희생시키는 것이 인간이 서로를 희생시키는 모델의 기초가 되었다."라고 주장합니다.[11] 수렵채집사회였던 구석기시대만 해도 인간은 다른 동물과 동등한 위치에서 생존해야 했습니다. 먹이를 두고서 사냥하며 다른 동물과 경쟁하고, 때로는 인간보다 힘이 센 포식자의 압력을 받으며 움직여야 했지요. 당시 인간은 자신이 사냥하는 동물을 자신과 대등한 존재로 여겼습니다. 그들은 예술이나 주술 행위를 통해 동물을 좀 더 쉽게 잡을 수 있게 해 달라고 기원하기는 했어도, 언제나 동물이 자신의 손아귀에 있다고 생각하지는 않았습니다.

그러나 신석기시대 들어 일부 동물 종을 자신의 삶터 주변에 가두고 노동력과 부산물을 취하면서, 인류는 힘센 포식자와 경쟁하지 않고도 다른 종을 지배하게 되었습니다. 동물은 소유하거나 교환할 수 있는 가치를 지닌 사유물이 되었습니다. 이런 점에서 가축화 사건은 인간에 의한 '동물 지배'의 출발점이자, 사상 최초의 '지배-피지배 관계의 탄생'이라고 할 수 있습니다.

여기까지는 대다수 인류학자가 동의하는 바입니다.[12] 찰스 패터슨은 여기서 한발 더 나아갑니다. '인간의 동물 지배'와 '인간의 인간 지배'가 여러모로 닮았다면서, 인간이 약자를 지배하는 끔찍한 방식이 가축을 다루는 방식에서 출발했다고 주장하지요. 동물을 잡아 감금하고, 최소한의 먹이를 주면서 강제노동을 시키는 것. 어떻게 보면 노예제와 비슷하지 않나요? 인간은 동물을 먼저 노예로 삼았고, 신석기 문명을 발전시키면서 같은 인간 또한 노예로 삼아 착취했습니다. 동물 지배가 신석기시대에 출현한 계급 및 국가 제도와 무관치 않다는 것입니다.

> 폭력은 폭력을 낳는다. 동물의 예속화는 인간 역사에서 이전엔 결코 볼 수 없었던 억압적 위계 사회를 만들고 대규모 투쟁을 촉발했다. (…) 일단 동물 착취가 제도화되고 그것이 만물의 자연적인 질서 중 하나로 인식되면, 동물뿐 아니라 인간까지도 그와 비슷한 방식으로 다루게 된다. 인간 노예제나 홀로코스트와 같은 잔악함으로 향하는 길이 열리는 것이다.[13]

동물과 노예를 통제하는 방식 또한 유사한데, 이를테면 거세, 낙인, 족쇄와 채찍질, 귀 자르기 등이 비슷하다고 패터슨은 지적합니다. 불과 160년 전까지도 미국에서는 노예제가 있었는데, 노예들은 낙인이 찍히고 족쇄가 채워진 채 강제노동을 해야 했습니다. 야만적인 성격을 억제한다며 흑인 남성 노예를 거세하는 관습도 일부 있었고요.

『동물 홀로코스트』의 원래 제목은 'Eternal Treblinka', 즉 '영원한 트레블링카'입니다. 트레블링카는 폴란드 바르샤바 근처에 있는, 제2차 세계대전 때 나치스가 운영하던 유대인 수용소의 이름이지요. 소와 돼지와 닭을 수백 수천 마리씩 비좁고 열악한 환경에 몰아넣고, 재빨리 몸집을 키워 도살하는 '공장식축산 농장'이 바로 '영원한 나치스 수용소'가 아닐까요?

동물은 왜 불행해졌을까?

오스트레일리아의 동물권 예술가 조 프레데릭스Jo Frederiks의 〈날마다Every Day〉(시리즈 2). '살아 있는 것의 몸'에 대한 권력의 작동 방식을 볼 때, 제2차 세계대전 당시 독일이 운영했던 유대인 수용소 아우슈비츠와 공장식축산 농장은 흡사하다.

신석기 혁명 이후, 인간과 동물 사이에는 근본적인 불평등이 발생했습니다. 그렇다고 불평등이 언제나 지배와 복종의 관계를 의미하는 것은 아닙니다. 이를테면 아이들은 태어나서 한동안 일방적으로 부모에게 의존해야 하지만, 부모가 아이들을 대하는 태도는 다른 이를 지배하는 쾌감을 얻는 게 목적이라기보다 약한 자를 보살피는 동정심, 잘 키우고자 하는 성취감과 더 관련이 깊습니다. 인간과 동물의 관계도 단순하지 않습니다. 인간이 키우던 가축을 미래의 어느 시점에 도살하여 고기로 팔 것이라 해도, 현재 시점에는 가축을 하나의 생명체로서 보살피고 그들에게 애착을 느끼기도 하니까요. 거시적인 측면에서는 지배-피지배 관계가 맞지만 미시적인 측면에서는 보살핌과 착취라는, 모순적 양면에 엉겨 붙은 복잡한 감정이 자리를 잡습니다. 전통적인 농장에서 가족과 가축이 맺어 왔던 관계가 그렇습니다.

'가축화'는 인간이 동물을 지배하게 된 첫 번째 사건입니다. 동시에 인류가 지구의 지배적인 종이 된 출발점이기도 하지요. 그렇다고 지금 가축을 다 풀어 주라고 말한다면 그것만큼 순진한 주장은 없을 것입니다. 개에게 자유를 준다면서 개를 풀어 주는 게 무책임한 행위인 것처럼, 이미 유전자 변화가 동반된 종은 홀로 살 수 없으니까요.

신석기 혁명이 일어난 지 1만 년이 지난 지금, 우리는 이런 질문을 해 봐야 합니다. "지금도 여전히 인간과 동물이 상호 의존적이고 서로

동물은 왜 불행해졌을까?

에게 이익이 되는 삶을 살아가고 있을까?"라고 말이죠. 한때 야생동물이었던 존재가 인간의 땅에 들어와 가축이 되면서 천적의 위협으로부터 벗어나고, 편안하게 먹을거리를 얻는 등의 이득을 보았지요. 그런데 지금의 가축들도 그런 이득을 얻고 있는지 생각해 보자는 겁니다. A4 용지 크기의 닭장에서 평생을, 그것도 새끼 때 도축되는 삶을 살아가는 닭에게 이런 질문은 무용하겠죠. 생태학자 폴 셰퍼드^{Paul Shepard}는 이렇게 일갈합니다.

> 가축화가 동물에게 이득이 된다는 것은 헛소리다. 이들은 애지중지
> 길러지지만 노예일 뿐이고, 시간이 지남에 따라 정신이 피폐해지고
> 더 약해지기 때문이다.[14]

우리는 '영원한 나치스 수용소'를 양산하는 이 체제에 내가 어떠한 기여를 하고 있는지 성찰하고, 하루하루의 생활 습관을 돌이켜 봐야 합니다. 『어린 왕자』 속 여우의 말을 되짚어 봅니다.

> "사람들은 이 진실을 잊어버렸어. 하지만 너는 잊으면 안 돼.
> 네가 길들인 것에 너는 언제까지나 책임이 있어."

3 _____

모든 동물은 평등할까
_동물 통치 체제의 윤리적 딜레마

모든 동물은 평등하다. 그러나 어떤 동물은 다른 동물보다
더욱 평등하다.[15]

조지 오웰George Orwell의 『동물 농장』(1945) 속 한 대목입니다. 인간에게 시달리던 동물들이 농장주를 몰아내고 새로운 사회를 건설하며 일곱 가지 계명을 내거는데, 그중 마지막 계명이 "모든 동물은 평등하다."였습니다. 그런데 어느 날 동물 7계명이 모조리 폐기되고, 마지막 조항에 한 문장이 추가됩니다. "그러나 어떤 동물은 다른 동물보다 더욱 평등하다."라고 말이에요.

과연 동물이라고 다 같은 동물일까요? 민경 씨네 이야기를 한번 들어 보시죠.

민경 씨네는 '평등'이라는 이름의 예쁜 몰티즈 강아지와 함께 산다. 한 달에 한 번 이상 미용을 시키고, 수제 간식을 사 먹이며, 매일 빗질을 해 준다. 집 안에 가족이 아무도 없을 때, 평등이는 반려견이 보는 영상 채널인 '도그TV'를 시청한다. 민경 씨는 학대받는 개의 사연을 SNS에 공유하고, 한 달에 한 번 유기견 보호소에 후원금을 기부한다. 이날 저녁 민경 씨네는 돈가스를 튀겨 먹었다.

어떻습니까? 어떤 동물은 사람 손에서 귀여움을 독차지하는데, 어떤 동물은 생명이 아닌 고기로서의 삶을 살고 있지요. 만약 돈가스가 될 돼지가 민경 씨네 강아지 평등이를 보았다면 무슨 생각을 했을까요? 자신의 처지를 더욱 비관하지 않았을까요?

세 가지 혁신으로 완성된 공장식축산

사람 사이에서 인종과 성(性), 재산에 따라 차별이 행해지듯이, 차별은 비인간동물 사이에도 존재합니다. 민경 씨네 사례처럼 우리는 어떤 동물은 먹고, 어떤 동물은 사랑하지요. 모두 다 똑같이 고통을 느끼는 생명인데도 말입니다.

인간과 비인간동물의 관계는 신석기 혁명 이후 1만 년 이상 큰 변화 없이 이어져 왔습니다. 2장에서 살펴봤듯 전통적인 농가에서는 인간이 동물을 보살피고, 때로는 정도를 벗어나 착취하며 살아왔어요. 가축과 대다수 가족 구성원은 날마다 접촉하면서 일종의 사회적·경제적 공동체를 이뤘지요. 동물은 인간에게 고기와 부산물을 주고, 인간은 동물에게 먹이와 살 곳을 제공하는 식으로요.

이러한 상호의존관계에 혁명적 변화가 온 것은 20세기 초반 공장식축산이 등장하면서부터였어요. '밀집 사육'(intensive animal farming)이라고도 불리는 이 축산 방식의 기본 원칙은 최소한의 비용으로, 최대한 작은 공간에, 최대한 많은 동물을 몰아넣어 키우는 것입니다.

공장식축산으로 대표되는 현대 축산 체제는 세 가지 혁신으로 완성될 수 있었습니다.

첫째는 '생산기술의 혁신'이에요. 젖 짜는 기계, 달걀 수거하는 기계 등 각종 설비를 도입해 생산 효율화를 기했지요.

둘째는 '생명공학 기술'의 도입이에요. 가슴살이 풍성한 닭을 만드는 등 소비자의 구미에 맞게 품종을 개량했으며, 나아가 항생제와 백신 등을 개발해 동물의 신체에 직접 기술을 적용하기도 했습니다. 인간이 동물의 유전자와 몸의 작동을 통제하기 시작한 거죠.

마지막으로 셋째는 로컬 경제에서 세계 경제로 판로를 개척한 일입니다. 이는 앞의 두 가지 변화와 맞물려 있습니다. 생산기술의 혁신, 생명과학 기술의 도입을 통해 고기나 달걀 등을 대량생산하게 되면서 가능해진 일이거든요. 자신의 지역이나 국가에서 판매하고도 남을 만

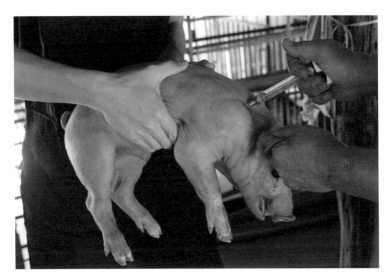

공장식축산으로 사육되는 가축은 만성적인 스트레스와 질병에 노출되며, 이를 막기 위해 각종 약물과 항생제를 다량으로 투여하는 경우가 많다.

큼의 상품이 나오자, 점차 소수의 대규모 축산업체가 국제무역을 비롯해 '먼 거리 유통망'을 갖추는 식으로 축산 질서를 재편한 것이지요. 대형 유통망을 갖출 능력이 없는 소규모 축산업체는 점차 사라졌습니다. 같은 고장에서 생산해 소비하는 기존의 로컬 생산 체제는 경쟁력을 잃어버렸지요.

사람들이 먹는 식품에만 공장식축산이 적용된 건 아니에요. 마우스, 래트 등 연구용 실험동물을 생산하는 곳이나 개, 고양이 등 반려동물을 번식시키는 곳도 이 같은 생산 기법을 부분적 혹은 전면적으로 도입했습니다. 동물을 상품처럼 표준화해 대량생산하기 시작한 겁니다.

역설적으로 비인간동물은 인간의 시야에서 사라졌어요. 사람들이 도시로 몰리며 도시 주변의 농장은 점차 외진 데로 밀려났죠. 가족이 가축과 함께 살던 농가는 큰 농장으로 흡수되었고, 큰 농장은 더 큰 공장식축산 농장으로 합병됐습니다. 도시인들은 동물원에 가서 동물을 보거나, 집에서 반려동물을 기르는 게 동물과 접촉하는 전부가 됐어요. 20세기 들어 반려동물을 기르는 사람들이 많아진 이유를 '일상에서 동물이 사라진 것에 대한 반작용' 혹은 '자연의 결핍에 대한 인간의 보상 심리'에서 찾는 학자도 있습니다.[16]

어쨌든 바야흐로 시대는 변했습니다. 인간이 동물을 보살피던 시대에서 인간이 동물을 창조하고 대량생산하는 시대로 바뀐 것입니다. 기존 인간-동물 관계의 키워드가 '양육'이었다면, 이제 그 키워드는 '생산'으로 변모했습니다.

동물이라고 다 같은 동물이 아니다

현대사회에서 인간이 동물을 대하는 태도는 이상하리만큼 모순적입니다. 우리는 반려견에게 전용 영상 채널을 보여 줄 정도로 관심을 쏟지만, 똑같은 생명인 돼지에게는 별 관심을 주지 않아요. 동물이라고 해서 다 같은 동물이 아닌 셈입니다.

비인간동물은 법과 제도로 분할 통치됩니다.[17] 일반적으로 동물은 소, 닭, 돼지 같은 농장동물(산업동물), 개와 고양이 같은 반려동물(애완동물), 마우스와 래트 같은 실험동물, 그리고 고라니와 반달가슴곰 같

동물 분류에 따른 인간의 대우

분류	목적	공간	활동
반려동물	교감	가정	인간과 함께 살기(공감과 위로)
농장동물	이윤	농장	상품으로 생산(고기와 부산물)
실험동물	지식	연구실	상품생산과 실험 연구
야생동물	보전	자연	모니터링 등 보전 활동, 솎아 내기

은 야생동물 등 네 가지로 분류돼요. 동물원에 사는 전시동물처럼 분류의 경계에 놓인 동물도 있지요. 이들은 기본적으로 야생동물이지만, 울타리에 갇혀 인간의 보살핌을 받는다는 점에서 농장동물의 성격도 지니거든요. 길고양이의 경우엔 반려동물이 거리로 나간 것이지만, 독립적인 삶을 꾸린다는 점에서 야생동물의 성격도 갖고요.

비인간동물은 분류되어 각기 다른 대우를 받습니다. 반려동물은 민경 씨네 강아지처럼 친절한 가정에 입양된다면 안락한 삶을 살아갑니다. 가족 구성원으로 받아들여지며 '유사 인격적' 가치를 부여받지요. 반려동물을 때리거나 해코지를 하는 사람은 동물보호법에 따라 처벌받기도 합니다. 최근에는 고양이를 잔혹하게 살해한 사람이 징역형을 선고받기도 했습니다.

반면에 농장동물은 죽여도 아무런 처벌을 받지 않아요. 그들은 좁은 사육 공간에서 항생제 든 사료를 먹으며 분뇨가 섞인 땅을 뒹굴지요. 밖으로는 한 번도 못 나가 본 채로, 죽어서 고기가 될 때까지 짧은 일생을 살다 갑니다. 물론 이들에게도 법이 적용됩니다. 하지만 어디까지나 도축 기준이나 가축전염병 관리 등 생산성 및 상품 품질 유지가 목적입니다. 최근에는 사육 밀도를 제한하고 배터리 케이지(battery cage)*나 스톨(stall, 감금틀)** 등 비인도적인 설비를 금지하는 등 동물복지 관련 법을 만들어 적용하는 추세입니다. 동물 삶의 질을 일부나마 개선하기 위한 조처이지만, 큰 틀에서 동물을 상품으로 보는 관점이 바뀐 것은 아니에요. 농장동물은 인간의 이윤을 목적으로 사육되고, 상품으로 둔갑한 생명은 시장의 지배를 받을 뿐이지요.

실험동물도 마찬가지입니다. 사육업자는 경제적 목적으로 마우스와 래트 등을 대량생산하고, 과학자는 연구(지식 획득)를 위해 동물을 이용합니다. 피부에 암세포를 주입하기도 하고, 두뇌에 전극을 삽입하기도 하지요.

물론 최근 들어 실험동물의 고통을 줄이기 위해 과학계에 '3R 원칙'이 규범으로 자리 잡았습니다. 이 원칙은 동물실험에 동원되는 개

● 보통 산란계(알 낳는 닭) 2~3마리가 전자레인지만 한 케이지 하나에 들어가 산다. 이러한 케이지들을 아파트처럼 상하좌우로 빽빽하게 붙여 만든 것이 배터리 케이지다. '아파트'를 높이 올릴수록 작은 면적에서 더 많은 생산량을 올릴 수 있기 때문에 최근에는 7~8단 되는 배터리 케이지도 사용된다.

●● 새끼를 낳는 어미 돼지(母豚, 모돈)를 가둬 놓는 시설. 모돈사에는 길이 190cm, 폭 70cm, 높이 120cm의 직사각형 철제 막대가 줄줄이 늘어서 있다. 스톨 속의 어미 돼지는 몸을 돌릴 수 없을뿐더러 고개 돌리는 것도 불편하다. 어미 돼지를 스톨 속에 가두는 이유는 새끼들이 덩치 큰 어미 돼지에 깔려 죽는 일을 방지하기 위해서다.

체 수를 줄이고(Reduction), 실험하더라도 고통을 최소화하며(Refinement), 동물실험이 아닌 조직배양이나 수학모델 등 대체 방식을 이용하는 (Replacement) 것을 내용으로 하지요. 이런 규범은 관련 법에도 반영되어, 동물실험을 하는 기관은 위원회를 열어 3R 원칙을 지켰는지 심의하고 불필요한 실험을 배제하도록 하고 있습니다.

그럼 야생동물은 우리가 어떻게 대하고 있을까요? 반려동물이나 농장동물과 달리 우리는 야생동물에 대한 개입을 최소화합니다. 양육하지도, 상품화하지도 않고, 서식지에서 있는 그대로 살기를 바라지요. 야생동물은 보전해야 할 대상이에요. 그래서 '야생생물 보호 및 관리에 관한 법률'(야생생물보호법) 등은 야생동물 포획을 위법행위로 보고 처벌해요.

야생동물이 멸종 위기에 처하면 국가와 과학자는 모니터링을 통해 한 마리라도 살리려고 노력합니다. 대표적인 예가 반달가슴곰이에요. 남한에서 멸종 위기에 처하자, 2004년부터 정부는 매년 수십억 원을 들여 반달가슴곰 복원 사업을 벌였고, 그 결과 지리산과 덕유산, 수도산 등에서 40마리 이상으로 개체 수가 늘었습니다.

한편 고라니나 비둘기처럼 '유해야생생물'로 지정되어 정기적으로 죽임을 당하는 동물도 있습니다. 너무 많이 번식하여 인간의 이익에 반하는 경우, 일부를 솎아 내어 개체 수를 '조절'한다는 논리예요. 하지만 큰 틀에서 보면 야생동물을 보는 우리의 관점은 '보전'입니다. 인간은 야생동물의 '선한 청지기' 역할을 자처하고 있습니다.

동물 통치의 네 가지 체제

현대사회에서 비인간동물은 이렇게 네 가지로 분류되며, 이들은 인간의 목적에 따라 각각 다르게 통치됩니다. 비인간동물에 작동하는 통치 기제는 크게 네 가지입니다. 농업, 방역, 동물복지, 보전이지요. '통치 기제'라고 하니 거창한 것 같지만, 인간이 동물을 지배하고 이용하는 전략 같은 것이라고 생각하면 됩니다. 이 네 가지 통치 기제는 각 동물군에 중복 적용되기도 하고, 특정 동물군에만 배타적으로 적용되기도 합니다.

먼저 첫째로 농업이라는 통치 기제를 살펴보겠습니다. 최대의 이윤을 목적으로 하는 이 통치 방식은 주로 농장동물과 실험동물에 적용됩니다. 동물을 키워 상품으로 만드는 행위, 그리고 이와 관련된 지식, 제도, 조직을 통괄하지요. 이 방식에는 품종간교배나 인공수정, 유전자조작 등 생명공학 기술이 사용됩니다.

둘째는 방역입니다. 가축전염병이나 인수공통감염병을 억제하기 위해 농장동물과 실험동물에 적용됩니다. 때로는 반려동물이나 야생동물에 적용될 때도 있습니다. 이를테면 2019년 아프리카돼지열병 바이러스의 유행이 시작됐을 때, 정부는 야생 멧돼지를 전파체로 보고 발병 지역의 모든 멧돼지를 포획한 뒤 폐사시켰습니다. 바이러스가 돼지 농장으로 들어가는 걸 막기 위해서였지요. 농업 생산성을 떨어뜨릴 수 있고, 때로는 인간 건강에도 영향을 주기 때문에 방역이라는 통치 기제는 날이 갈수록 정교해지고 있습니다.

네 가지 동물 통치 기제

기제	주요 대상	목적	활동
농업	농장동물, 실험동물	이윤의 극대화	품종간교배, 인공수정, 유전자조작
방역	농장동물, 실험동물, 야생동물, 반려동물	질병·전염병 억제 및 차단	항생제, 백신 접종, 이동 제한, 살처분
동물복지	농장동물, 실험동물, 반려동물	개체의 삶의 질 증진	사육 밀도 등 사육 방식 규제, 3R 원칙
보전	야생동물	종 보전	모니터링, 서식지 보전

셋째는 동물복지입니다. 동물 삶의 질을 증진하기 위한 제반의 활동입니다. 반려동물이 대표적인 대상입니다. 이들을 위한 다양한 놀 거리와 사료 등이 소비재로 구축되어 있는 상황이지요. 최근 들어서는 농장동물과 실험동물에도 고통을 최소화하기 위한 기준이 도입되고 있어요. 유럽연합(EU)이 이 분야에서는 가장 앞서 있습니다. 2003년 모든 농장 돼지들에게 의무적으로 공이나 타이어 같은 장난감을 제공하도록 한 조처, 2012년부터는 산란계, 즉 알 낳는 닭의 배터리 케이지 사육을 전면 금지한 일 등이 그렇습니다.[18]

마지막으로 넷째는 보전입니다. 야생동물이 이 통치 기제를 적용받지요. 서식지 보호, 개체 수 파악을 위한 모니터링과 대체 서식지 조성 등의 활동이 보전의 통치 기제를 구성합니다.

정리해 보자면 인간은 동물을 통해 교감과 이윤, 지식을 얻는 한편, 때로는 종 보전이라는 목적을 달성하고자 합니다. 이를 위해 지식과 제도, 실행력으로 구성된 네 가지 통치 기제(농업, 방역, 동물복지, 보전)가 작동된다고 볼 수 있고요. 이것이 동물 통치 체제의 대략적인 구조입니다. 이런 구조 아래서는 비인간동물의 생명에도 위계가 생깁니다. (인간이) 죽여도 되는 동물, 죽이면 안 되는 (나아가 보존해야 하는) 동물, 혹은 나중에 죽이기 위해 살도록 강제되는 동물 등 말이죠. 인간의 목적에 따라 생명에 개입하는 방식이 다르기 때문에 빚어진 일입니다.

동물의 삶과 죽음을 은폐하다

민경 씨네 사례로 다시 돌아가 봅시다. 민경 씨는 돈가스를 먹으면서 왜 불편함을 느끼지 않았을까요? 돈가스를 보며 민경 씨는 '새끼를 낳고 스톨에 갇혀 몸조차 돌리지 못하는 어미 돼지의 무기력, 4주째 어미에게서 떨어져 비육돈으로 살다가 여섯 달 만에 도살되는 어린 돼지의 공포(자연 상태에서 돼지의 수명은 15~20년입니다), 그리고 이들이 죽음 직전 악에 받쳐 지르는 소리'가 돈가스에 스며들어 있다는 사실을 상상하지 못합니다. 아니, 실제 돼지를 한 번도 본 적이 없을지도 몰라요. 여기에는 현대사회에 나타나는 동물 통치 체제의 속성이 숨어 있습니다.

공장식축산 체제는 상품의 생산 과정, 즉 돼지의 삶과 죽음을 보여주지 않아요. 슈퍼마켓 판매대에 랩으로 싸여 진열된 고기에서 우리는 실제 돼지를 상상하기 어렵지요. 만약 민경 씨가 고기에서 돼지를 떠올린다면, 돈가스를 마음 편히 먹을 수 없을 겁니다. 동정하려는 인간의 본능을 자극하지 않도록, 소비 자본주의는 고기에서 동물을 은폐하는 방식으로 작동해요. 먹고 싶은 본능과 공감하려는 본능이 좀처럼 부딪히지 않도록 말이죠. 우리가 소비자로서 동물을 상품으로만 만나기 때문에 그 방식이 가능한 것입니다.

반면에 사육시대, 그러니까 소비 자본주의 이전 시대에 우리 주변에는 돼지와 닭과 소가 있었습니다. 우리는 그들의 숨소리를 들었고, 일을 안 하려 버티는 모습을 보았고, 지어 준 이름을 부르며 쓰다듬기도 했습니다. 이런 경험을 했다면 고기를 먹어도 불편함을 느꼈겠지요. 소중한 생명이 희생되어 음식이 차려진 것을 알기에 동물에게서 얻은 부산물을 낭비하지 않았을 겁니다.

시간을 더 거슬러 올라 수렵시대로 가 볼까요? 사냥꾼도 잡은 동물에 대해 양면적인 감정을 느꼈을 거예요. 동물을 도살하는 일이 마음에 쓰였지만, 살아남으려면 먹어야 했지요. 그래서 이들은 도살한 뒤에 동물의 영혼을 위로하는 제의를 올렸습니다. 제의는 생존 본능과 동정심이라는 상충된 감정을 해결하는 방식이었어요(1장에서 자세히 살펴보았지요).

현대 소비주의 문화는 우리가 이런 도덕적 딜레마에 빠질 겨를을 주지 않고 불편한 감정을 소거해 버려요. 축산물 광고에서 돼지와 닭과 소는 항상 웃으며 행복한 표정을 짓습니다. 현실은 매우 다른데도요.

그렇다면 동물은 언제부터 불행해졌을까요? 인간의 동물 지배가

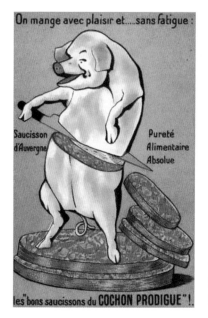

On mange avec plaisir et.....sans fatigue :

Saucisson d'Auvergne

Pureté Alimentaire Absolue

les "bons saucissons du COCHON PRODIGUE"!.

1919년 프랑스의 소시지 광고. 웃는 얼굴의 돼지가 스스로 자신의 몸을 자르자 소시지가 쏟아진다.

시작되고 동물을 기르는 과정에서 잔혹 행위가 심심찮게 벌어졌던 사육시대부터일까요, 아니면 동물의 대량생산과 체계적인 착취가 본격화된 후기 사육시대부터일까요?

2장에서 소개했던 찰스 패터슨이라면 사육시대라고 답했을 것이고, 제러미 리프킨이라면 후기 사육시대라고 답했을 거예요. 전통적인 농장을 기초로 한 사육시대의 인간-동물 관계를 바라보는 관점은 이렇게 제각각이에요. 이 질문에 정확한 답을 내놓으려면 사육시대의 다양한 상황을 되짚으며 가축들의 구체적인 삶을 깊이 들여다보아야 합니다. 공장식축산 체제 아래 동물들의 삶이 어떠한지도 조목조목 따져 봐야 하고요. '동물의 미시사'를 조명하는 것입니다.

동물은 왜 불행해졌을까?

인간은 모순적인 존재입니다. 비인간동물을 이용하고 착취하려는 욕망을 지닌 한편, 그들을 사랑하거나 그들에게 위로받으려는 감정에 휩싸이지요. 그렇기에 인간은 도덕적 딜레마에 허우적댈 수밖에 없는 존재예요. 민경 씨네 사례에서 봤듯 우리는 비인간동물에 대해 완전히 모순된, 양립할 수 없는 도덕관을 동시에 갖고 삽니다. 두 가치관에 동등한 무게를 부여하려 한다면, 인간은 도덕적으로나 심리적으로나 파탄 지경에 이르고 말 거예요.

하지만 인간은 이러한 모순을 인지하고 조금이라도 감내하려 하기에 위대합니다. 과거 인류가 불편한 마음을 씻고자 제의를 올린 이유나, 가축을 키우면서도 불필요한 고통을 주지 않기 위해 여러 불문율을 지킨 까닭은 바로 이 때문이에요. 우리 때문에 겪는 동물의 고통을 제대로 응시함으로써, 우리는 우리가 처한 도덕적 딜레마의 장막을 조금이나마 걷어 낼 수 있습니다. 민경 씨네 식탁에도 변화가 찾아오길 기대해 봅니다.

비인간동물님,
정말
안녕하신가요?

지금은 후기 사육시대입니다. 동물의 상품화가 가속화하고, 인간-동물의 거리는 더 멀어져 동물이 완벽한 타자가 된 시대이지요. 생명의 값어치는 똑같은데도 이 시대 동물들은 농장동물(산업동물), 실험동물, 반려동물, 야생동물로 분할 통치됩니다. 2부에서는 분할 통치되는 비인간동물의 실태를 알아보려 합니다.

4장의 주인공은 농장동물입니다. '감옥'에서 태어나 어미와 헤어져 평생 불구 상태로 투병하다 죽는 생명체들. 이런 삶을 만든 동물 통치 체제는 지구 생태계의 구성 성분마저 바꾸었다는 점에서 문제적입니다.

실험동물에 대한 이야기(5장)에서는 인간의 자만과 이중성을 짚어 봅니다. 반려동물을 다룬 6장과 7장에서 19~20세기 영국의 개 육종 열풍을 비춘 이유는 현대 반려견 문화가 양산한 문제점의 시발이자, 후기 사육시대의 병리를 보여 주기 때문입니다. 개, 특히 순종견은 단기간에 발명, 제작되는 인스턴트 상품으로 전락했습니다.

8장과 9장은 야생동물 편입니다. 보르네오섬에서 만난 오랑우탄 이야기와 바다로 돌아간 돌고래 제돌이에 대해 다뤘습니다.

문명의 기계로 야생동물 삶터를 침입하고, 동물이 한 발자국 물러나면 또 한 발자국의 후퇴를 요구하는 인간. 가축을 거느리고 지구를 독차지한 인간이 생태계에 가하는 압력은 야생동물을 집 잃은 피난민과 독방의 죄수로 만들었습니다.

4 ____

불쌍한 닭들의 행성
_인류세와 공장식축산

수십만 년이 지난 미래의 어느 날, 외계인들이 지구를 찾아옵니다. 지구에서 인간은 멸종했고, 황량한 사막과 빙하만 이어져 있을 뿐입니다. 그중 한 무리의 외계인 과학자들이 예사롭지 않은 지층대를 발견하고서 지질 조사를 벌입니다.

"이게 뭐지?"

"작은 뼈다귀 같은 것이 퇴적돼 있군요."

가까이 다가가 보니, 특정 연대를 나타내는 지층에서 유난히 많은 화석이 보입니다.

"조류의 뼈로 보이는데요?"

"다른 지역에서도 이 뼈가 자주 발견된다고 합니다. 그 당시 아주 많은 수가 살았던 것 같습니다."

이 골격 화석이 발견된 지층은 홀로세(Holocene) 다음의 시대가 퇴적된 층입니다. 대륙빙하(빙상)가 물러나고 온화한 기후가 1만 년 이상 계속된 시대가 홀로세였다면, 이어진 새로운 시대엔 짧은 시간에 갑작스러운 변화가 닥쳤죠. 지구 대기 온도가 상승하고 해수면이 올라갔으며, 자연에 존재하지 않던 방사성원소가 관찰됐습니다. 그리고 이상하게도, 이 시대 지층대에서 자주 눈에 띄는 화석이 있었으니, 바로 '닭 뼈'입니다.

인류세에 오신 것을 환영합니다!

비록 인간은 수십만 년 전에 사라졌지만, 한때 이 지층의 특성을 '예언'한 인간 과학자들이 있었답니다. 맨 처음 그 시대의 기이성을 포착한 이는 네덜란드 대기화학자로 노벨화학상을 수상한 파울 크뤼천 Paul J. Crutzen이었습니다. 2000년 멕시코에서 열린 한 학술회의에서 그는 동료 인간들에게 이렇게 말했어요.

"우리는 지금 홀로세가 아니라 인류세에 살고 있습니다."

인류세(Anthropocene)는 '인류'(anthropo-) 와 '시대'(-cene)를 뜻하는 단어를 합친 신조어입니다. 크뤼천은 인간이 지구를 통째로 바꾸어 놓

앞으니, 이 시대를 현세인 홀로세와 구분해 새로운 지질시대로 정해야 한다고 주장했습니다. (기존 정의로 현재는 홀로세입니다. 홀로세는 지질시대 중 마지막 기간으로, 다른 지질시대처럼 1,000만 년 이상 지속될 것이라는 가정 아래 붙은 이름이에요.)

먼저 그 시대에는 온실가스 배출에 따른 대기 성분의 변화와 기후변화가 있었습니다. 이산화탄소 농도가 치솟으며 기온이 상승했어요. 이에 따른 환경 변화로 수많은 생물 종이 잇따라 멸종했지요. 또 핵무기 사용과 원자력발전소 건설 등으로 인공방사성물질이 배출됐고요. 플라스틱, 알루미늄, 콘크리트 등 과거에 존재하지 않던 물질도 다수 출현했습니다. 그전에는 없던 현상들이지요.

자, 이제 미래 이야기에서 수십만 년 전으로 시계를 되돌려 다시 지금의 현실로 돌아옵시다. 지금까지 말한 것들은 미래의 누군가가 '인류세'를 특징지을 만한 아주 선명한 지표입니다. 이 지표 가운데 하나가 바로 닭 뼈죠. 지금 쓰레기 매립장이 있는 지역이 퇴적되어 일부 물질이 화석화해 지층을 이룬다면, 거기에선 닭 뼈가 유난히 자주 발견될 겁니다.

현생인류(호모사피엔스)가 지구에 출현한 때가 약 20만 년 전입니다. 20만 년의 인류사를 통틀어 봐도, 지금처럼 인간들이 닭을 많이 소비한 적은 없었어요. 20만 년 이래 닭이 이렇게 많이 살았던 적도 없지요. 현재 지구에는 217억 마리가 넘는 닭이 살고 있습니다. 세상의 개, 고양이, 돼지, 소의 수를 다 합친 것보다 닭이 많습니다. 지구 인구의

태국에 사는 적색야계로, 약 8,000년 전에 길들여진 사육용 닭의 원조다.

세 배 가까이 되는 엄청난 개체 수이지요.[19]

미국의 경제학자 헨리 조지Henry George는 이렇게 꼬집었지요. "매와 인간은 똑같이 닭을 먹는다. 그러나 매가 늘어날수록 닭의 숫자는 줄 어들지만, 인간이 많아지면 닭의 개체 수도 증가한다."[20] 이것이 인류 세에서 '인간과 동물의 관계'입니다.

오늘날 사육용 닭의 원종(기원이 된 종)은 동남아시아와 남아시아 일 대에 사는 야생 닭인 '적색야계'(붉은야생닭)입니다. 적색야계의 학명은 '갈루스 갈루스'(*Gallus gallus*)이고, 사육용 닭의 학명은 '갈루스 갈루스 도메스티쿠스'(*Gallus gallus domesticus*)예요. 닭은 원래 열대우림에서 살던 날지 못하는 새였습니다. 지금의 야생 꿩과 비슷한 생태적 위치를 차지했겠죠.

아직 학계에서 의견이 분분하긴 하지만, 사육용 닭은 신석기시대 동남아시아와 남아시아의 열대우림에서 살던 야생 닭이 인도나 중국으로 들어가 가축으로 길들여진 것으로 추정됩니다. 그 뒤 중동과 유럽, 동아시아 등으로 퍼지며 닭은 전 세계에서 가장 많이 기르는 '새'가 됐습니다.

하지만 가축이 되었다고 해서 야생동물의 유전자가 쉽게 사라지지는 않아요. 살짝 날아서 횃대에 오르고, 외진 곳을 찾아 알을 낳고, 모래 목욕을 즐기는 행동 등 야생 닭의 습성은 그대로 남아 있습니다.

옛날에 사람들은 여러 마리의 닭을 마당에서 길렀어요. 마당은 유전자에 새겨진 닭의 본능이 발현될 수 있는 공간이었지요. 닭은 하루 이틀에 하나씩 마당의 후미진 곳에 알을 낳습니다. 새벽에는 '꼬끼오' 하고 울며, 사람이 나오면 줄지어 쫓아왔습니다. 나이가 들어 알 낳는 능력이 떨어질 쯤에야 사람들은 닭을 고기로 잡아먹었죠. 이렇듯 달걀과 닭고기는 대량으로 만들어질 수 없었기 때문에 비교적 고급 식재료로 통했습니다. 불과 60~70년 전까지만 해도 말입니다. 그런데 닭에 엄청난 변화가 찾아왔습니다. 바로 공장식축산이 시작된 것입니다.

공장식축산, 시작은 닭이었다

처음은 우연에 가까웠습니다. 공장식축산의 '발명'은 한 주부의 '실험'을 통해서 등장했다고 『동물을 먹는다는 것에 대하여』(2009)는

병아리 감별. 산란계 수평아리는 알에서 나오자마자 폐기된다.

전합니다.[21] 이야기는 다음과 같습니다. 1923년 미국의 주부 실리어 스틸Celia Steele이 병아리 50마리를 주문했는데, 500마리를 받았다고 합니다. 스틸은 이를 돌려보내는 대신 실내에서 키워 보자고 마음먹었습니다. 그즈음 나온 사료 보충제를 먹였더니 병아리들은 겨우내 살아남았고, 스틸은 실험을 계속했지요. 500마리의 병아리는 3년 뒤 닭 1만 마리로 불어났어요. 12년 뒤에는 무려 25만 마리가 되었고요.

이때만 해도 닭은 실내에서 기를 수 없다는 게 상식이었어요. 실내에서 키우면 발육 상태도 좋지 않고, 달걀도 잘 낳지 못했거든요. 하지만 비타민 A와 비타민 D를 사료에 섞어 주면 병아리가 실내에서도 충분히 성장해 알을 낳고, 고기가 될 수 있다는 사실을 알게 된 거예요. 마당이나 넓은 실외 공간에 자리한 과거 농장과 달리, 실내에서는

산란계 암평아리는 평생 A4 용지 한 장 남짓한 공간에서 2년을 살다가 죽는다. 배터리 케이지를 처음 나가는 그날은 도계장으로 향하는 날이다.

한꺼번에 많은 닭을 몰아넣고 키울 수도 있었지요. 공장식축산은 여기서 출발했어요.

그 뒤 공장식축산은 비약적인 발전을 이뤘습니다. 요즘엔 농장 한 곳당 수만 마리를 키우는 것은 기본이고, 수십만 마리를 사육하는 농가도 많습니다. 하지만 닭의 삶은 불행해지고 말았답니다.

한꺼번에 많은 닭을 키울 수 있게 된 까닭은 '배터리 케이지'라는 밀집 사육 시설이 발명된 덕분입니다. 배터리 케이지는 알 낳는 닭(산란계)을 좁은 공간에서 대규모로 키워 편하게 계란을 수거하도록 설계된 다단식 새장이에요. 여러분이 친구 한 명과 함께 엘리베이터에 있다고 생각해 봅시다. 이런 엘리베이터가 블록처럼 다닥다닥 붙어서

비인간동물님, 정말 안녕하신가요?

적게는 3~4층, 많게는 9층까지 쌓여 있다면 어떨까요? 그리고 이런 엘리베이터에 '평생' 갇혀 살아야 한다면요? 처음엔 자그마한 틈으로 남이 넣어 주는 음식을 받아먹다가도, 시간이 지날수록 아주 큰 스트레스를 받게 될 겁니다. 어쩌면 같이 갇혀 있는 친구를 해치려 들지도 모르고요.

사육용 닭은 배터리 케이지 한 칸에 두세 마리 이상이 들어가 평생을 삽니다. 닭 한 마리당 A4 용지 한 장 정도 되는 넓이입니다. 생산량 증대를 위해서 밤에는 인공조명을 비춥니다. 알 낳는 빈도가 떨어진 닭에게는 먹이를 주지 않기도 해요. 인위적으로 스트레스를 줘서 털갈이시킨 다음, 다시 알을 낳게 하는 거지요. 털갈이 뒤에는 알도 커지고, 산란율도 높아지거든요. 그런 방식을 '강제 환우(換羽, 털갈이)'라고 하는데, 이 과정을 거친 닭은 그 뒤 1년 가까이 더 알을 낳고 도계(닭을 잡아서 죽임)됩니다. 이렇게 닭은 2년 남짓한 짧은 생을 케이지 안에서 살다 갑니다. 열대우림의 적색야계로 태어났다면 10~15년을 살았을 텐데 말이에요.

공장식축산은 최소한의 공간에서 최대한의 개체를 키우는 시스템이에요. 유전공학 기술을 적용해 고기와 달걀을 더 많이 생산할 품종을 만들어 내고, 최적의 사료와 영양제를 투입합니다. 열악한 사육 환경에서 폐사율을 줄이려면 백신 접종과 항생제 투여가 필수죠.

공장식축산에서는 사람이 하는 일도 최소화됩니다. '무창계사'(無窓鷄舍)라고 불리는 창문 없는 닭장에서는 전자동으로 온습도가 조절

되고 먹이가 투입되어 사람의 손길이 필요 없어요. 마치 버튼만 누르면 되는 자판기처럼 비인간동물을 길러 내는 겁니다. 농장이 아니라 공장이죠.

돼지 농장, 혹은 돼지 공장 이야기

1920년대 미국에서 산란계가 공장식축산의 문을 열어젖힌 이후, 육계(고기용 닭), 돼지, 젖소 등도 그 시스템에 편입됐습니다. 돼지는 '고기'가 주요 생산품이에요. 따라서 빨리 살찌워 빨리 도축하는 게 효율적이죠.

돼지고기를 볼까요? 돼지고기는 두 가지 기계에서 생산됩니다. 어미 돼지라는 '출산 기계' 그리고 새끼 돼지라는 '비육 기계'예요. 어미 돼지는 언제나 '임신 중' 아니면 '출산 중'입니다. 임신한 돼지는 임신사에서 살다가 출산 직전에 분만사로 옮겨집니다. 분만사에서 어미 돼지는 꼼짝없이 스톨에 갇혀 새끼를 낳은 뒤 3주 정도 젖을 먹이고 다시 출산사로 보내져요. 임신은 수컷의 정액을 미리 받아다가 자궁에 주입하는 방식으로 이뤄져요. 인공수정 4주차에 받는 초음파 진단에서 임신이 확인되지 않으면, 어미는 재차 이 과정을 겪어야 하죠. 돼지의 임신 기간은 석 달 반, 그러니까 일 년 동안 평균 2~2.5회 새끼를 낳는 꼴입니다. 그야말로 쉴 틈 없이 임신과 출산을 반복하는 거죠. 이를 '모돈 회전율'이라고 하는데, 회전율을 높여야 수익이 커집니다. 모돈 회전율을 높이는 데 온몸을 바친 어미 돼지는 3~4년 뒤 도태됩니

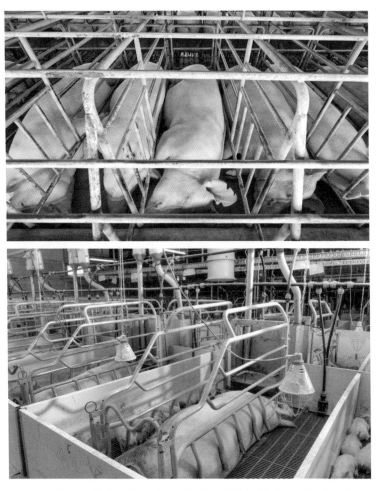

스톨에는 두 가지가 있다. 임신틀(위)과 분만틀(아래)이다. 새끼를 낳기 전 임신틀에 갇혀 있던 어미 돼지는 새끼를 낳을 때가 되면 분만틀로 이동한다. 새끼들이 젖을 먹도록 해 놓았지만 움직이지 못하기는 매한가지다.

다. 그때부터는 모돈 회전율이 낮아지거든요.

어미가 낳은 자식은 '고기'를 불려 나가야 합니다. 생후 3주째 어미에게서 떨어진 새끼 돼지들은 비육 농장(새끼 돼지를 키워 도축장으로 보내는 농장)에 가요. 자돈 농장(생후 3개월 이하의 어린 돼지를 키우는 농장)을 거쳐 가는 경우도 있죠. 돼지들은 충분한 사료를 공급받고, 구제역·콜레라 등에 대비해 예방접종을 합니다. 수컷 새끼는 노린내를 줄이기 위해 거세되고요. 그렇게 새끼 돼지가 반년을 살면 몸무게가 120kg으로 불어나요. 그러면 도축장으로 보내져 짧은 생을 마감합니다.

인공수정에 번번이 실패하거나 새끼를 많이 못 낳는 어미 돼지, 그리고 질병에 걸린 새끼 돼지는 도태됩니다. 돼지가 먹어 치우는 사료값과 주사약값을 놓고 농장주가 주판알을 굴린 결과예요. 투입(사료값, 주사약값) 대비 생산량(새끼 돼지 출산 마릿수, 고기의 양)이 적은 돼지는 없애는 거죠. 찻값보다 수리비가 더 나오면 폐차하듯이 말입니다. 정말 돼지는 기계가 되어 버렸네요.

고기용 닭, 즉 육계도 마찬가지입니다. 좁은 공간에서 살다가 한 달 남짓 있으면 도축장으로 향해요. 품종개량과 사료 배합을 통해 빨리 살찌는 종을 만들어 낸 결과입니다. 사실 우리가 먹는 양념 치킨은 나이로 따지면 병아리에 가깝죠.

인간과 가축의 몸무게를 잰다면?

공장식축산의 등장을 계기로 인류는 역사상 가장 많은 수의 동물을 '생산'하게 되었습니다. 2011년 체코 출신의 과학자 바츨라프 스밀 Vaclav Smil 은 지구에 사는 비인간동물의 질량을 합쳐 비교한 연구 결과

1900년과 2000년의 생물량

단위: 메가톤 탄소(Mt C)

연도	인간	야생 육상 포유류	코끼리	가축	소
1900	13	10	3.0	35	23
2000	55	5	0.3	120	80

출처: Smil, Vaclav. (2011), Harvesting the biosphere: The human impact, *Population and development review* 37(4), pp.613-636.

를 발표했어요.[22] 수분을 제외할 경우 생체 구성 성분 가운데 가장 비중이 큰 탄소를 기준으로 생물량(biomass)을 계산한 것이죠. 연구 결과에 따르면 지구상에 있는 포유류의 총질량을 100%로 봤을 때, 현재 인간의 질량은 30.5%에 달합니다. 산업혁명을 거치면서 인구가 급증했기 때문입니다. 1804년 세계 인구는 약 10억이었고, 1927년에는 20억 정도였습니다. 지금은 70억이 넘고요.

20세기 초중반 공장식축산이 퍼져 나가면서 가축도 그 수가 기하급수적으로 늘었답니다. 유엔 식량농업기구(FAO)의 자료를 보면 2018년 소는 약 15억 마리, 돼지는 10억 마리가 사는 걸로 추정되죠. 신석기혁명 이래로 가축이 된 야생동물은 불과 20~30종이지만, 지금 가축의 질량을 다 합해 보면 전체 포유류 질량의 66.6%에 달해요. 한편, 현재 육지에 사는 야생 포유류의 질량은 합쳐 봤자 2.7%에 지나지 않았습니다.

인간(30.5%)과 인간이 이용하고자 생산한 가축(66.6%)이 전체 포유류 질량의 97%를 넘게 차지하는 셈이에요. 현재 추세대로라면 2050년에는 인구가 100억에 가까워지고, 그에 따라 가축의 수도 불어날 것입니다. 이쯤 되면 인간이 지구 생태계를 뒤흔들어 놨다고 말해도 무리가 아닐 테죠. 과거에는 상상하지 못한 새로운 시대, 즉 인류세가 도래한 것입니다.

비인간동물이 대량생산·대량소비되는 시스템이 공장식축산입니다. 종이컵처럼 찍혀 나와 한번 쓰고 버려집니다. 동물이 일회용품처럼 쓰고 버려지는 시대, 지금 우리는 윤리적 질문을 마주하고 있습니다. 인간은 비인간동물을 존중하지 않아도 되는 걸까요? 인류세의 미래는 어떤 모습일까요?

5 ____

인간들의 가짜 영웅
_ 우주 동물 라이카와 동물실험

1958년 4월 14일, 중남미 카리브해 바베이도스의 하늘 위에서 인공위성이 불꽃을 일으키며 떨어지고 있었습니다. 임무를 마친 인공위성에는 죽은 개 한 마리가 타고 있었죠. 인공위성 발사 때의 열광은 이미 식을 대로 식어서 그 개에게 관심 주는 이가 하나도 없었지만, 그는 인간의 충실한 친구로서 우주에 나가 영롱한 지구를 본 생명체였어요. 이 개의 이름은 '라이카'입니다.

길거리 개의 조용한 죽음

그로부터 약 반년 전인 1957년 11월 3일, 카자흐스탄의 바이코누르 우주기지에서는 인공위성 발사가 카운트다운에 들어갔어요. 옛 소련이 10월 혁명 40주년을 기념해 스푸트니크 2호를 우주로 올려 보내는 순간이었죠. 최초의 인공위성인 스푸트니크 1호가 발사된 지 한 달도 안 되어서였습니다. 1호에는 아무도 탑승하지 않았지만 2호에는 라이카가 타고 있었어요. 인간을 우주에 보내기에 앞서 라이카를 먼저 보낸 것입니다.

라이카는 모스크바 시내를 떠돌던 길거리 개였습니다. 소련항공의학연구소는 집에서 기르는 애완견보다 길거리 개가 더 튼튼하고 적응이 빠를 것으로 보아, 길거리 개 수십 마리를 데려와 우주 비행 훈련을 시켰지요. 길거리 개들은 인공위성 안에서 가만히 앉아 있는 훈련, 엄청난 소음을 견디는 훈련, 원심분리기에 들어가 중력을 버티는 훈련 등을 받았죠. 이 과정을 거쳐 라이카가 선발됐고요.

스푸트니크 2호는 대기권을 벗어나 지구궤도에 안착하는 데 성공했어요. 그 당시 영국의 공영방송 BBC는 이렇게 전했습니다. "스푸트니크 2호는 지구로부터 약 1,500km 떨어진 상공에서 초속 8km의 속도로 지구궤도를 돌고 있다. 약 1시간 42분 만에 지구를 한 바퀴 돈다."[23]

이때는 미국과 소련이 우주 경쟁을 벌이던 시대였습니다. 금세 자신을 따라잡은 소련의 기술력에 미국은 경악했죠. 이른바 '스푸트니크 쇼크'였어요. 개가 우주에 갈 수 있다면, 인간도 곧 갈 수 있다는 뜻이었으니까요. 라이카는 일약 영웅으로 떠올랐죠.

그러나 라이카에게 스푸트니크 2호는 죽음으로 향하는 통로였을 뿐입니다. 위성 캡슐에는 라이카가 먹을 음식과 물이 며칠치 준비돼 있었지만, 사실 이 캡슐은 애초에 지구로 무사히 귀환하도록 설계되지 않았어요. 라이카의 죽음은 예정되어 있던 거예요.

소련 정부는 라이카에게 산소를 공급하고 이산화탄소를 소거하는 생명유지시스템과 먹이공급장치를 인공위성에 장착했다고 밝혔습니다. 그러나 라이카의 지구 생환 여부에 대해서는 명시적인 입장을 표명하지 않았죠. 라이카가 지구로 무사히 귀환할 것이라는 언론의 추측만 있었을 뿐이에요.

라이카는 알루미늄합금으로 이뤄진 길이 80cm, 지름 64cm의 밀폐실에 갇혀 우주로 떠났다.

결국 라이카를 지구에 귀환시키려는 그 어떤 조처도 고려되지 않았다는 점이 나중에야 드러났어요. 2002년 10월 미국 텍사스주 휴스턴에서 세계우주대회(World Space Congress)가 열렸는데, 바로 여기서 당시 스푸트니크 2호 임무를 수행한 모스크바 생물학문제연구소(Institute for Biological Problems) 소속 과학자가 "라이카는 고온과 스트레스로 인해 최대 7시간밖에 생존하지 못했을 것"이라고 밝혔거든요.[24] 라이카가 며칠 동안 생존했다가 고통 없이 죽었다고 한 소련 정부의 발표는 거짓말이었던 겁니다. 인류는 라이카에게 '동물 영웅'이라는 칭호를 선사했지만, 라이카에게 그건 아무 의미도 없었을 거예요. 라이카는 그저 실험의 희생양이었을 뿐이니까요.

생체해부 청문회에 선 다윈

라이카를 둘러싼 근본적인 진실은 '동물실험'입니다. 그리고 지금까지 이름이 알려지지 않은 수많은 희생이 존재하지요. 한국에서만 한 해에 371만 마리가 동물실험에 동원돼요. 가장 많은 동물은 마우스와 래트 등 설치류가 322만 마리(86.9%)를 차지하고, 물고기 23만 마리(6.3%), 조류 19만 마리(5.1%)가 그 뒤를 잇습니다.[25]

사실, 세계 최초의 본격적인 동물보호 운동은 '실험동물'을 보호하는 활동이었어요. 19세기만 해도 동물을 산 채로 잡아 실험하는 일이 빈번했죠. 과학자들도 동물은 고통을 느끼지 않는다며 거리낌 없이 생체해부를 했습니다. 프랑스의 철학자 르네 데카르트René Descartes가

"동물은 인간과 달리 영혼이나 의식, 고통 등 정신세계가 없다"고 했을 정도니까요. 하지만 모든 이가 그렇게 생각한 것은 아니에요. 영국에서는 동물보호론자와 여성 단체, 노동자 단체 등이 연대하여 생체해부 반대 운동을 벌였거든요. 생물학자 찰스 다윈^{Charles R. Darwin}도 생체해부에 비판적인 사람 중 하나였어요. 그는 『인간의 유래와 성선택』(1871)이라는 책에서 이렇게 썼습니다.

> 다들 생체해부당하는 개의 신음소리를 들었다. 시술자의 손을 핥던 녀석이었다. 시술자는 심장이 돌덩이가 아닌 한, 눈감는 순간까지 양심의 가책을 느낄 것이다.[26]

1876년 그는 '동물학대방지법(Cruelty to Animals Act)'에 관한 법안 소위원회'에 출석해 증언하기도 했습니다. 여기서 다윈은 불가피하게 동물실험을 해야 한다면 마취를 하고 의식을 잃게 한 후에 해야 한다고 주장했죠. 그 덕분에 여론의 지지를 얻은 동물학대방지법이 통과되어 시행될 수 있었답니다.

실험실 쥐는 어떤 감정을 느낄까

20세기 들어서는 동물보호 운동의 관심 영역이 실험동물에서 반려동물로 이동해 갔어요. 이 와중에 실험동물 생산은 대규모로 산업화했죠. 과거에는 주로 개를 이용했지만, 이제 쥐가 실험동물의 대표

종으로 떠올랐습니다.

특히 고통스러운 실험일수록 쥐가 많이 이용되고 있어요. 실험은 이용되는 동물의 고통에 따라 A, B, C, D, E까지 다섯 등급으로 분류됩니다. A 등급은 세균, 원충 및 무척추동물을 사용해 고통이 거의 없는 경우죠. B 등급은 거의 스트레스를 주지 않는 수준이고요. 하지만 E 등급은 극심한 고통이나 회피할 수 없는 스트레스를 동반하는 실험이에요. 우리나라 2019년 실험동물 실태 조사 결과를 보면, 가장 고통이 심한 E 등급과 그보다 한 등급 낮은 D 등급 실험의 각각 82.8%, 82.3%가 마우스를 대상으로 한 것입니다(실험용 쥐는 크게 마우스와 래트로 나뉘어요).[27]

인간과 쥐는 유전자를 80% 공유하고, 인간과 침팬지는 유전자를 98.5% 공유해요. 쥐보다 침팬지가 인간과 비슷한데도, 왜 쥐가 실험동물로 환영받는 걸까요? 그 이유는 쥐의 뛰어난 번식력과 온순한 성질 때문입니다. 암컷 쥐는 임신한 뒤 한 달도 안 되어 6~8마리의 새끼를 낳고, 출산한 지 이틀 뒤면 다시 교미할 수 있죠. 쥐는 수명도 짧아서 침팬지보다 훨씬 실험을 빠르게 진행할 수 있어요. 체구도 작기 때문에 실험용 약물의 사용량도 훨씬 적고요. 한마디로 말해 쥐가 인간이 쓰기에 경제적이고 다루기 편하다는 거죠.

순종 실험 쥐 품종은 20세기 초반에 확립됐으며 미국 잭슨연구소를 중심으로 실험용 쥐가 보급되었습니다. 요즘에는 유전자를 변형한 쥐를 이용하여 다양한 실험이 이뤄지고 있어요. 실험용 쥐의 창조자

쥐는 즐거움과 고통, 슬픔을 느끼는 지각력 있는 존재다. 그들은 다른 쥐의 아픔에 영향받아 행동한다.

는 인간이에요. 인간은 실험의 필요에 따라 유전자를 조합한 쥐를 대량으로 만들어 냅니다. 실험용 쥐의 삶은 오직 인간에게 달려 있죠.

이들의 삶을 행복하다고 볼 순 없어요. 쥐들은 유전자가 변형돼 장애를 지닌 상태로 태어나기도 하고, 평생 감금 상태로 살면서 사회적 집단을 이루지도 못합니다. 연구자들은 쥐의 뇌에 전극을 심어 충격을 가하거나, 체내에 암세포를 집어넣어 경과를 관찰하기도 하죠. 쥐들은 영문도 모른 채 고통스러운 삶을 살 거예요. 어떤 쥐들은 차라리 빨리 죽여 달라고 할지도 모릅니다. 고통받는 동료 쥐들을 볼 때마다 심리적 공포가 더욱 커져만 갈 테니까요.

일본 NTT커뮤니케이션과학 기초연구소의 나카지마 사토시中嶋智史

연구 팀은 실험용 쥐를 상대로 그들의 심리적 고통을 알아보는 실험을 진행했습니다.[28] 연구 팀은 쥐의 사진을 찍거나 만들어 내서 세 가지 상황을 연출했어요. 첫 번째는 쥐가 침착하고 평온한 상태의 사진을 촬영했고, 두 번째는 전기 충격을 가했을 때 쥐가 찡그린 표정을 짓거나 몸이 긴장하는 사진을 찍었어요. 마지막으로 세 번째는 이미 찍은 사진들의 얼굴과 몸을 편집 프로그램으로 수정해 표정과 몸짓을 흐리게 만들었고요. 그런 다음 이 세 가지 사진을 세 개의 방에 각각 나누어 걸어 두었습니다. 결과는 어땠을까요?

쥐들을 풀어놓자 첫 번째 사진이 걸린 방으로 가장 많이 들어갔어요. 두 번째 사진이 걸린 방에는 거의 들어가지 않았고요. 세 번째 사진이 걸린 방에서도 오래 머물지 않았죠. 이는 곧 쥐들이 동료 쥐의 얼굴과 몸짓을 '읽고 공감한다'는 뜻이라고 연구 팀은 해석했습니다. 인간과 마찬가지로 시각적 이미지로 감정이 전파된다고 추측해 볼 수 있지요. 그동안 실험이 있을 때마다 하나씩 불려가 실험 대상이 되는 동료들을 보며 쥐들은 얼마나 공포에 떨었을까요.

조금씩 개선되는 동물실험

감정은 인간인 연구자에게도 전파됩니다. 나중에 자세히 살펴보겠지만, 인간에게는 '거울뉴런'이라는, 상황에 따라 자동으로 돌아가는 공감 모터가 있습니다. 쥐의 고통스러워하는 표정을 보는 것, 끔찍한 안락사 과정을 자신이 직접 시행하는 것만으로도 연구자는 불편함이나 심리적 고통을 느낍니다. 이러한 고통을 덜기 위해서라도 동물실험에 규범이 필요했습니다. 바로 '3R 원칙'입니다.

이 원칙은 앞에서도 잠시 언급한 적이 있는데, 되짚어 보자면 동물실험에 동원되는 개체 수를 최소화하고(Reduction), 동물의 고통을 최소화하며(Refinement), 가능하면 대체 실험을 이용하라는(Replacement) 내용입니다. '개체 수 최소화'는 되도록 적은 개체를 실험에 투입하여 최대의 효율을 냄으로써 전체 고통의 양을 줄이자는 것입니다. 어쩔 수 없이 동물을 실험에 이용해야 한다면, 최대한 스트레스를 줄일 수 있도록 실험 방법이나 도구를 개선하자는 것이 '고통 최소화'이고요. 마지막으로 '대체 실험'은 최대한 동물을 이용하지 않는 방법을 찾아냄으로써, 전체 고통의 양을 줄이자는 거예요. 1950년대 영국의 동물학자 윌리엄 러셀William Russell과 미생물학자 렉스 버치Rex Burch가 이 같은 인도적 실험 기법의 원칙을 제안한 이래, 여러 나라에서 동물실험의 규범으로 자리 잡았습니다. 우리나라 동물보호법 제23조에서도 이를 분명하게 명시하고 있지요.

동물보호법 제23조(동물실험의 원칙)

② 동물실험을 하려는 경우에는 이를 대체할 수 있는 방법을 우선적으로 고려하여야 한다.

③ 동물실험은 (…) 필요한 최소한의 동물을 사용하여야 한다.

④ 실험동물의 고통이 수반되는 실험은 감각 능력이 낮은 동물을

사용하고 진통·진정·마취제의 사용 등 수의학적 방법에 따라 고통을 덜어 주기 위한 적절한 조치를 하여야 한다.

세계적으로 저명한 학술지들은 '3R 원칙에 기반한 동물실험 윤리 기준을 지켰다'고 서명한 논문만 실어 줍니다. 선진국에서는 대학과 연구 기관 등에 '동물실험윤리위원회' 같은 조직을 만들어 3R 원칙에 맞게 실험이 설계, 수행되었는지 심사하지요. 또 인증된 전문 기관이 생산한 실험동물이 아니면 사용할 수 없게 하고요. 그러나 이러한 법과 제도는 형식적으로 작동하기 일쑤예요. 최근 우리나라에서도 개 농장 업주에게 농장 개의 채혈을 지시해 실험에 사용한 혐의로 한 유명 대학 교수가 뒤늦게 기소되어 재판에 넘겨지기도 했지요.[29]

그래도 진전은 있습니다. 유럽연합 대부분의 나라와 뉴질랜드는 대형 영장류를 대상으로 한 동물실험을 금지했어요. 인간과 비슷한 감각기관과 몸 구조를 지녀 인지능력 또한 인간과 비슷할 것이 확실한 이들부터 동물실험 대상에서 제외한 거예요.

이제 화장품업계는 동물실험을 하지 않는 추세입니다. 그동안 화장품업계는 주로 토끼를 이용해 동물실험을 해 왔어요. 토끼의 털을 깎아 낸 뒤 맨살에 실험 물질을 바르는 '피부 자극 시험', 토끼를 고정한 뒤 마취 없이 눈 점막에 화학물질을 바르는 '드레이즈 테스트'(Draize test) 등이 이뤄졌죠. 토끼는 눈물양이 매우 적고 눈 깜빡거림이 거의 없어 최적의 실험동물이 되고 만 겁니다.

비인간동물님, 정말 안녕하신가요?

동물을 대상으로 한 화장품 독성시험은 1998년 영국을 시작으로 2009년 유럽연합, 2014년 인도, 2017년 한국에서 금지됐습니다. 중국은 수입 화장품에도 동물실험 의무화를 요구해서 금지 정책의 세계적 확산에 걸림돌이 되었는데, 2021년부터 의무화를 폐기한 상황입니다.

인간 생명에 직결된 약물이나 백신과 달리 화장품은 충분히 대체할 수 있는 상품이라서, 화장품부터 동물실험이 폐지됐다고 볼 수 있어요. 동물성 재료의 사용을 자제하자는 운동을 '모피 사용 반대'부터 시작하는 것과 같은 맥락입니다. 모피 코트 말고도 따뜻한 옷은 많으니까요. '인간에게 덜 필수적인 상품부터 동물의 고통을 줄이자!' 이것이 대전제죠.

그럼에도 우리가 모르는 사이에 고통스럽게 죽어 가는 동물이 아주 많아요. 동물실험 감시 단체 '크루얼티프리인터내셔널'(Cruelty Free International)의 추정에 따르면 전 세계에서 1억 9,210만 마리가 매년 동물실험으로 희생된다고 합니다. 2017년 기준으로 중국(2,050만 마리)이 가장 많았고, 한국(310만 마리)은 세계 6위 수준이에요.[30]

다시 라이카로 돌아가 볼까요? 미국 버지니아공대의 역사학자 에이미 넬슨Amy Nelson은 '라이카의 유산'(The legacy of Laika)이라는 글에서 라이카를 세 가지로 정리합니다.

첫째, 인간도 우주여행이 가능하다는 것을 보여 주었다.

둘째, 미소 냉전 시대 피 말리는 우주 경쟁에서 소련의 대표 선수였다.

셋째, 동물실험에 이용된 '파블로프의 개'였지만, 하나의 소중한
생명이었다.[31]

인간은 첫째와 둘째만 기억하고, 셋째는 무시합니다. 그런데 라이
카에게 중요한 것은 오직 하나, 세 번째 사실이지요. 인간은 제멋대로
인 존재입니다. 우리는 라이카를 우주 영웅으로 추앙하면서, 한해 2억
마리 가까이 되는 실험동물의 죽음에 대해서는 말하지 않지요. 이제
화장품부터 생활용품, 다른 상품도 동물실험을 하지 않는 제품으로
찾아서 사용해 보면 어떨까요?

100년 전 영국을 강타한 '갈색 개 사건'

100여 년 전 동물실험과 관련된 사건이 영국 사회를 강타했습니다. 1903년부터 장장 7년에 걸쳐 뜨거운 논란을 불러일으킨 '갈색 개 사건'(Brown dog affair)입니다.

1903년 영국 유니버시티칼리지런던의 윌리엄 베일리스William Bayliss 교수는 호르몬을 연구하기 위해 개를 이용한 실험을 벌이고 있었습니다. 어느 날, 그가 학생 60명가량을 앞에 두고 갈색 테리어종 개를 대상으로 생체해부를 하던 중이었죠. 그런데 이 수업을 생체해부 반대 운동가이자 당시 런던여자대학 의대생인 두 여성이 참관하고 있었습니다. 이들은 베일리스 교수가 법을 지키지 않았다고 주장했고, 이 사안은 전국적인 이슈가 되었어요.

영국에서는 생체해부 실험의 요건을 정한 동물학대방지법이 1876년 이미 통과된 상황이었습니다. 이 법에 따르면 마취 없이 생체실험을 할 수 없었어요. 영국의 생체해부반대협회는 베일리스 교수의 실험을 잔인하고 불법적인 실험이라고 비판했습니다. 그가 마취가 덜 된 개를 해부해서 실험동물에게 극심한 고통을 줬다는 것이죠. 베일리스 교수는 명예훼손 소송으로 맞섰고, 법정 다툼 끝에 법원은 교수의 손을 들어 주었지요.

소송에서 진 생체해부 반대 운동가들은 1906년 돈을 모아 런던 배터시공

1906년 생체해부를 반대하는 사람들이 런던 배터시공원에 세운 갈색 개 동상

원에 갈색 개의 동상을 세웠습니다. 결연하게 선 2m 남짓한 높이의 개 동상 아래 사람들이 물을 먹을 수 있는 음수대를 설치했습니다. 동상에는 이런 비문을 새겼습니다.

"두 달 이상 생체해부를 당한 갈색 개는 이리저리 연구실을 옮겨 다니다 죽음을 맞고서야 자유를 찾았다. 같은 장소에서 생체해부를 당한 232마리의 개들 또한 기억하며 이 비를 세운다. 영국의 신사 숙녀들이여, 언제까지 이런 짓을 계속할 텐가!"

그러나 싸움은 끝난 게 아니었습니다. 한쪽에는 생체실험에 반발하는 '노동자 단체-여성 운동가-동물 운동가' 연합이, 다른 한쪽에는 과학자와 의

료인을 모욕한다고 격분한 학생들이 팽팽하게 맞서며 감정의 골이 깊어졌거든요. 유니버시티칼리지런던 의대생들은 틈만 나면 이 동상의 철거를 요구하는 시위를 벌였고, 급기야 1907년 11월에는 동상이 망치로 난타당하기도 했습니다.

갈색 개 동상을 둘러싸고 급증하는 시위에 행정 비용까지 치솟자, 이를 관할하는 자치구인 배터시 의회는 골머리를 앓습니다. 결국 당국은 1910년 동상을 철거합니다. 갈색 개 동상은 그렇게 사라집니다.

갈색 개 동상은 75년이 지나서 복권됩니다. 1985년 생체해부반대협회를 비롯한 동물 단체는 배터시공원에 갈색 개 동상을 다시 세웠죠. 아무도 반대하는 이는 없었습니다.

6

불도그는 죄가 없어!
_순종견 집착에 관한 불편한 진실

세계 최대의 도그쇼 '크러프츠'(Crufts). 매년 영국에서 열리는 이 대회는 참가한 개들 중에서 부문별로 세계를 대표하는 개를 뽑습니다. 130년 된 유서 깊은 이 대회에 이름을 올리면, 그야말로 '최고의 명견'이라는 소리를 들어요. 우리나라에서도 진돗개가 크러프츠에 출전한 것을 자랑스럽게 여기죠.

2003년에는 고대 중국 황실에서 키우던 페키니즈 품종의 '대니'가 크러프츠 최고상인 BIS(Best in Show)를 차지했습니다. 페키니즈는 작고 납작한 얼굴과 사자 갈기를 떠올리게 하는 털이 특징이에요. 대니는 페키니즈의 아름다움을 잘 표현했다는 평가를 받아 수상의 영예를 누렸죠.

비인간동물님, 정말 안녕하신가요?

그러나 대니가 숨을 잘 쉬지 못해 수술을 받았고, 더위에도 약해 시상식 때 집중되는 카메라 플래시 때문에 아이스팩 위에 앉아 있었 다는 사실이 뒤늦게 알려졌어요. 이렇게 허약한 개가 세계 최고의 명 견 상을 받았다니? 이때부터 도그쇼에 대한 회의론이 차츰 퍼지기 시 작했습니다.

19세기를 강타한 육종 열풍

크러프츠의 문제는 그 대회의 기원만큼이나 오래됐습니다. 그리고 현재 반려견 문화의 구조적 문제를 보여 주기도 하지요.

크러프츠는 1891년 영국 런던에서 열린 작은 도그쇼에서 출발했 습니다(현재는 버밍엄에서 열립니다). 당시 영국과 미국 등지에서는 개나 소, 돼지, 비둘기 같은 동물을 교배하여 새로운 품종을 만드는 일, 즉 육종 (育種, breeding)이 성행했죠. 육종이 유행하면서 뛰어난 동물을 뽑는 품 평회도 자주 열렸고요. 브리더(육종가)들은 이 대회 수상을 통해 동물의 이름을 알릴 뿐 아니라 교배 요청이 잇따라서 큰돈을 벌기도 했죠.

얼마나 '육종 열풍'이 거셌던지, 찰스 다윈의 위대한 저작 『종의 기 원』(1859)이 하마터면 태어나지 못할 뻔했습니다. 다윈은 이 책 초반에 서 개, 비둘기 등 인간이 의도적으로 선택교배한 '인위선택'을 장황하 게 이야기한 뒤, 후반에서 자연에 의해 오랜 시간 동안 일어나는 진화 법칙인 '자연선택'을 설명했어요. 그런데 『종의 기원』 초고를 받아 든 편집자는 이렇게 말했다고 하죠.

"비둘기에 관한 내용만 남기고, 뒤에 있는 어려운 내용을 덜어 냅시다. 그러면 이 책은 엄청난 베스트셀러가 될 겁니다."[32]

사람들이 큰 관심을 보이는 비둘기 육종 부분만 남기고 다 덜어 내자는 얘기였죠. 다윈이 정작 하고 싶은 얘기는 뒷부분의 자연선택인데 말이에요.

사실 가축의 생김새가 지금의 모습으로 확립된 것은 찰스 다윈이 살았던 근대 이후였습니다. 소나 돼지 등은 경제적 목적에 맞게 품종 개량되었고, 개의 경우에는 사냥이나 수렵, 목양 등 실용적 목적 외에도 귀엽거나 아름답게 보이는 생김새 등 미적 가치에 집중해 개량됐어요. 특히 개는 아주 다양한 형태로 분화했습니다. 두 손 안에 들어가는 '치와와'와 웬만한 어린이보다 큰 '그레이트 데인'은 같은 종이라고 여겨지지 않을 정도예요. 얼굴을 찡그린 듯한 '퍼그', 다리가 짧아 뒤뚱뒤뚱 걷는 '불도그', 곱슬곱슬한 털의 '푸들' 등 개의 품종은 인간의 요구가 반영된 결과죠.

현재 개의 품종은 대략 400개가 넘는데, 대부분 19세기 중반부터 20세기 초반까지 짧은 시간 동안 폭발적으로 늘어났습니다. 심지어 이집트 파라오의 무덤에서 증거를 찾을 수 있을 정도로 유서 깊은 사냥개 '살루키'조차도 근대 들어서 수많은 교배를 통해 복원해 냈어요. 중동의 여러 지역에 산재되어 있던 품종을 원형에 가까운 모습으로 부활시켜 낸다면서요. "개는 빅토리아 시대의 발명품"이라는 얘기가 과언이 아닌 이유입니다.

그런데 예기치 않은 부작용이 일어납니다. 특정 형질, 이를테면 들창코, 짧은 다리, 곱슬거리는 털 등을 고정하려면 같은 형질을 가진 개체끼리 지속적으로 교배해야 해요. 그러다 보니 근친교배에 기대게 되었던 것입니다. 가령 한 육종가가 다리 짧은 개를 우연히 얻었다고 칩시다. 뒤뚱뒤뚱 걸어 귀여운 인상을 주는 개를 만들기로 결심한 그는 또 다른 다리 짧은 개를 데려와 둘을 교배합니다. 같은 방식으로 다리 짧은 개를 계속 수소문해 교배하지만, 어느 순간 이런 형질을 지닌 개가 부족할 수밖에 없겠죠. 결국 같은 가계도에 속한, 곧 근친 관계의 개들을 교배하게 됩니다. 이렇듯 육종가들은 동물의 특정 형질을 강화하는 도구로 근친교배를 이용했어요.

근친교배는 개성 있는 외모를 다음 세대에 전하는 손쉬운 방법이지만, 동시에 바람직하지 않은 유전자가 발현되는 '위험한 거래'입니다. 그래서 근친교배로 형성된 대다수 품종은 갖가지 유전병에 시달려요. 달마티안은 청각장애, 리트리버는 백내장, 저먼 셰퍼드는 고관절 이형성증으로 고통받는답니다.

이뿐만이 아닙니다. 미국 애리조나주립대학의 커샌드라 발슬리 Cassandra Balsley 연구 팀은 전 세계 200여 개 품종에 속한 18만 마리 개들의 죽음을 조사했습니다.[33] 그 결과 일부 품종에서 절반 이상의 개가 암으로 사망했다는 사실을 밝혀냈죠. 특히 근친교배가 많은 품종일수록 암 사망률이 더 높았어요. 제한된 유전자 풀에서 같은 품종끼리 번식하다 보니 특정 질환의 유전자가 동시에 대물림된 거예요.

땅딸막한 불도그의 원래 모습

극단적으로 특정 외양을 강조하다 보니, 개는 점차 기형이 되어 갔어요. 영국 왕실견이던 '캐벌리어 킹 찰스 스패니얼'은 선천적 심장질환과 척수공동증을 앓는 경우가 많습니다. 척수공동증은 자기 뇌에 비해 두개골이 너무 납작해서 생기는 문제예요. 두개골 기형이 뇌 조직에 압박을 가해 뇌척수액의 흐름에 장애를 가져오고, 이는 신경계 질환으로 이어지지요. 척수공동증이 나타나면 개는 통증 때문에 소리를 지르거나 머리를 못 들고 다리를 절기도 해요.

불만이 가득한 얼굴로 웃음을 짓게 하는 불도그는 가장 극단적인

비인간동물님, 정말 안녕하신가요?

유전자조작의 예이지요. 잠깐 그림을 살펴볼까요? 왼쪽 그림은 19세기 화가 에이브러햄 쿠퍼Abraham Cooper의 〈크립과 로사Crib and Rosa〉(1817)를 복제한 판화로, 불도그가 묘사되어 있습니다. 지금보다 키도 크고 날씬한 모습이네요. 황소(bull)와 싸움을 붙이기도 했던 이 늠름한 종에게는 불도그(bulldog)라는 이름이 붙었습니다.

그러나 19세기 중반부터 도그쇼에 등장한 불도그는 브리더들에 의해 신체적 특징이 지나치게 과장된 개로 변해 갔습니다. 아래 사진을 보세요. 체구는 작아졌고, 다리는 짧아졌으며, 얼굴은 압착기로 누른 듯 평평해졌습니다. 과거의 공격성은 사라져 가정에서도 키울 수 있는 반려견으로 바뀌었지만, 과장된 신체 때문에 눈꺼풀이 속으로

1817년의 불도그(왼쪽 그림)와 현대의 불도그(위 사진). 과거의 불도그는 체격이 있고 키가 큰 개였다. 브리더들은 이 품종을 반려견으로 만들면서 신체적 특징을 과장시켰다. 땅딸막한 몸에 들창코를 갖게 된 현대의 불도그는 각종 질환에 시달린다.

말려 들어가고, 짧은 코 때문에 호흡이 힘들어졌습니다. 체구에 견줘 지나치게 큰 머리 때문에 제왕절개 없이 새끼를 출산하기도 어려워졌고요. 비슷한 모습의 퍼그도 익살스러운 얼굴이 특징인데, 불도그와 마찬가지로 얼굴 내부의 여러 기관에서 문제가 나타납니다.

불도그와 퍼그처럼 머리가 평평하고 넓으며, 주둥이가 극단적으로 짧아 얼굴이 납작한 품종을 '단두종'(短頭種, brachycephalic dogs)이라 불러요. 최근에는 단두종만큼은 순종 교배를 자제해 비정상적인 신체의 대물림을 막자고 주장하는 사람이 늘었습니다. 실제로 네덜란드 정부는 2020년부터 단두종의 순종 교배를 금지했어요. 이 지침에 따르면, 불도그와 퍼그는 원칙적으로 다른 품종과 교배해야 합니다. 같은 품종이라면 주둥이가 긴 개체에 한해서, 정부의 검사를 통과한 경우에만 교배할 수 있고요. 이렇게 되면 불도그와 퍼그의 주둥이는 차츰 길어질 테고, 이들이 겪는 고통 또한 줄어들지 않을까요?

미국의 인류동물학자 할 헤르조그Hal Herzog는 20세기 중반 중산층이 성장하면서 미국 사회의 순종견 사육이 대중화했다고 봅니다.[34] 그전까지만 해도 순종견은 귀족 계층이나 부유층만이 소유했어요. 제2차 세계대전 직후 제대군인들이 집에 돌아오고, 이들에 대한 지원이 확대되면서 많은 가정이 정원 딸린 교외 주택을 구입했습니다. 그 후 미국 사회의 순종견 비율은 5%에서 50%로 급등했어요. 순종견을 관리하는 미국애견협회(AKC, American Kennel Club)의 혈통 증명서도 불티나게 발급되었죠. 이런 현상은 모두 순종견들이 대량생산되었다는 것을

비인간동물님, 정말 안녕하신가요?

나타내고, 더불어 유전병으로 고통받는 개들이 많아졌다는 뜻이기도 하겠지요.

그러다가 동물 단체의 성장과 동물보호 의식의 고양으로 1990년대 이후 순종견 사육 문화는 타격을 받게 됩니다. 언론 보도를 통해 순종견에 대한 불편한 진실이 하나둘 드러나고, 유기견 보호소에서 반려견을 입양하는 사람이 많아지면서였죠. 영국에서는 공영방송 BBC가 매년 크러프츠를 생중계하던 관행을 2009년 그만두었어요. '순종견이 아니어도 괜찮아.'라고 생각하는 사람들이 하나둘 늘어났죠.

우리가 '신의 장난'을 치고 있다면?

다양한 개를 바라는 우리의 욕망을 무조건 나쁘다고 할 수는 없습니다. 어떤 사람은 매끈하고 노란 털의 개를 원하고, 어떤 사람은 곱슬곱슬하고 하얀 털의 개를 바라죠. 누군가는 익살스러운 표정의 개를, 또 누군가는 늠름하고 강건한 체격의 개를 좋아할 수 있습니다. 그러나 우리는 좀 더 큰 관점에서 이 문제를 바라봐야 해요.

어떤 이는 순종견의 유전병과 신체 기형은 '인간이 신의 영역에서 장난치다가 벌어진 일'이라고 말합니다. 사실 이는 근대 이후 인간이 비인간동물을 대하는 방식에서 비롯된 일이기도 하죠. 다시 말해 마우스와 래트 같은 실험용 동물을 대량생산하여 유전자를 조작하는 것 같은 '신의 장난'을, 사실은 찰스 다윈이 살았던 19세기 때부터 해 왔다는 얘기입니다. 최근의 '장난'이 유전자 가위 등을 이용한 최첨단 방식이라면, 과거부터 이어 온 개의 품종간교배는 '재래식'이라는 게 차이라면 차이겠죠. 개의 품종간교배도 유전자조작의 한 방식이니까요.

사람의 필요와 용도에 따라 단기간에 선택적으로 개량·육종된 개와 달리 인위적인 손길을 거치지 않은 개를 '자연 견종'이라고 부릅니다.[35] 자연 견종은 장기간에 걸쳐 자연스럽게 유전자가 섞이고 바뀐 개들이어서 유전적으로 건강합니다. 과거 우리나라에서 흔히 보이던 바둑이나 누렁이, 그리고 오늘날 동남아시아에서 쉽게 만날 수 있는 길거리 개들이 자연 견종이죠.

도시의 애견숍에서는 개량·육종된 다양한 생김새의 개들이 상품처럼 사고팔립니다. 우리가 계속 순종견과 혈통 증명서만 고집한다면, 개들은 끝없이 상품으로 판매되고 이들의 고통에 기댄 인간 욕망의 체제는 지속될 겁니다. 유기견 보호소에서 자원봉사하며 장기간 개를 만나고, 마음의 준비가 됐을 때 입양하는 방식은 어떨까요? 개가 문을 열고 우리 품에 안길 때, 다른 생명과 함께하는 신비로운 여정이 시작될 것입니다.

7 ____

진돗개의 불운한 일생
_유기견으로 전락한 우리나라 토종개

진돗개가 비행기를 탑니다. 열 시간을 날아 태평양을 건너 새 보호자를 만납니다. 캐나다에 사는 어느 가족이 몇 달 전 유기견 보호 단체에서 사진을 보고 입양을 결정했거든요.

'웰컴독코리아'는 이처럼 유기견 보호소에서 안락사를 맞기 직전의 진돗개나 동물 학대 현장에서 구조된 진돗개를 해외에 입양 보내는 단체예요. 이런 진돗개들은 대부분 사람의 따스한 손길을 받은 적이 없어 사납고 공격적이죠. 으르렁거리고 물거나 사람을 경계하여 도망치곤 해요.

입양을 보내기 전, 웰컴독코리아는 시민 성금으로 마련한 경비로 진돗개에게 사회화 교육을 합니다. 행동 교정을 통해 사람들과 함께 사는 법을 가르치죠. 그렇게 해야만 외국 가정에서 파양되는 일을 줄이고, 나아가 한국 진돗개에 대한 부정적 인식을 최소화할 수 있거든요. 이 단체의 이정수 대표는 말합니다.

> "유기견 보호소에 가면 진돗개나 진도믹스견(진돗개 혈통이 섞인 개)이 절반 가까이를 차지해요. 동물 학대 현장에 나가 봐도 마찬가지죠."

바로 이 점이 웰컴독코리아가 진돗개에 주목한 이유예요. 지방정부와 시민 단체가 운영하는 동물보호소에서 가장 많이 보호되고 있는 개는 진돗개와 진도믹스견입니다. 사납고 무섭다는 인식 탓에 진돗개가 입양되는 비율은 현저히 낮아요. 지방정부가 운영하는 보호소의 경우 한정된 예산 때문에 일정 기간 입양자가 나타나지 않으면 개들을 안락사시키는 형편이죠.

진돗개는 한때 한국의 국견이자 명견 대우를 받았답니다. 그런데 왜 오늘날 이런 처지에 놓이게 됐을까요? 먼저 진돗개의 역사부터 알아봐야겠습니다.

진돗개는 없다?

사실 진돗개는 조선 시대 기록을 찾아봐도 나오지 않아요. 옛날 사람들이 '진돗개'라고 부르는 개가 따로 없었다는 얘기죠. 진돗개라는

88서울올림픽대회 문화예술축전 때 열린 진돗개 퍼레이드. 과거 국견이자 명견 대우를 받았던 진돗개는 지금 대표적인 유기견이 되어 가고 있다.

명칭이 역사에 처음 등장한 때는 일제강점기 들어서였습니다.

1936년 경성제국대학의 모리 다메조森爲三라는 학자가 전남 광주에 출장을 갔다가 진도에 명견이 있다는 얘기를 듣게 돼요. 그 당시 일본에서는 아키타견과 기슈견(기주견) 등 일본 토종개를 재발견하는 '개 민족주의 열풍'이 불고 있었는데, 일본 개와 한국 개의 연관성에 흥미를 느낀 모리는 서둘러 진도에 건너갔습니다. 진도에서 돌아온 그는 귀가 서고 꼬리가 말린 개가 있다면서 조선총독부에 천연기념물 지정을 건의했어요. 이로써 진돗개가 본격적으로 역사에 등장하게 됐습니다.

귀가 서 있고 꼬리가 위로 쳐들려 있는 것이 요즘 동아시아 계통의 개와 다를 바가 없다. (…) 진돗개와 일본 개의 관계는 '내선일체'[•]를 말하는 데 유력한 자료가 되고 (진돗개는) 학술상 귀중한 개라 아니할 수 없다.

— 모리 다메조, 「진도견(조선 고유견)」(1940) [36]

그렇다면 진돗개는 진도에만 있던 개일까요? 『윤희본의 진돗개 이야기』(2007)의 저자 윤희본은 진돗개를 '약간의 특성만 다른, 조선 시대 남부지방에 살던 일반적인 개'로 봐야 한다고 주장합니다. 다만 진도나 거제도 등 고립된 섬에 살아서 자연스레 육지의 개들과는 모습이 달라졌다고 하죠.

그러니까 진돗개는 자연스럽게 품종이 형성됐다는 거예요! 당연히 전문적인 브리더가 다양한 품종을 가져와 생김새와 성격을 세밀하게 조작한 근대적 의미의 품종과는 다르죠. 한국에서는 서양과 달리 품종간교배를 통해 새로운 견종을 만들려는 적극적인 노력이 없었다는 점도 이 주장에 신빙성을 더합니다.

그렇다면 어떻게 진돗개는 용맹함, 충성스러움 등 진돗개다운 특성을 갖게 되었을까요? 그것은 진도의 자연환경과 관련이 깊습니다. 옛날 진도에는 호랑이가 많았습니다. 호랑이는 보통 첩첩산중에 살았지만, 초지가 발달한 남부지방 연안이나 섬에도 서식했어요. 노루나 고라니처럼 잡아먹을 만한 초식동물이 많이 살았기 때문이에요. 이

● 일본과 조선은 한 몸이라는 뜻으로, 일제강점기 일본이 조선인의 정신을 말살하고 조선을 착취하기 위해 만들어 낸 구호.

런 초식동물은 호랑이뿐만 아니라 진도의 주민들에게도 아주 좋은 사냥감이었답니다. 따라서 섬에 사는 개는 사냥개로 길들여지는 경우가 많았습니다.

그런데 시간이 흘러 일제강점기에 들어와 '야견박살령'(野犬撲殺令)이 내려집니다. 집에서 키우는 개를 모두 등록하게 하고, 미등록한 개는 포획할 수 있도록 한 겁니다. 등록 증표가 없는 개는 지정된 요원이 때려죽여도(박살해도) 됐습니다. 야견박살령은 당시 도시와 시골에 상존하던 광견병을 예방하기 위한 조처였지만, 1937년 중일전쟁 개전 이후 만주 전선의 상황이 급박하게 돌아가면서 다른 목적으로 이용됩니다. 군용 방한복과 방한화 등에 쓸 모피를 공출하기 위해 개 포획이 더욱 과감해진 겁니다. 『한국야생동물기』(1959)의 저자 이상오는 이렇게 전합니다.

> 거리마다 선혈이 낭자하고 비명이 그치지 않아, 그 잔인하기 짝이 없는 행동(야견박살)은 인도적으로도 좌시 못 할 형편이었다. (…) 서양개의 모습이 조금이라도 섞인 개는 감히 잡지 못하였다. 이렇듯 10년을 지나고 나니, 궁벽한 산중이 아니면 재래종의 개를 볼 수 없게 되었다.[37]

'야견박살령'에도 진돗개는 가까스로 살아남았다

우리나라에는 개를 '풀어 키우는' 문화가 있었어요. 개들은 아침에 집에서 내준 밥그릇을 비운 뒤 외출해 다른 개들과 어울리다가 저녁

그리스 아테네의 파르테논신전에서 마주친 길거리 개. 세계적으로 따져 보면, 이렇게 야생동물과 반려동물의 경계에 선 생활양식을 갖는 개가 더 많다.

즈음 귀가했죠. 현대사회와 달리 소유 개념이 분명치 않던 시절, 이런 개들을 '마을 개'라고 불렀지요.

사실, 이러한 인간-개 문화는 지금도 전 세계적으로 주류를 차지합니다. 인도의 파리아개(Pariah Dog), 태국, 필리핀 같은 동남아시아의 길거리 개 등이 그런 예죠.[38] 이들은 도시에서 음식물 쓰레기를 찾아다니기도 하고, 먹이 주는 사람을 찾아 순례하기도 해요. 완전히 야생동물도 아니고, 그렇다고 해서 반려견도 아닌 '경계에 있는 동물'이라할 수 있죠. 전 세계에 약 10억 마리의 개가 사는 것으로 추정되는데, 이러한 문화에서 사는 개가 어림잡아 7억 마리에 이릅니다.[39] 2021년 한국처럼, 배타적인 견주가 있고 보호자가 반려견의 식사부터 운동까

비인간동물님, 정말 안녕하신가요?

지 챙기는 문화에서 사는 개는 3억 마리밖에 안 된다는 거죠.

어쨌든 상황이 이런지라 일제강점기에 많은 개들이 잡혀가고 맞아 죽었습니다. 일본인이나 한국인 고위층이 소유한 서양개는 화를 면할 수 있었지만, 집주인이 나타나지 않는 토종개는 끌려가 군용 모피가 되었죠. 연간 30만~50만 마리의 개들이 도살됐다는 기록이 있을 정도였습니다. 이상오는 우리나라 토종개들이 야견박살령을 계기로 멸종에 가까워졌다고 봅니다. 그나마 행정력이 미치지 않는 섬에 살며 천연기념물로 지정된 진돗개나 가까스로 화를 면할 수 있었던 거예요.

해방 이후에도 진돗개는 정부에 의해 천연기념물로 관리됐어요. 그런데 1980년대 들어 중산층 성장과 함께 애견 문화가 확산하면서 상황이 달라지게 돼요. 서울의 충무로 일대는 100여 개의 애견숍이 난립하며 '애견 거리'로 불리기 시작했죠. 이곳을 통해 푸들이나 요크셔테리어 같은 서양개들이 본격적으로 한국 가정에 삶터를 잡았고, 진돗개 또한 '한국의 용맹스러운 개'로 불티나게 분양됐습니다.

2000년대 들어 개를 가족처럼 보살피는 반려견 문화가 확산했습니다만, 안타까운 점은 진돗개의 경우 일부 순종견을 제외하면 그 문화의 혜택을 받지 못했다는 거예요. 그 이유는 상당수 진돗개가 경비용으로 분양되어 사람과 교감할 기회를 얻지 못한 탓입니다. 시골 주택이나 농공 단지의 공장 경비견으로 살던 진돗개는 쉽게 버려졌어요. 결국 이들이 향한 곳은 야산이었죠. 그 과정에서 다른 개들과 교미

영리하고 용맹한 진돗개. 주로 도시에서 짧은 줄에 묶인 채 자라거나, 개 농장과 개 도살장, 유기견 보호소에서 흔히 발견된다.

해 진도믹스견을 낳기도 했고요.

유기까지는 안 했더라도 일부 견주들은 진돗개를 살뜰히 보살피지 않았습니다(진도믹스견도 마찬가지예요). 진돗개는 시골집 마당이나 공장 마당에서 1미터도 안 되는 짧은 목줄에 평생 묶여 사는 경우가 많았어요. 한때 사냥에도 나섰던 진돗개는 하루 종일 묶여 지낼 개가 아닌데 말이죠. 마당에서 목줄 없이 마음껏 뛰어놀 시간을 주거나, 마당이 없다면 규칙적으로 산책을 시켜 줘야 진돗개의 활달한 본성에 맞았을 거예요.

진돗개에게 사료 대신 잔반을 먹이는 견주도 많았어요. 추운 겨울날이면 야외의 허름한 개집에서 떨다가 동사하는 진돗개가 숱하디숱

비인간동물님, 정말 안녕하신가요?

했죠. 어미가 새끼를 낳으면 새끼는 시장에 내다 팔고, 어미는 2~3년 있다가 개장수에게 개고기용으로 넘기기까지 했습니다. 일부 시골 주민들에게는 쏠쏠한 용돈거리가 되었지요.

소중히 다뤄지지 않는 만큼 버려지는 개도 많았고, 이는 곧 진도믹스견이 많아진 원인이기도 해요. 진도믹스견은 진돗개와 다른 품종이 섞인 잡종이지만, 여전히 진돗개의 피가 흐르고 비슷한 생김새와 성격을 공유하죠. 우리가 흔히 '백구'와 '황구'라고 부르는 개도 진도믹스견인 경우가 많아요. 그러나 시간이 흐르면서 진도믹스견은 사람들이 무시하는 잡종개의 대명사가 되고 말았습니다. 한국의 대표견이던 진돗개가 이제는 학대받고 폄하당하는 품종이 된 거예요. 이러한 진돗개의 뒤틀린 삶은 개를 물건으로 다뤄 온 우리 역사의 산물입니다.

바다 건너서는 환영받는 개

우리나라의 유기 동물은 한 해에 10만 마리를 넘어요. 2017년 10만 2,593마리, 2018년 12만 1,077마리, 2019년 13만 5,791마리, 2020년 13만 401마리 등 꾸준히 증가하고 있죠. 이 가운데 개가 73.1%를 차지하고, 고양이는 25.7%입니다. 어떤 개들은 구조되어 지방정부가 운영하는 유기견 보호소에 들어가지만, 입양률은 3마리 중 1마리꼴인 29.6%에 지나지 않습니다. 5마리 중 1마리(20.8%)가 안락사되고, 구조 당시 각종 질환과 부상 등으로 보호소에서 자연사하는 경우도 25.1%에 이릅니다(2020년 기준).[40]

웰컴독코리아에서 사회화 교육을 받고 있는 진돗개. 학대의 경험 때문에 사람을 무서워한다.

전국 유기견 보호소에 사는 개 중 절반 이상이 진돗개 계열의 진도믹스견으로 추정돼요. 가장 입양되지 않는, 환영받지 못하는 개죠. 사람들이 순종견을 좋아하기 때문이에요. 동시에 진도믹스견은 안타깝게도 유기견 보호소에서 가장 자주 안락사 되는 개이기도 합니다.

하지만 불행 중 다행이라고 해야 할까요? 웰컴독코리아에 따르면, 진돗개는 순종이든 잡종이든 외국에서는 멋지고 좋은 개로 환영받는다고 합니다. 진돗개를 입양한 견주가 푸른 잔디밭을 뛰어노는 진돗개의 사진을 보내 줄 때면 보람을 느낀다더군요. 아마도 진돗개의 불운한 일생이 조금이나마 위로받는 기분이 들어서일 테죠. 더불어 진돗개를 아끼는 사람들의 마음까지도요.

비인간동물님, 정말 안녕하신가요?

우리는 '부끄러운 진돗개 수출국'의 지위를 떼기 위해 노력해야 할 겁니다. 비인간동물을 인간 욕망의 투사 대상으로 여기지 않고 즐거움과 행복, 그리고 고통을 느끼는 감수성 있는 존재로 대우한다면 진돗개와 진도믹스견은 좀 더 행복해질 수 있을 거예요. 머나먼 땅까지 새 보금자리를 찾아 떠난 진돗개의 앞날이 더욱 푸르르길 바랍니다.

8 ____

돌아갈 곳 없는 오랑우탄들
_대멸종 시대와 위기의 야생동물

보르네오섬 서북쪽의 해안 도시, 말레이시아 쿠칭에 비행기가 도착했습니다. 공항을 나서자 열대의 열기가 밀물처럼 몰려와 후다닥 택시에 올랐어요.

"보르네오에 오신 걸 환영합니다. 오늘은 마스크를 써야 해요."

저는 택시 기사에게 왜 마스크를 써야 하느냐고 물었습니다. 열대 밀림의 섬에 미세먼지가 있으리라고는 상상도 못 했거든요.

"저 멀리 섬 남쪽에서 연무가 넘어온다는 예보가 있었어요. 인도네시아에서 또 숲을 태웠나 봐요."

그는 스마트폰을 꺼내 사진 한 장을 보여 주었어요. 숲은 폐허처럼

비인간동물님, 정말 안녕하신가요?

변했고, 새끼로 보이는 오랑우탄 여러 마리가 잔불에서 도망치는 장면이었죠.

보르네오섬 하면 막연히 인도네시아의 섬 정도로 생각하는데, 대부분은 인도네시아 땅이지만 북쪽의 일부가 말레이시아에 속해요. 인도네시아에서는 보르네오의 밀림을 팜유를 생산하는 경작지로 바꾸기 위한 손쉬운 방법으로 숲에 불을 놓고 있어요. 말레이시아 사람들은 인도네시아 땅에서 숲을 태우면 미세먼지가 자기 나라로 넘어오기 때문에 신경을 곤두세우죠.

팜유, 누군가에게는 재앙

이런 상황에서 사람보다 더 큰 피해를 입는 것은 보르네오 숲에 사는 오랑우탄이에요. 웬만하면 나무 아래로 내려오지 않는 오랑우탄은 깊은 숲속의 수관부(나무의 윗부분)를 건너다니며 은둔자처럼 살아갑니다. 어른이 되어 독립할 때까지 어미가 보살피는 몇 년을 빼곤 오랑우탄은 홀로 살아요. 이러한 오랑우탄에게 밀림의 산불은 하늘이 무너지는 재앙에 가깝습니다. 매캐한 연기로 숲이 들썩이고 보금자리도 사라지지요. 대혼란이 닥치면서 오랑우탄 새끼들도 곧잘 어미를 잃고 맙니다.

수마트라섬에 사는 오랑우탄을 '수마트라오랑우탄', 보르네오섬에 사는 오랑우탄을 '보르네오오랑우탄'이라 부릅니다. 최근에는 수마트라섬 북쪽 고지대에서 800마리 정도의 오랑우탄이 발견됐는데, 이를

'타파눌리오랑우탄'이라고 하죠.[41] 이 세 오랑우탄은 생김새가 조금씩 다르고 유전자에도 차이가 있어 별개의 종으로 칩니다.

사실 오랑우탄은 머지않아 우리가 볼 수 없는 비인간동물 중 하나로 손꼽혀요. 보르네오오랑우탄은 1999년부터 2015년까지 16년 동안 약 14만 마리 이상이 사라졌습니다. 전체 개체 수의 절반이 없어졌다고 하는데, 앞으로 35년 동안 4만 5,000마리가 더 사라질 것이라고 예상됩니다.[42] 이 밖에도 여러 통계와 추정치가 있는데, 모두 보르네오오랑우탄의 암담한 미래를 예견하고 있습니다. 건너편 섬에 사는 수마트라오랑우탄, 타파눌리오랑우탄도 상황은 다르지 않습니다.

오랑우탄이 멸종의 벼랑으로 몰리고 있는 이유는 벌목과 개간, 광산 개발 등을 위해 인간이 숲을 훼손하는 탓이에요. 특히 우리가 날마다 소비하는 팜유가 가속페달이 되어 보르네오의 숲이 마구 사라지고 있죠. 팜유는 기름야자의 열매를 짜서 만드는 식물성기름이에요. 과자, 피자, 마가린 등 많은 식품에 들어가죠.

열대우림을 기름야자 경작지로 개간하는 방식은 파괴적입니다. 한 번도 인간의 발길이 닿지 않았던 원시림을 '인간의 땅'으로 만들기 위해 도로 건설 장비가 제일 먼저 투입됩니다. 거대한 열대우림에 바둑판 모양으로 도로를 닦아 중장비가 들어갈 수 있도록 한 뒤에는, 도로 주변 원시림부터 쓸 만한 나무를 골라 벌목하죠. 그러고 나면 나무 밑동이나 잡목, 그리고 목재 가치가 없는 나무들이 남아요. 여기에 불을 놓아 모조리 정리해 버립니다. 대기오염이 발생할 뿐만 아니라 보금

기름야자 경작지 개간 과정에서 파괴되고 있는 보르네오섬 쿠칭의 열대우림

자리를 잃는 동물에게도 충격적인 방식이기 때문에 인도네시아 정부가 금지하고 있지만, 중앙정부의 통제력은 토착 권력의 비리에 쉽게 힘을 잃습니다. 가장 파괴적이면서도 가장 쉽게 열대우림이 사라지는 것입니다.

팜유 농장으로 만들어 기름야자를 재배하는 데에도 적잖은 환경 비용이 듭니다. 우선 많은 물이 필요해요. 자연 상태의 열대우림은 건기와 우기에 맞춰 스스로 조절하며 물을 빨아들이지만, 팜유 농장의 기름야자를 재배하기 위해서는 물이 부족한 건기에도 수로를 만들어 일정량의 물을 대야 하죠. 기름야자 한 그루가 하루에 소비하는 물은 91L에 이릅니다.

열대우림은 지구 최대의 탄소 저장고예요. 사람의 손길이 닿지 않았던 1차림(원시림), 과거에 천재와 인재 등을 겪고 자연 상태로 보존된 숲인 2차림, 그리고 수백만 년 동안 식물이 분해되어 다량의 탄소가 함유된 이탄 지대 등으로 구성되어 있죠. 숲이 불타면 1차림과 2차림이 사라져 이산화탄소를 흡수하고 산소를 내뿜는 허파가 사라지게 됩니다. 또한 이탄 지대에 불이 붙으면, 그동안 땅속에 붙들려 있던 탄소가 검은 연기와 함께 대기로 배출돼요. 즉 불을 놓아 열대우림을 없애는 행위는 지구에 치명적이라는 거죠. 열대우림의 개간 과정에서 나오는 탄소는 지구 온실가스 방출량의 10%에 이를 정도라고 합니다.[43] '이산화탄소 폭탄이 터진다'고 볼 수밖에 없는 열대우림의 훼손에 의해 기후변화는 가속화합니다.

오랑우탄을 국립공원에 보내는 건 어떨까

쿠칭에서 25km가량 떨어진 세멩고야생동물센터(Semenggoh Wildlife Rehabiltation Centre)에 찾아갔습니다. 이곳은 길 잃은 오랑우탄이나 어미를 여읜 새끼 오랑우탄을 구조하여 다시 밀림으로 보내는 재활 센터입니다. 오랑우탄은 넓고 빽빽한 숲 곳곳에 숨어 있다가, 먹이 주는 시간이 되면 찾아오죠.

오후 2시 50분, 먹이 주는 시간이 되자 보호소 요원이 "아아아~", "어어~" 하고 길게 소리를 질렀어요. "부쉬쉬" 하며 나무 사이로 오랑우탄 세 마리가 모습을 드러냈습니다. 새끼를 업고 나타난 암컷 '애나리사'와 덩치 큰 수컷 '에드윈'이에요. 이들은 바나나와 코코넛이 쌓인

보르네오섬 서북쪽 세멩고야생동물센터에서 보호를 받고 있는 오랑우탄. 먹이 급여 시간이 되자 숲속에 숨어 있던 오랑우탄이 나타났다. 모두가 먹으러 오는 것은 아니다. 그것은 오랑우탄의 자유다.

원두막 같은 식탁에서 식사를 시작했습니다. 세멩고의 넓은 숲에서 스스로 먹이를 찾다가도 가끔씩 이렇게 찾아와 인간이 주는 먹이를 먹습니다. 자주 오는 오랑우탄도 있고, 그렇지 않은 오랑우탄도 있죠.

자신의 삶터를 잃고 인간에게 운명을 위탁한 오랑우탄들. 이들은 다시 울창한 숲으로 돌아갈 수 있을까요? 보호소의 요원은 이렇게 대답합니다.

"인간에게 자신의 삶터를 내준 오랑우탄은 다른 곳으로 이주해 살기도 힘듭니다."

그들이 살던 곳은 지금 팜유 농장이 되었겠죠. 문득 공항에서 읽은 '원시림으로 모험 여행'이라는 여행 정보지가 떠올랐습니다. 적지 않은 야생 오랑우탄이 살고 있는 곳이 소개되어 있었죠.

"바탕아이국립공원(Batang Ai National Park)으로 보내는 건 어떨까요?"

"그곳으로 보내는 건 신중하게 생각해 봐야 해요. 그쪽에 사는 오랑우탄과는 유전자가 달라 원칙적으로 안 되는 데다, 새로운 영역에 들어가면 텃세가 있어서 어떻게 될지 몰라요."

현재 지구는 제6의 대멸종 시대를 통과하고 있습니다. 만약 인류가 멸종하고 후세의 지적 생명체가 지구에 와서 지질조사를 벌인다면, 이 시대에 갑자기 증발하듯 사라진 오랑우탄을 대표 화석으로 꼽을지도 모르겠습니다. 오랑우탄, 북극곰, 도도새, 스텔라바다소…. 머릿속에 떠오르는 같은 처지의 비인간동물이 한도 끝도 없네요.

대멸종의 원인은 무엇인가

약 38억 년 전 지구에서 최초의 생명체가 탄생했습니다. 진화의 역사에서 '멸종'은 그리 특별한 사건이 아니에요. 변화하는 자연환경에 적응하는 종은 살아남고 그렇지 않은 종은 멸종했습니다. 그 결과로 생긴 빈틈을 새로운 종이 나타나서 채웠죠. 진화의 역사에서 '멸종'은 자연스럽고 일상적인 과정입니다. 그러나 '대멸종'은 특별한 사건이에요. 미치광이가 휘두르는 도끼에 수많은 나무들이 잘려 나가듯 단기간에 생물 종이 없어지는 지질학적 사건이죠. 지구 역사에서 그런 일이 다섯 차례 있었습니다.

4억 4,000만 년 전 고생대 오르도비스기 대멸종 때에는 빙하기가 연달아 찾아오면서 모든 종의 86%가 사라졌고, 3억 5,900만 년 전 데본기에는 지구의 냉각과 온난화가 잇달아 벌어지면서 모든 종의 75%가 없어졌어요. 역사상 가장 큰 멸종 사건인 2억 5,000만 년 전 페름기 대멸종 때는 시베리아 화산이 폭발하면서 모든 종의 96%를 갈아치웠습니다. 뒤이어 2억 년 전 중생대 트라이아스기에는 온난화와 해양 산성화가 겹치며 모든 종의 80%가 종언을 고했고, 6,500만 년 전 백악기 때는 소행성이 중앙아메리카 유카탄반도에 떨어지면서 공룡을 비롯해 모든 종의 76%가 사라졌습니다. 인류(호모사피엔스)가 지구에 출현한 것은 그러고 한참 뒤인 20만 년 전이었습니다.

그리고 현재, 지구에서는 여섯 번째 대멸종이 진행 중입니다. 지난 다섯 차례의 대멸종이 자연재난이었던 것과 달리, '제6의 대멸종'은 인간의 활동으로 인해 벌어지고 있다는 점이 다릅니다. 원인은 다섯 가지로 나눠 볼 수 있어요.

첫째는 사냥과 남획 등 자연의 과도한 이용이에요. 과도한 사냥으로 인한 멸종은 인간이 도구를 발명하고 잉여 자본을 축적하기 시작한 고대 시대부터 나타났습니다. 약 1만 3,000년 전에는 아메리카 대륙으로 건너간 인류가 휘두른 '클로비스의 창'의 뾰족한 날에 매머드가 죽어 나갔고, 2,000년 전에는 전투용으로 징발되거나 콜로세움의 살육전에 단골로 출연했던 북아프리카코끼리가 사라지고 말았습니다. 이런 종류의 멸종은 근대 들어 더 빈번해졌습니다. 20세기 초반, 과도한 포경 열풍으로 고래의 개체 수가 바닥을 쳤고, 최근 들어서는 세계로 퍼진 '스시' 문화로 대서양참다랑어 같은 참치가 멸종의 문턱을 헤엄치고 있습니다.

둘째는 서식지 훼손과 파괴입니다. 앞서 말한 보르네오섬과 아마존강 유역의 열대우림 등 많은 곳이 개발되면서 상당수 종이 시한부 선고를 받은 상태예요.

셋째는 DDT(다이클로로다이페닐트라이클로로에테인), PCB(폴리염화바이페닐) 같은 독성 화학물질로 인한 환경오염입니다. 농약과 살충제, 제초제, 그리고 일부 생활용품에 든 물질이 토양과 바다에 잔류하면서 비인간 동물의 멸종이 가속화했습니다. 안타깝게도 영국 스코틀랜드 주변에 사는 한 범고래 무리는 20년 넘게 새끼를 낳지 못하고 있습니다. 2016년 이 무리의 범고래 사체에서 PCB 농도를 측정한 결과, 기준치 100배 이상의 PCB가 검출됐죠.[44] 전 세계 바다 19개 범고래 무리의 PCB 측정치를 바탕으로 생존율을 추산한 결과, 범고래는 50년 안에 자취를 감출 것이라는 연구 결과가 발표되기도 했습니다.[45] 독성 화학물질은 우리 모르게 주변의 생명을 잠식하고 있어요.

넷째는 외래종 유입으로 일어난 생태계 교란이에요. 인간이 들여온 포식자 외래종이 생태계에 혼란을 불러오면서 일부 생물종이 멸종되고 있죠. 이는 15세기 말 이후 유럽인의 시야가 대서양 너머 미지의 땅과 바다로 향하면서 본격화됐습니다. 당시 유럽 제국주의 국가들이 아메리카와 오스트레일리아, 그리고 태평양의 고립된 섬에 내려놓은 것은 사람뿐만이 아니었습니다. 선박에 숨어 있던 시궁쥐, 인간이 데

비인간동물님, 정말 안녕하신가요?

2016년 겨울 캐나다 처칠에서 만난 북극곰. 현재 2만 5,000마리로 추정되는 북극 곰은 북극 해빙이 줄어들고 물범 사냥이 어려워지면서 이번 세기 안에 멸종될 것이 라는 경고가 있다.[46]

려갔던 개, 고양이 같은 동물들이 대서양을 건너와 대륙 간 이동을 하며 토종 생태계는 붕괴되었죠. 우리나라에서도 민물고기인 베스와 블루길 등이 토종 민물고기 생태계를 뒤집어 놓았고, 최근에는 남아메리카 원산인 뉴트리아가 사육용으로 수입되었다가 낙동강을 중심으로 번식하는 바람에 문제가 되고 있습니다.

최근 연구 결과에 따르면, 여러 가지 멸종 원인 중에서도 외래종의 영향이 가장 크다고 합니다. 영국 유니버시티칼리지런던의 팀 블랙번Tim Blackburn 교수 연구 팀은 1500~2005년 사이 953건의 멸종 사례를 분석했는데, 이 가운데 300건의 사례(31%)에서 외래종이 영향을 미쳤고, 126건(13%)은 전적으로 외래종 탓이었습니다.[47]

마지막으로 다섯째 원인은 기후변화입니다. 기후변화는 북극곰 같은 일부 종에게 서식지의 축소나 먹이 감소를 일으키고, 철새처럼 계절에 맞춰 이주하는 비인간동물들에게는 뒤바뀐 환경으로 혼란을 가져다줍니다.

문제는 개구리 하나만이 아니야!

가장 심각하게 멸종 위기를 맞닥뜨리고 있는 생물은 개구리나 두꺼비 같은 양서류입니다. 세계자연보전연맹(IUCN) 자료를 보면, 양서류 6,260여 종 가운데 3분의 1인 2,030여 종이 멸종 위기에 처했습니다.[48] 기온 상승으로 습지가 말라붙고, 마구잡이 개발로 삶터가 없어졌기 때문이죠(대멸종의 두 번째 원인으로 언급했던 서식지 훼손과 파괴 문제입니다).

또한 항아리곰팡이가 인간을 따라 전 세계에 전파되면서, 이 곰팡이에 취약한 양서류가 떼죽음을 당하기도 했습니다. 양서류의 피부에 기생하는 이 곰팡이는 피부조직을 구성하는 케라틴을 먹어 치웁니다. 피부호흡을 하는 양서류는 케라틴이 사라지면 숨을 쉴 수 없기 때문에 치명적이에요. 1970년대 오스트레일리아에서 처음 발견된 뒤 '개구리 흑사병'이라고도 불리면서 세계로 퍼져 나간 이 곰팡이는 뒤늦게 한국이 발원지임이 밝혀지기도 했지요.[49]

그까짓 개구리 하나 없어지는 게 무슨 대수냐고요? 지구의 생태계는 서로 연결되어 있다는 점에 유념해야 합니다. 젠가 게임을 상상해보세요. 나무조각들을 얼기설기 엮어 만든 탑이 서로 연결되어 균형을 이루고 있습니다. 나무토막을 하나 뺄 때는 아무렇지도 않지만, 하나둘 빼다 보면 어느 순간 탑이 균형을 잃고 무너지죠. 지구 생태계도 마찬가지입니다. 복잡하게 연결된 생명의 네트워크가 하나둘 끊어질 때는 미처 못 느끼더라도, 마침내 한계점에 이르는 순간 예상할 수 없는 속도로 무너져 버립니다.

\\|/

마지막으로 도도새 이야기를 들려줄까 합니다. 모리셔스섬에 살던 이 새는 16세기 초 포르투갈 선원들에게 발견된 후 200년도 안 되어 멸종합니다. 먹을거리가 없던 선원들은 날지 못하는 도도새를 방망이로 때려잡아 먹었고(과도한 이용), 함께 상륙한 쥐와 개, 돼지 등은 도도새의 알을 먹어 치웠습니다(외래종 침입). 도도새는 가장 극적인 멸종 사례로 자주 인용되지요.

여기까지는 잘 알려진 이야기입니다. 그런데 도도새가 멸종한 뒤, 이상하게도 모리셔스 자생종인 칼바리아(Calvaria) 혹은 탐발라코크(Tambalacoque)라고 하는 나무 역시 그 수가 줄어들었습니다. 미국의 조류생태학자 스탠리 템플Stanley Temple은 모리셔스섬에 이 나무가 단 13그루 남았다며, 급격한 개체 수 감소의 원인이 도도새의 멸종과 관련이 있을 것 같다는 직감이 들어 연구를 하기 시작하죠. 칼바리아 나무 열매는 도도새의 먹이였거든요.

16~17세기 네덜란드 화가 롤란트 사베리Roelant Savery가 그린 도도새

스탠리 템플은 도도새 대신 칠면조를 데려와 실험을 시작했는데, 칠면조에게 칼바리아 열매를 먹이고 배설물을 관찰했습니다. 배설물을 통해 나온 씨앗은 한층 부드러워졌고, 그전보다 훨씬 잘 싹을 틔웠습니다. 그는 이를 근거로 칼바리아 나무가 도도새로 인해 더 싹을 잘 틔울 수 있었다고 주장했습니다. 그런데 도도새가 사라져 버렸으니, 칼바리아 나무도 연쇄적 멸종 위기에 처했다는 거죠. 그의 주장은 과학 전문지《사이언스》에 실렸고,[50] 칼바리아 나무는 '도도나무'로 유명해집니다.

스탠리 템플의 주장에 대해 여러 반론이 제기됐습니다. 그중 하나

비인간동물님, 정말 안녕하신가요?

는 땅거북의 감소와 연관성을 찾는 가설입니다. 땅거북이 도도나무 씨앗을 먹고 이동하여 배설함으로써 이 나무를 널리 퍼뜨렸는데, 땅거북의 개체 수가 줄어들어 이 기능이 정지됐다는 겁니다. 그리고 알려진 것과 달리 칼바리아 나무가 단 13그루 남은 것이 아니라 그보다 많은 수백 그루가 자생하고 있다는 사실 또한 지적됐어요. 단지 과학자들이 어린 나무를 알아보지 못했을 뿐이라고요. 과학자들은 칼바리아 나무의 멸종 위기를 도도새의 멸종에서만 찾는 것은 협소한 시각이라고 봤어요.

도도새에서 시작해 칼바리아 나무, 그리고 땅거북까지 꼬리를 물고 이어지는 이 이야기는 '생태계의 구성원은 복잡하게 서로 연결되어 있다'는 것을 다시 떠올리게 해 줍니다. 또한 멸종은 하나의 원인으로 소급되지 않고, 저마다 제자리를 차지하고 있는 생태계 구성원의 행위가 중첩되어 나타나는 결과라는 것도 깨닫게 해 주죠. 우리는 이러한 복잡성에 항상 유의해야 해요. 생태계를 잘 알고 있다고 과신해서도 안 됩니다.

배경멸종과 대멸종, 어떻게 다를까

지금 여러분은 카페에 앉아 책을 보고 있습니다. 달그락거리는 찻잔 소리, 음악 소리, 주변에서 이야기하는 '웅웅' 소리가 마구 뒤섞여 날 거예요. '백색소음'이라고 불리는 이 소리는 여러분의 귀에 또렷하게 들리지 않고, 중요한 소리로 인식되지도 않습니다. 이런 백색소음처럼 이 순간 지구 어디에선가 일어나는 일반적인 멸종을 배경멸종(background extinction)이라고 합니다. 저마다의 이유로 지구 환경에 부적응하게 된 특정 생물 종이 사라지는 과정이죠. 과거에도 있었고 지금도 있는, 평상시 일어나는 멸종입니다.

과학자들은 멸종 속도를 추산하기도 합니다. 표준적으로 일어나는 멸종의 속도를 '배경멸종률'이라고 해요. 잘 발견되지 않는 화석 기록을 토대로 하기 때문에 배경멸종률은 파악하기가 힘든데, 그나마 가장 잘 측정된 것이 포유류입니다. 포유류의 경우, 매년 100만 종 중 0.25종이 멸종되는 것으로 추정됩니다. 현재 시점에서 따져 보면 포유류는 약 5,500종이 사는데, 700년마다 1종씩 멸종하는 꼴이라고 하네요. 양서류는 약 1,000년마다 1종이 멸종한다고 봅니다.[51]

멸종은 항상 일어나지만 속도가 언제나 일정한 것은 아니에요. 대멸종(mass extinction)은 비교적 짧은 시간에 생명체가 폭발적으로 멸종하는 지질학적 사건을 가리켜요. 멸종 속도가 빨라 멸종률도 높지요. 앞서 살펴봤듯 지난 5억 년 동안 다섯 번의 대멸종이 있었는데, 이 과정에서 지구상의 50% 이상의 종이 멸종했어요. 대멸종 사태는 배경멸종과 달리 극심한 기후변화 그리고 대기와 해양 성분의 변화를 동반해요. 각각의 변화는 연쇄 효과를 일으키면서 지구를 초토화시키죠.

지금까지 가장 큰 대멸종 사태였던 페름기 대멸종 때는 시베리아의 화산이 폭발하면서 반경 수백 킬로미터에 달하는 지역이 용암으로 뒤덮였죠. 화산재가 지구를 뒤덮었고, 이산화탄소가 급증하며 기온이 6℃ 올라갔습니다. 따뜻한 기후로 인해 적도와 극지방의 온도 차가 줄면서 대양의 물이 섞이지 않게 되었고, 물속의 산소 농도가 줄어 상당수의 해양 생물이 죽었고요. 바다에서는 무산소 박테리아가 증식하여 황화수소를 방출했는데, 이 가스가 육상 생물을 죽였으며, 화학반응을 일으켜 오존층을 파괴했죠. 대멸종은 이렇게 연쇄적인 거대한 변화를 몰고 옵니다.[52] 제6의 대멸종의 앞에 선 우리는 죽음의 연쇄 효과를 막을 수 있을까요?

9 ___

남방큰돌고래 제돌이는
왜 특별한가
_동물원의 이면

"제주도에서 왔다고 해서 제돌이예요."

쇼를 마친 돌고래 한 마리가 수족관 내실로 들어와 수조 밖으로 주둥이를 내밀었어요. 2012년 초 서울대공원이었죠.

제돌이는 2009년 제주도 신풍 앞바다에서 잡힌 남방큰돌고래입니다. 그해 서울대공원으로 넘겨져 공연 생활을 시작했죠. 어느새 묘기가 늘어 훌라후프 돌리기, 꼬리 들고 헤엄치기, 노래 부르기 등을 소화하며 원숙한 '광대'가 됐어요. 이때까지만 해도 이 돌고래가 유명해지리라고 생각한 이는 아무도 없었습니다. '제돌이'라는 이름조차도 사육사들끼리 편하게 부르는 명칭이었으니까요.

서울대공원에서 처음 만난 제돌이는 오른쪽 이마에 긁힌 자국이 있었다. 야생 바다에서 즐겁게 놀던 흔적이었을 것이다.

돌고래 뒤꽁무니 쫓아다니기

제돌이를 만나기 1년 전, 저는 제주도에서 남방큰돌고래를 따라다닌 적이 있어요. 고래와 물범 등 해양 포유류를 연구하는 국립수산과학원 고래연구소(현 고래연구센터)의 남방큰돌고래 정기 조사에 동행한 거죠.

조사 방법은 복잡하지 않았습니다. 그냥 자동차를 타고 제주도 해안 도로를 따라 돌면서 돌고래를 찾아다니는 방식이었으니까요. 운좋게도 제주공항을 출발한 지 얼마 안 돼 제주시 애월 앞바다에서 돌고래 네 마리를 목격할 수 있었죠. 우리는 해안 도로를 타고 남쪽으로 그 돌고래를 따라갔습니다.

20km를 달려 한경 앞바다에 이를 즈음, 반대편에서 수십 마리는 족히 될 법한 돌고래 떼가 물보라를 일으키며 다가오고 있었어요. 우리는 돌고래 네 마리와 함께 그쪽으로 가고 있었고요. 장관이었죠. 그때 놀랄 만한 일이 벌어졌습니다. 돌고래 떼가 네 마리의 돌고래와 만나더니, 다시 기수를 돌려 남쪽으로 헤엄치는 게 아니겠어요?[53] 돌고래 떼는 친구 마중이라도 나온 것이었을까요? 그 당시 김현우 고래연구소 연구원은 이렇게 말했습니다.

"이합집산(fission and fusion)이라는 사회적 특성입니다. 제주도의 남방큰돌고래 개체 수가 114마리인데, 114마리가 어떤 때는 5마리가 되고 어떤 때는 70마리 이상으로 큰 무리를 이뤄요. 이런 식으로 무리지었다가 흩어지는 행동을 반복하죠."

이합집산의 사회적 행동을 하는 대표 종이 바로 '사람'입니다. 우리는 친구들과 카페에 앉아 수다를 떨고, 가족과 함께 여행을 가고, 광장에서 군중집회를 열기도 하잖아요. 각 모임의 규모에 따라 다양한 사회 활동을 벌이죠.

해가 뉘엿뉘엿 저물 무렵, 모슬포항에 도착했습니다. 10여 분이 지나자 돌고래 떼도 도착하더군요. 아마 네 마리의 돌고래도 함께 이곳에 왔겠죠. 반나절 만에 애월 앞바다에서 모슬포까지 50km 가까이를 헤엄쳐서요. 돌고래라면 응당 그렇게 살아야 합니다.

제돌이도 한때 바다에서 살던 돌고래예요. 바다에서 9년을 살고 육지로 끌려왔죠. 바다에 쳐 놓은 그물에 걸렸고, 수족관으로 넘겨졌어요. 돌고래 포획은 불법입니다. 생선 잡는 그물에 우연히 걸려도(혼획) 해양경찰서에 바로 신고하고 구조 노력을 기울여야 하죠. 하지만 어민들은 법을 지키지 않은 대신, 수족관과 한 약속을 지켰어요. 제주 서귀포에 있는 한 수족관이 어민들에게 "돌고래가 그물에 걸리면 알려 달라. 후한 값을 쳐 주겠다"고 미리 말해 놨거든요. 그렇게 1990년부터 2011년까지 27마리의 남방큰돌고래가 수족관으로 잡혀 들어갔던 것입니다.

인간에게 사로잡힌 제돌이의 삶은 지옥 같았을 거예요. 수족관에서 돌고래가 사는 것은 홍수처럼 밀려드는 고통을 맨몸으로 버티는 것과 비슷해요. 왜냐고요? 돌고래의 본성과 행동이 수족관이라는 공간에 적합하지 않거든요.

첫째, 수족관은 돌고래에게 너무 좁아요. 제주도의 돌고래가 저와 함께 달렸듯, 돌고래는 하루에도 수십 킬로미터를 이동하죠. 그런 동물이 기껏해야 수영장 한 칸밖에 안 되는 곳에 갇힌다니, 이는 흡사 사람에게 평생 팔다리를 굽힌 채로 살라는 것과 마찬가지예요.

둘째, 어두운 바닷속에서 돌고래는 음파를 사용하여 지형지물을 인식하고 동료들과 커뮤니케이션 합니다. 하지만 사방이 시멘트 벽으로 둘러싸인 수조 안에서 돌고래가 음파를 쏘면, 음파는 벽에 부딪혀 이내 되돌아오고 말죠. 결국 돌고래의 감각기관은 혼란에 빠지고 사용 불능이 돼요. 미국의 돌고래 보호 운동가 리처드 오배리^{Richard O'barry}는 "수족관에서 사는 돌고래는 마치 사방이 거울로 만들어진 집에 사는 것과 같다"고 말했어요.

셋째, 혼자 또는 몇 마리만 수족관에서 사는 방식은 돌고래의 사회적 본능에 맞지 않습니다. 돌고래는 이합집산을 하면서 고도의 사회생활을 영위하는 동물이니까요.

오스트레일리아의 샤크베이에 사는 남방큰돌고래는 해면류를 주둥이에 씌워 먹이 사냥을 합니다.[54] 물고기를 꼬이게 하거나 바닥에서 먹이를 뒤질 때 다치지 않으려고 도구로 이용하는 것이죠. 오스트레일리아 북서부 연안의 오스트레일리아혹등돌고래는 수컷이 암컷에게 해면류를 '선물'로 줘요.[55] 과학자들은 구애 행동의 일부라고 해석하죠. 심지어 브라질의 라구나 마을에서는 인간과 어업을 하는 큰돌고래가 있습니다.[56] 먼 곳에서 숭어 떼를 몰아와 어부의 그물로 가져다주고 난장판 속에서 빠져나온 물고기를 잡아 포식합니다.

돌고래는 이런 지식과 기술을 동료에게 전파하고 후대에 전승합니다. 이런 점에서 인간과 마찬가지로 돌고래 사회에는 집단 내에서 공유·전승되고, 집단 밖으로 전파되는 한 사회의 생활양식, 곧 문화가 있다고 봅니다. 돌고래가 있어야 할 곳은 수족관이 아니라 바다입니다.

동물원에 관한 짧은 역사

동물원의 역사는 불과 200여 년밖에 되지 않아요. 그전에도 왕족

1820년경 영국 런던 북서부 스트랜드거리에 있었던 머내저리. 비좁은 우리 안에 코끼리, 사자, 호랑이, 원숭이, 앵무새 등이 있다.

과 귀족의 수집욕을 채우려고 만든 사설 동물원 '머내저리'(menagerie)가 있긴 했지만, 일반에게 공개되지 않는 작은 시설이었죠.

　유럽 제국주의 국가들이 아시아와 아프리카를 침략하면서 '기념품'으로 잡아 온 동물을 대형 시설에 가둬 놓고 시민들에게 보여 준 것이 본격적인 동물원(zoo)이라 할 수 있습니다. 어떤 동물원이 근대 동물원의 시초인지에 대해서는 의견이 엇갈리는데, 대략 세 가지로 압축됩니다. 1752년 오스트리아 빈 쇤브룬궁전에 건립돼 1765년 일반에 공개된 쇤브룬동물원, 1794년 프랑스의 파리식물원 안에 설치된 동물원, 1828년 영국 런던동물학회가 런던 리젠트파크에 세운 런던동물원, 이렇게 세 가지가 '최초'라는 꼬리표를 달고 오르내려요. 어류를 모아 전시하는 수족관 또한 같은 시기에 생겨났고, 이는 20세기 들어 돌고래와 물범, 바다사자 등 해양 포유류를 포획해 전시하는 해양 포유류 공원(marine mammal park)으로 확장됐죠.

하지만 야생동물을 한곳에 모아 가둬 놓고 전시하는 일은 동물의 본능에 어긋나는 경우가 대부분이에요. 동물원의 삶터는 상상할 수 없을 정도로 비좁으며, 가족과 친척, 그리고 동료와의 사회적 생활은 박탈당하거나 매우 제한적으로 허용됩니다. 살기에 부적합한 환경은 동물에게 정신 질환과 행동학적 문제를 일으켜요.

사람들은 동물원에서 열대의 플라밍고부터 악어를 비롯해 온대의 호랑이, 극지의 북극곰과 펭귄까지 지구 전체의 동물을 한자리에서 볼 수 있어 좋다고 합니다. 다양성이라는 드라마가 역동적으로 펼쳐지길 기대하고 동물원을 방문하지요. 하지만 대개는 정지된 몸만 담긴 사진 몇 장을 건네받곤 뒤돌아섭니다. 동물원은 애당초 야생 서식지에서와 같은 역동적인 삶의 방식을 보여 줄 수 없기 때문이죠. 대부분의 동물원 동물들은 무기력에 빠져 가만히 앉아 있을 뿐이에요. 그게 아니면 의미 없이 우리 안을 맴도는 '정형 행동'을 하지요. 극심한 스트레스 속에서 목적 없는 행동을 반복하는 거예요. 이 밖에도 자해, 구토, 우울, 식분증(배설물을 먹는 행위), 틱 장애 등을 보입니다. 이렇게 동물원에서 극심한 스트레스 때문에 발생하는 정신 질환과 이상행동을 '주코시스'(zoochosis)라고 부릅니다. 북극곰이나 유인원의 일부 종 등은 스트레스가 너무 커서 새끼를 낳지 못하기도 합니다. 수족관에서 사

비인간동물님, 정말 안녕하신가요?

는 돌고래의 수명은 야생 돌고래의 2분의 1에서 3분의 1에 지나지 않지요.

동물원에서는 동물의 지식과 기술도 쓸모없어집니다. 이를테면 야생 코끼리는 가모장(우두머리 암컷) 코끼리를 중심으로 물과 식량을 찾아 이동해요. 코끼리 사회에는 길 찾기 감각, 수원지에 관한 지식, 사자가 나타났을 때 새끼를 보호하는 기술 등이 있어야 하죠. 하지만 동물원에서 이런 지식과 기술은 연마될 수도 없고 전파되지도 않습니다. 돌고래, 유인원의 경우도 마찬가지예요.

현대 동물원 또한 이러한 비판을 의식하고 있어요. 1970년대 이후 환경 운동과 동물권 운동의 영향력이 커지면서, 지금은 많은 동물원이 스스로를 '생태 교육 기관'이자 '야생 보전 기관'이라고 내세우죠. 보기 힘든 동물을 직접 마주할 수 있으며, 동물에 대한 지식을 쌓을 수 있다고 그들은 강조해요. 하지만 얼마나 교육적인 기능을 하는지는 의문입니다. 한 연구에 따르면, 미국 동물원의 방문객이 사육 시설마다 머무르는 시간은 30초에서 2분 정도라고 합니다.[57] 동물을 한데 모아 놓은 장소를 백화점 둘러보듯 쓱 보고 가 버리는 거예요.

전시 부적합종부터 자유를

영국의 런던동물원이나 미국의 샌디에이고동물원, 브롱크스동물원 등 동물복지에 비교적 선진적인 동물원은 그들 나름대로 변화를 시도하고 있습니다. 가령 동물원 내 동물을 관리하는 데서 나아가 야생 서식지 보전 작업에 참여하는 것입니다. 이런 동물원에서는 연구원의 비중이 상당합니다. 연구원들은 멸종 위기종의 야생 방사, 서식지 관리를 전담하죠. 동물원 스스로를 '보전 기관'으로 자리매김하려는 시도입니다. 이 밖에도 전시 종을 다양화하여 백화점식으로 동물을 보여 주는 대신, 소수 종 중심으로 재편해 사육 면적을 넓히고 전문화하려는 노력도 있어요.

이런 시도들이 동물원에 대한 부정적인 시각을 걷어 낼 수 있을지는 모르겠습니다. 그럼에도 불구하고 동물원이 가장 시급히 해야 할 일이 있습니다. 동물원에 사는 많은 종 가운데 '동물원 전시 부적합종'부터 야생 방사하거나 생추어리(sanctuary, 야생동물보호소)●로 보내거나, 그것도 안 되면 동물원 내 번식을 중단하는 거예요. 전시 부적합종이 동물원에서 겪는 고통이 다른 종과 견줘 너무 크기 때문입니다.

동물원 전시 부적합종은 '동물원이라는 공간에서 살아가는 데 극단적으로 맞지 않는 종'을 말해요. 학계에서 이 개념이 정의된 적은 없지만, 일반적으로 돌고래, 코끼리, 북극곰, 그리고 침팬지와 오랑우탄 같은 유인원을 전시 부적합종으로 꼽습니다. 인간과 비슷한 인지 기능이 있는 종들은 관람객의 시선을 몹시 불편해하고(유인원), 고도의 사회생활 본능을 가진 종들은 동물원 내에서 적절한 집단을 꾸릴 수 없

●　생추어리는 동물을 이용해서 이윤을 창출하지 않는다는 점에서 동물원과 다르며, 자연 서식지와 최대한 유사한 환경에서 평생 보호한다는 점에서 일반적인 동물보호소와 구별된다.

어요(돌고래·코끼리·유인원). 기후가 맞지 않고(북극곰), 넓은 서식지에서 먼 거리를 이동하며 살아왔기에(돌고래·북극곰 등) 동물원을 마치 감옥의 좁은 독방처럼 느끼죠.

전시 부적합종을 동물원에서 해방하려는 움직임은 돌고래에서부터 시작됐습니다. 영국에서는 열악한 돌고래의 삶에 대한 반성과 '인투 더 블루'(Into the Blue)라는 야생 방사 운동이 일었고, 1990년대 정부가 수족관에 대한 시설 기준을 강화하며 수족관들은 하나둘 돌고래 감금을 포기했어요. 현재 영국의 동물원이나 수족관에서 사육되는 돌고래는 하나도 없답니다. 캐나다에서는 2019년 수족관의 돌고래 신규 도입을 금지하는 법률이 통과됐어요. 현재 프랑스, 인도, 헝가리, 스위스, 코스타리카 등지에서도 돌고래의 신규 도입이나 수족관 내 자체 번식을 금지하는 법률을 시행 중이고요.

돌고래가 정부 규제로 수족관 문을 박차고 나가고 있다면, 코끼리는 동물원과 시민들의 협의로 새 삶을 찾고 있어요. 최초의 사례 가운데 하나는 미국 알래스카 앵커리지동물원의 '매기'입니다.

매기는 1983년 한 살 때 남아프리카공화국에서 잡혀 알래스카로 왔어요. 추운 북극 땅에서 이 코끼리는 한여름을 빼고는 바깥에 나가지도 못한 채 대부분을 실내의 딱딱한 시멘트 우리에서 살아야 했죠. 1997년 함께 살던 코끼리 '애너밸'이 죽자, 매기는 혼자가 됐어요. 2007년 앵커리지 시민들은 매기를 따뜻한 남쪽의 생추어리로 보내자는 운동을 벌였고, 동물원이 이를 받아들여 매기는 캘리포니아주 동물복지실천협회(PAWS, Performing Animal Welfare Society)의 생추어리에서 새 삶을 시작했습니다.[58]

야생에 사는 아시아코끼리와 아프리카코끼리의 평균 수명은 각각 42년, 56년이지만, 동물원에서는 각각 17년, 19년밖에 되지 않습니다. 최근 들어 미국에서는 코끼리 전시를 포기하는 동물원이 하나둘 늘어 나고 있어요.[59] 이런 동물원들은 코끼리를 PAWS나 코끼리 생추어리 같은 야생동물보호소로 보내 편안히 여생을 보내도록 배려하고 있습 니다. 넓은 초지에 울타리를 만들어, 민간 동물원이나 서커스 시설 등 에서 퇴역한 코끼리를 보호하는 거예요.

야생 방사는 가능하다!

2012년 서울대공원의 어두운 수족관 내실에서 제돌이를 만나고, 저는 '제돌이를 제주 바다로 돌려보내자'는 기사를 썼어요. 제주도 남 방큰돌고래의 존재조차 알려지지 않았던 때, 영화 〈프리윌리〉(1993)로 유명한 범고래 '케이코'의 야생 방사에 참여했던 외국의 해양 포유류학 자 등 국내외 전문가를 인터뷰했지요. 이들은 입을 모아 말했습니다.

"바다에 임시 가두리를 만들어 차가운 수온과 거친 파도에서 적응하게 하고, 살아 있는 물고기를 쫓아 잡아먹는 사냥 훈련을 마치면, 돌고래 야생 방사가 성공할 수 있습니다. 제돌이는 야생에서 9년을 살았기 때문에 바다가 곧 몸에 익을 거예요."

제주 김녕 앞바다의 가두리에서 야생 적응 훈련을 마친 후 방사되기 직전 제돌이와 춘삼이. 춘삼이는 사람들을 보며 반가워하는 모습이고, 그 너머로 제돌이는 헤엄을 즐기고 있다.

환경 단체와 동물 단체도 제돌이에게 자유를 달라는 기자회견을 개최했어요. 서울대공원은 야생 방사 주장을 받아들였습니다. 그리고 1년여의 훈련을 거쳐 제돌이는 2013년 여름, 제주 바다로 돌아갔어요. 제돌이의 등지느러미에 '1'이라고 표시해, 나중에 제돌이를 관찰하는 과학자들이 쉽게 찾을 수 있도록 했죠. 제주 서귀포의 수족관에 있던 남방큰돌고래 춘삼이, 삼팔이도 제돌이와 함께 바다로 돌아갔답니다.

2015년에는 같은 수족관 출신의 태산이, 복순이도 야생 적응 훈련을 거쳐 제주 바다로 돌아갔습니다. 이렇게 다섯 마리의 남방큰돌고래는 원래 함께 살던 야생 무리에 무사히 합류했고, 삼팔이, 복순이 그리고 춘삼이는 새끼를 출산하기도 했죠. 2017년에는 서울대공원 수족관에서 오래 살았던 금등이, 대포도 방류되었는데, 아쉽게도 이후 행방이 확인되지 않았습니다. 아마도 20년 가까운 수족관 생활 탓에 야생의 생활 방식을 잊어버려 야생 방사 직후 길을 잃은 것으로 추정됩니다. 어쨌든 한국이 벌인 남방큰돌고래 야생 방사는 동물원과 수족관의 역할을 새로 자리매김한, 세계적으로 이름난 보전 사업이 되었어요.

제돌이를 야생 방사하던 도중에 저는 이런 질문을 받곤 했습니다. 왜 돌고래만 야생으로 돌려보내야 하는가? 사슴과 사자, 호랑이는 왜 동물원에서 안 내보내는가? 왜 돌고래만 특별한가?

답을 해 보도록 할게요. 첫째, 제돌이를 돌려보낸 이유는 제돌이가 야생에서 잡힌 돌고래였기 때문이에요. 야생에서 살아간 경험과 기억이 있기 때문에 제돌이는 동물원의 삶이 더욱 고통스러웠을 겁니다. 또한 같은 이유로 야생으로 돌려보냈을 때, 기존 무리에 합류하여 야생 적응에 성공할 가능성이 컸죠.

반면에 수족관에서 태어난 돌고래의 경우는 이러한 야생 경험이 없기 때문에 바다로 돌아가도 먹이 사냥하는 법, 무리와 함께 사회생활 하는 법을 알지 못해요. 따라서 수족관 태생의 돌고래는 야생 방사를 하지 않는 게 원칙입니다. 그 대신 바다에 울타리를 치고 최대한 야생과 가까운 환경에서 돌고래가 편안한 노후를 보낼 수 있도록 배려하자는 움직임이 있어요. 이런 시설을 '돌고래 바다쉼터'(dolphin sanc-

비인간동물님, 정말 안녕하신가요?

tuary)라고 하죠. 2019년 아이슬란드의 헤이마이섬에는 세계 최초의 돌고래 바다쉼터가 생겼습니다. 중국 상하이의 한 수족관에 수용됐던 '리틀 화이트', '리틀 그레이'라는 두 마리의 흰고래(벨루가)가 이곳으로 옮겨져 울타리를 친 바다에서 자유롭게 헤엄치고 있습니다.[60]

둘째, '왜 돌고래만 특별한가? 또 다른 종차별이 아닌가?'라는 질문이 있죠. 여기에는 이렇게 답할 수 있을 겁니다. 돌고래는 인간이 가진 '인식론적 한계' 안에서 특별하다고요. 유인원, 코끼리 등과 함께 돌고래는 거울을 통해 자아를 인식하는 몇 안 되는 동물입니다. 고도의 사회적 생활을 하며, 문화를 전승하고 교류하죠. 지금까지 과학이 우리에게 알려 준 사실입니다. 이런 동물일수록 평생을 감금된 채 살면서 받는 스트레스는 다른 동물보다 크고, 동물원은 지옥과도 같을 거예요. 우리는 과학이 알려 주는 한에서 동물을 존중하기 위해 최선을 다해야 합니다. 과학이 발전하고 인식의 폭이 넓어진다면, 어쩌면 사자와 호랑이, 사슴도 돌고래만큼 특별해질지 모릅니다. 이렇게 인간과 비인간동물은 새로운 관계를 맺어 가고 있습니다.

바다에서 재회한 '1번'

제돌이가 바다로 돌아가고 1년 뒤, 저는 제주 바다를 찾았어요. 김녕 앞바다를 항해하는 하얀 요트에 몸을 실었는데, 멀리에서 돌고래 떼가 물보라를 일으키며 다가왔어요. 망원경을 꺼내 돌고래의 지느러미를 관찰했습니다. 수평선 너머에 '1'이라는 숫자가 불쑥 솟아올랐습

등지느러미에 '1'이라고 찍힌 제돌이. 한때 수족관에서 홀라후프를 돌렸던 제돌이는 돌고래 사회에 완벽하게 적응해 바다에서 건강하게 살고 있다.

니다. 바로 제돌이였죠!

제주 바다에는 변화가 찾아왔습니다. 과거에 어민들은 돌고래가 그물에 걸리면 수족관에 비싼 값에 팔거나 시장에 고기용으로 내놓았 어요. 하지만 지금은 남방큰돌고래가 그물에 걸리면 돌고래를 구하려 노력하고, 해양경찰서에 신고해 피해를 막습니다.

한국은 남방큰돌고래 일곱 마리를 돌려보낸 '돌고래 해방 선진국' 이 되었어요. 2021년 1월 해양수산부는 '제1차 수족관관리 종합계획 ⁽²⁰²¹~²⁰²⁵⁾'을 발표해 고래를 신규 도입해 전시하거나 사육하는 행위 를 금지할 것이라고 밝혔죠. 돌고래 타기 등 체험 프로그램도 금지된 다고 합니다.[61] 다만 수족관 내에서 번식을 금지시키지 않은 것에 대

비인간동물님, 정말 안녕하신가요?

해서 동물권 단체는 한계로 지적합니다.

제주 사투리로 돌고래를 '곰새기'라 해요. 남방큰돌고래는 제주도 연안을 쉴 새 없이 빙빙 돌아요. 제주도 해녀들도 돌고래를 곧잘 만나죠. 바다 밑에서 전복을 캐던 해녀들은 돌고래를 마주하면 "곰새기 왐서, 곰새기 왐서." 하며 수면 위로 올라가 길을 비켜 줍니다. 돌고래들은 유유히 헤엄쳐 지나가고요.

인간과 비인간동물이 평화롭게 사는 방식은 예로부터 '서로의 삶을 존중하는 것'이었습니다. 대부분의 시간 동안 인간과 동물은 서로에게 무관심했고, 대면할 때면 살짝 피해 주었죠. 인간이 동물에게 잘못했을 때는 마음이 시키는 대로 동정하고 보살폈고요. 아직도 동물원과 수족관에는 본능적인 삶을 박탈당한 동물들이 있어요. 혹시 동물원이나 수족관에 방문해 그들의 슬픈 표정을 보았다면, 또 인간으로서 무언가를 해야겠다는 생각이 들었다면 이미 동물권을 향한 긴 여정에 몸을 실은 것이랍니다.

우리 안의
종차별주의

왜 인간은 비인간동물을 혐오할까요? 우리에겐 동물을 싫어하는 본능이 있다는데, 정말일까요? 뱀을 생각해 보세요. 그런데 인간과 마찬가지로 침팬지도 뱀을 싫어합니다. 스마트폰을 쥐고 인터넷의 바다를 헤엄치는 우리의 몸에는 구석기인의 몸도 있고 신석기인의 몸도 있습니다. 팔다리의 사용, 소화작용과 신경전달물질의 작용 패턴 등 우리 몸의 많은 프로그램이 과거의 것을 쓰고 있어요. 그것을 유전자라고 부릅니다.

3부에서는 인간-동물 관계를 입체적으로 보고자 합니다. 10장에서는 '존재의 거대한 사슬'과 관련해 인간의 서열 짓기 습성에 대해 이야기하려 합니다. 수렵시대의 생존을 위한 유전자적 각인이 동물 혐오에 영향을 미치기도 하지만, 현대사회에서 동물 혐오는 이해관계에서 비롯되는 경우가 많아요. 불과 20~30년 만에 천사와 악마 취급을 번갈아 받은 제주도 노루가 대표적인 예이겠지요. 이 내용은 11장에서 살펴볼게요. '동물이 고통을 느끼지 않는다'는 주장도 오랜 편견입니다. 생체해부 같은 끔찍한 일이 벌어지고, 동물실험이 합리화된 데에는 이런 편견이 한몫했어요. 하지만 최근 들어 동물 또한 고통을 느낀다는 사실이 과학적으로 증명되고 있는데, 12장에서 자세히 설명하겠습니다. 물고기도, 바닷가재도 고통을 느낀답니다. 동물 혐오가 여성 혐오, 인종 혐오로 이어지는 사실 또한 응시해야 합니다. 우리 안의 종차별주의를 말입니다.

10 ____

너는 고릴라를 보았니?
_생명의 위계에 대한 다윈의 대답

1999년 미국 하버드대학에서 심리학 역사상 가장 흥미로운 실험 중 하나가 진행됐어요. 실험은 이런 식이었죠.

피실험자들은 어떤 영상을 보게 됩니다. 1분이 채 안 되는 짧은 영상에는 각각 검은색 유니폼과 흰색 유니폼을 입은 세 사람이 두 팀을 이루고 있어요. 이들 여섯 명은 뒤섞여 움직이며 같은 색 유니폼을 입은 사람에게만 농구공을 패스하죠. 실험자는 피실험자에게 영상을 보여 주기 전에 문제를 하나 냅니다.

"흰색 유니폼을 입은 팀이 몇 번 패스하는지 세어 보세요."

우리 안의 종차별주의

공을 패스하는 데 집중하다 보면, 고릴라가 가슴을 치고 있어도 못 보는 경우가 있다.
무주의 맹시 실험을 직접 동영상으로 확인해 보자.

비디오 속에서 검은색 팀, 흰색 팀은 분주히 움직이며 패스를 이어
가고, 피실험자들은 열심히 패스의 횟수를 세죠. 그러던 와중에 화면
한가운데 고릴라로 분장한 사람 하나가 쓰윽 지나갑니다. 비디오 시
청이 끝나고 실험의 주관자는 피실험자들을 향해 이렇게 물어봐요.

"고릴라를 보았나요?"

놀랍게도 피실험자 절반은 "고릴라를 보지 못했다"고 말했어요.
무려 9초 동안 천천히 지나갔는데 말이죠. 심지어 그들은 자기가 고릴
라를 보지 못했다는 사실을 믿지 못하겠다는 반응을 보였습니다.
미국 일리노이대학 어배너섐페인 캠퍼스의 대니얼 사이먼스Daniel

J. Simons와 하버드대학의 크리스토퍼 차브리스Christopher F. Chabris, 이렇게 두 명의 심리학자가 진행한 이 실험은 인간의 '무주의 맹시'(inattentional blindness)를 보여 주는 예로 유명해요.[62] 우리가 보고 있다고 생각하는 데도, 보지 못하는 것이 많다는 겁니다.

인간 기억력 챔피언을 이긴 침팬지

바다 건너 일본엔 '아유무'라는 지구 생태계 최고의 기억력 챔피언이 살고 있습니다. '지구 생태계 최고'라고 쓴 이유는 아유무가 사람이 아니라 침팬지이기 때문이죠.

아유무는 2008년 영국의 한 방송사가 주최한 시합에서 '인간' 기억력 챔피언을 큰 차이로 이겼어요. 인간 대표로 나선 사람은 세계 기억력 대회를 여러 차례 석권한 영국인 회계사 벤 프리드모어Ben Pridmore 였습니다. 그 경기에서 아유무는 정답률 90%를 기록했지만, 프리드모어의 기록은 33%에 지나지 않았죠. 아유무가 거의 세 배 차이로 이긴 겁니다. 시합이 끝난 뒤 프리드모어는 이렇게 말했다고 하는군요. "진정한 상대를 만났다는 사실을 인정한다. 텔레비전에서 몇 번 보기는 했지만, 실제로 대결해 보니 더욱 똑똑하다."[63]

아유무는 세계적인 영장류 연구 기관인 일본 교토대학 영장류연구센터에 사는 스무 살 넘은 수컷 침팬지입니다. 아유무는 2000년 4월 연구소에서 태어난 이후부터 엄마 '아이'와 함께 기억력 게임을 해 오고 있어요. 게임은 이렇게 진행됩니다. 터치스크린에 여러 개의 숫자

우리 안의 종차별주의

2006년 5살 반 된 침팬지 아유무가 무작위로 배치된 일련의 아라비아 숫자로 기억력 게임을 하고 있다. 아유무가 비상한 단기 기억력을 가진 이유는 그가 속한 생태적 환경과 관련이 있다.

가 뜹니다. 그리고 0.2초도 안 되는 짧은 시간에 하얀 사각형이 각각의 숫자를 안 보이게 덮어 버립니다. 우리가 눈을 깜박이는 속도가 0.1~0.15초이니, 정말 눈 깜박할 만한 시간이네요. 여하튼 아유무는 그 짧은 시간 동안 나타났다가 사라진 숫자와 위치를 정확히 기억해, 가장 작은 숫자부터 큰 숫자까지 차례대로 하얀 사각형을 누릅니다. 순서대로 누르면 정답입니다! 인간 기억력 챔피언인 벤 프리드모어와 벌인 시합도 이런 방식으로 진행됐어요.

아유무의 놀라운 기억력은 2007년 처음 학계에 보고되었습니다. 인간이 우월하다는 믿음을 가진 이들에게 충격을 가져다줬죠. 동물행동학은 물론이고 철학이나 심리학에서도 주요한 분기점이 되는 사건이었어요. 지금은 세계적인 영장류학자가 된 교토대학 영장류연구센터의 마쓰자와 데쓰로松沢哲郎 박사는 그해《커런트 바이올러지》에 실은 논문에서 이렇게 글을 시작합니다.

> 그간 침팬지의 기억력에 대해 광범위하게 연구된 바 있다. 다른 인지 기능과 마찬가지로 침팬지의 기억력은 인간보다 열등하다는 것이 일반적인 생각이었다. 하지만 우리는 특정한 조건에서 침팬지가 비상한 단기 기억력을 가지고 있으며, 심지어 사람보다도 우수하다는 사실을 발견했다.[64]

고릴라를 보지 못한 이유

앞서 살펴본 무주의 맹시 실험에서 상당수 피실험자가 고릴라를 보지 못한 이유는 무엇일까요? 인간의 두뇌가 시각 정보를 죄다 받아들이지 않고 선택적으로 받아들이기 때문입니다. 눈은 응시하고 있었지만, 뇌는 보지 않은 것이죠.

우리 눈의 망막은 영상이 비쳐지는 일종의 '스크린'입니다. 빛이 눈의 동공을 통과해 눈 안쪽까지 들어오면 물체의 상이 망막에 맺히지요. 망막에 있는 시각세포는 물체의 상을 전기적 신호로 변환시켜 시신경을 통해 먼 곳으로 보냅니다. 바로 눈의 반대편, 뒤통수 쪽에 위치한 뇌의 시각피질이 최종 목적지이지요. 이 과정이 완료되어야 우리가 비로소 세상을 보는 것입니다.

하지만 도착한 모든 신호를 뇌가 처리하지는 않는 것 같습니다. 그렇다면 뇌는 어떤 신호를 선택할까요? 뇌는 익숙한 패턴을 중심으로 움직이게 설계되어 있습니다. 익숙한 패턴과 관련 있는 정보는 잡아내는 반면, 나머지는 버리는 경향을 보이죠. 무주의 맹시 실험을 예로 들자면, 뇌가 집중하는 것은 선수들이 공을 주고받는 활동(패턴)입니다. 여기서 한 단계 더 나아가 흰색 유니폼 팀의 패스 횟수를 세야 하니 흰색 팀의 패턴에 더욱 집중하게 됩니다. 따라서 '고릴라'라는 시각 정보가 망막에 비쳤다고 하더라도, 뇌는 그것을 배제해 버립니다.

과학자들은 이런 패턴화 사고 경향이 인간 두뇌 활동의 특징이라고 말해요. 감각기관으로 들어오는 모든 정보를 받아 해석하지 않고, 미리 주어진 가설과 관련된 것들만 선별해 두뇌가 처리하는 거죠. '미리 주어진 가설'이라는 것이 바로 '패턴'입니다.

재미있는 예를 한번 들어 볼까요? 여러분이 솔로가 아니라고 가정해 보죠. 당신의 연인이 요즘 연락이 뜸합니다. 매일 밤 자기 전이면 걸려 오던 안부 전화의 빈도도 줄었습니다. 어제 슬며시 본 연인의 휴대전화에는 처음 보는 번호가 떠 있습니다. '안 돼, 그 사람이 나 몰래 바람을 피우고 있구나!' 우리는 드라마나 소설을 통해 이런 서사에 매우 익숙해져 있지요. 낯익은 패턴이 두뇌를 집어삼키면, 그때부터 우리 뇌는 이 패턴에 근접한 정보를 더 잘 발견하기 시작합니다. 당신의 연인이 단순히 피곤했을 수도 있고, 잘못 걸려 온 모르는 사람의 번호일 수도 있는데 말이죠. 두뇌가 세운 가설이 잘못된 선입견일 수 있다는 거예요.

진화심리학자들의 말을 들어 보면, 인간이 모든 감각 정보를 다루지 않고 선별 처리한 것은 지금의 인간을 이루는 데 이바지한 매우 중요한 요소예요. 무엇보다 두뇌 작동의 효율성이 높아져, 두뇌 활동의 여분을 언어적 사고를 하는 데 쓸 수 있었습니다. 다른 영장류와 달리 인간에게 고도의 문법과 다량의 어휘를 지닌 독특한 언어 체계가 발달한 까닭입니다. 만약 모든 감각 정보를 우리 뇌가 다 받아들이고 해석한다면, 현대인의 두뇌는 터져 버릴지도 모릅니다.

아유무가 비디오를 봤다면?

미국 콜로라도주립대학 동물학과에는 템플 그랜딘Temple Grandin이라는 동물학자가 있습니다. 도축장의 구조를 개선해 동물의 고통을 줄인 것으로 유명한 인물이죠. 한 가지 특이한 점은 그가 어렸을 적부터 자폐인으로 살아왔다는 것입니다. 자폐는 여러 양상으로 나타나지만, 자폐인은 선천적으로 언어를 익히는 데 힘들어합니다. 이 밖에도 감정이입을 잘할 수 없고, 무언가에 몰두하는 성향을 보이죠.

그런데 숫자 계산에 능통하거나, 시각 정보에서 디테일을 인식하고 기억하는 능력이 뛰어난 자폐인도 있습니다. 영화 〈레인맨〉(1989)의 모델이었던 로런스 킴 피크Laurence Kim Peek가 대표적입니다. 영화를 보면 로런스가 형과 함께 라스베이거스에 가는데, 형이 카드 게임을 할 때 짧은 시간 스치듯 비치는 카드의 숫자와 경우의수를 모두 기억해 큰

우리 안의 종차별주의

돈을 따는 데 기여하지요. 이처럼 자폐인이 수학이나 음악 등에서 천재적인 능력을 보일 때가 있는데, 이를 '서번트 증후군'(savant syndrome)이라고 합니다.

템플 그랜딘이 그럴 정도의 천재는 아니었지만, 적어도 자신의 감각이 동물과 비슷하다는 것을 알았습니다. 그랜딘은 자폐인이 세상을 보는 방식이 동물과 근접해 있다면서, 가축 입장에서 그들이 생애 마지막으로 거치는 도축장의 구조를 연구합니다.

도축장에 도착한 소는 화물 트럭에서 내린 뒤 좁은 통로를 걸어 최후의 지점까지 가게 되는데, 이 과정에서 소들은 대개 불안해하며 앞으로 나가길 거부합니다. 그러면 작업자는 전기봉을 휘둘러 소를 죽음의 방향으로 몰아붙이죠. 그랜딘이 보기에 기존의 도축장은 동물에 대한 배려를 눈곱만큼도 찾아볼 수 없었습니다.

그는 통로에 있는 번쩍이는 진흙 바닥이나 금속, 흔들리는 사슬 같은 사물들에 주목합니다. 인간이라면 그냥 지나쳐 버리고 말 법한 사소한 풍경이지만, 시각이 예민한 동물에게는 시선을 잡아끄는 자극이 되어 불안을 야기할 수 있거든요. 자폐를 지닌 그랜딘은 평소에도 그런 디테일들이 뇌리에서 사라지지 않아 괴로워했기에, 도축장 가축이 얼마나 고통스러워하는지 누구보다 잘 알았어요. 그랜딘은 이런 식으로 공포를 야기하는 시각적 요소를 최대한 배제한 동선을 갖추도록 도축장을 설계함으로써 동물복지를 대표하는 세계적인 학자로 떠오릅니다.

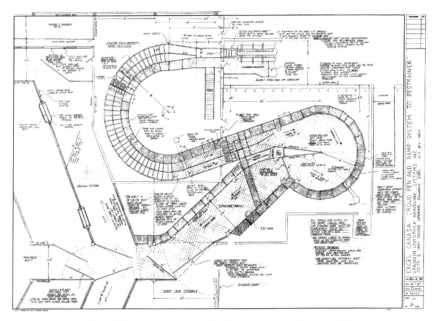

템플 그랜딘이 1987년 그린 곡선형 가축우리 설계도. 직선보다 곡선을 좋아하는 동물의 본능을 존중한 디자인이다.

그는 인간과 비인간동물의 차이를 설명하면서 '무주의 맹시 실험'을 언급한 적이 있습니다. [65] "(인간이 아니라) 땅에 사는 동물이라면, 그 실험에서 고릴라를 놓치지 않았으리라 확신한다"고 말이죠. 그랜딘이 여기서 전하고자 하는 말은, 일반적으로 인간은 자신이 예상하는 것만 보게끔 되어 있지만, 자폐인이나 동물의 경우 큰 사물부터 작은 디테일까지 대다수의 시각 정보를 균등히 처리한다는 것입니다. 이를테면 바람에 흔들리는 나뭇잎은 비자폐인이라면 따로 주의를 기울여야 보이는데, 비인간동물이나 일부 자폐인의 눈에는 다른 요소와 균등하게 시선을 끈다는 말입니다.

우리 안의 종차별주의

침팬지 아유무도 마찬가지입니다. 아유무 역시 농구 경기 비디오를 봤다면, 절대 고릴라를 놓치지 않았을 거예요. 그가 열심히 학습한 기억력 게임이야말로 패턴이 없는 게임이니까요. 터치스크린에 여러 개의 숫자가 무작위로 나타났다가 순식간에 사라져 버리므로 패턴에 기반한 추론 능력이 아니라 디테일을 잡아내고 기억하는 능력이 중시되죠.

숲이 만든 침팬지의 기억력

침팬지 아유무의 놀라운 기억력이 알려지자 몇몇 사람은 곤혹스러워했습니다. 인간보다 비인간동물의 기억력이 뛰어나다는 사실이 불편했던 거예요. 아유무 이야기를 다룬 유튜브 동영상에는 '속임수를 썼다'는 댓글들이 달렸고, 인간도 학습하면 아유무보다 좋은 기억력을 발휘할 수 있다는 논문도 출판됐죠. 인간은 아유무를 이길 수 있을까요? 글쎄요. 숫자 개수를 늘리고, 보여 주는 시간을 줄이는 등 조건을 더 어렵게 설계해 보지만 아유무는 오늘도 거뜬히 문제를 풀고 있어요.

침팬지 아유무가 보여 주는 기억력을 '직관 기억'(eidetic memory)이라고 합니다. 눈으로 본 뒤 이미지 그대로 기억하는 것입니다. 여기에는 2차적인 방법이나 기술이 들어가지 않아요. 마치 사진 찍는 것처럼 한번 본 것을 그대로 기억하는 단기 기억이기 때문에 '사진 기억'(photographic memory)이라고도 하죠.

그런데 사진 기억은 빨리 사라집니다. 한꺼번에 많은 정보를 저장할 수는 없거든요. 여러분 앞에 포커 카드 10장이 펼쳐져 있다고 가정해 보죠. 1에서 10까지의 숫자에 클럽, 스페이드, 하트, 다이아몬드 등이 무질서하게 뒤섞여 있습니다. 그리고 10초가 주어집니다. 여러분은 그동안 카드의 패를 다 기억해야 합니다. 자, 이제 세겠습니다.

10, 9, 8, (…) 2, 1!

모두 외웠나요? 쉽지 않았을 겁니다. 그래서 벤 프리드모어 같은 기억력 챔피언은 2차적인 방법을 이용합니다. 대표적인 것이 '기억의 궁전'이라는 방법입니다. 이것은 인간이 정보의 시각화와 공간화에 상대적으로 뛰어난 데서 착안한 기억법입니다. 가상의 공간(기억의 궁전)을 상상한 뒤에, 기억하고자 하는 정보를 이미지로 만들어 기억의 궁전 곳곳에 심어 두는 것이죠. 이런 방식으로 벤 프리드모어는 52장짜리 포커 카드 한 벌을 24초 만에 순서대로 외울 수 있었어요. 아유무와 대결을 벌였을 때까지만 해도 이 분야 세계신기록 보유자였죠.

그 뒤로 이 기록은 거듭 경신되는데, 벤 프리드모어 같은 지력 선수(mental athletes)에 의해서입니다. 이들은 매년 국가별로 시합을 겨룬 뒤 세계 챔피언을 뽑습니다. 정해진 시간 안에 포커 카드 한 벌을 외우고, 시 한 편을 외우고, 사람의 얼굴과 이름을 외우죠. 물론 선수들은 기억의 궁전 같은 2차적인 기억술을 이용합니다.[66]

하지만 이런 지력 선수들이 아무리 노력해 보아도, 결코 침팬지를 이길 수 없을 겁니다. 진화의 측면에서 봤을 때, 아유무의 이런 능력은 특출난 게 아니라 자연스러운 결과이기 때문입니다. 침팬지가 살아온 곳은 숲이죠. 숲은 거대한 동물부터 작은 벌레, 그리고 나무와 풀까지 수천수만 종이 함께 사는 아주 복잡한 공간이에요. 침팬지는 숲이라는 공간의 디테일을 장악한 '토착 지식인'입니다. 나무들 하나하나의 위치를 잘 알고 있고, 동물과 벌레가 출현하는 장소, 시간과 계절에 따른 바람의 질감, 햇빛의 각도 따위에도 능통하죠. 숲에서는 디테일을 인식하고 기억하는 능력이 뛰어나야 살아남을 수 있습니다.

침팬지는 아주 가끔 사냥을 나가 육식을 하기도 하고 나뭇가지를 개미굴에 꽂아 흰개미를 낚시해 잡아먹기도 하지만, 뭐니 뭐니 해도 주식은 여기저기 흩어져 있는 과일입니다. 무리를 지어 길을 가다가도 우연히 과일을 발견하면, 침팬지는 이 지점을 잘 기억해 둬야 해요. 그래야 나중에 혼자 와서 과일을 독차지할 수 있을 테니까요. 이 모든 환경과 조건을 따져 봤을 때, 한번 보면 그대로 남는 '사진 기억'이 좋은 개체가 경쟁에서 유리했을 것이고, 그 과정에서 훌륭한 기억 능력을 가진 개체들이 살아남아 지금의 침팬지로 진화했으리라 추론할 수 있습니다.

존재의 거대한 사슬, 정점은 인간이다?

고대 그리스 철학자 아리스토텔레스^{Aristotle}는 '인간은 이성을 가졌기에 동물보다 우월하고, 동물은 의식을 가졌기에 식물보다 우월하다'고 봤어요. 인간이 동물보다 뛰어나고, 동물은 식물보다 뛰어난 존재라는 것입니다. 서구의 중세에도 그런 위계적 생명관이 이어져서, 신(神)이 위계질서에 따라 모든 생명을 창조했다고 여겼죠. 신부터 천사, 인간, 동물, 식물 등 모든 생명이 위계적인 고리로 연결되어 있다는 '존재의 거대한 사슬'(Great Chain of Being)이 바로 그 개념입니다.

1859년 찰스 다윈이 『종의 기원』을 출판한 뒤에도 이런 관념은 쭉 이어집니다. 인간은 진화의 완성품 혹은 선두주자로 최상위에 섰어요. (인간 관점에서) '가장 지능이 높은' 인간을 정점으로 영장류, 포유류, 어류, 원생동물 순으로 고등동물, 하등동물을 나누었고요.

18~19세기 프랑스의 자연사학자 장 바티스트 라마르크Jean Baptiste Lamarck는 각각의 종은 존재의 사슬을 따라 하등생물에서 고등생물로 발전을 거듭하며, 진화의 최종 목적지는 인간이라고 주장합니다. 또한 그는 부모가 살아가며 후천적으로 얻은 획득형질도 유전된다고 보았습니다. 이를테면 부모가 열심히 운동하여 근육을 발달시키면 자식도 이런 특성을 이어받는다는 겁니다.

라마르크와 다윈을 받아들인 18세기 말과 19세기 초의 지식인들은 진화와 진보를 동일시했습니다. 이를테면 사회적 다윈주의●의 창시자인 허버트 스펜서Herbert Spencer는 정신의 진화를 이야기합니다. '단순한 동물의 반사작용'에서 시작해 '문명화된 인간의 지능'에서 정점

● '적자생존'이라는 진화의 원리가 인간 사회에도 적용된다는 전제에서 비롯된 사회사상으로 사회진화론이라고도 한다. 하지만 '진보를 향해 나아가는 행진'이라는 직선적 이미지의 진화 관념은 다윈의 생각과는 거리가 멀다.

THE MODERN THEORY OF THE DESCENT OF MAN.

다윈의 진화론을 널리 퍼트린 독일의 생물학자 에른스트 헤켈Ernst Haeckel의 책 『인간의 진화』에는 〈인간의 유래〉라는 삽화가 실려 있다. 이른바 하등동물에서 고등동물로 진화했다는 발전적 개념을 담고 있다.

을 이루며 정신이 진화(진보)한다고 본 것이지요. 그에게 진화는 예정된 역사법칙이었으며, 역사의 주인공은 인간이었습니다. 하지만 중세시대 세계관과 비교하자면, 인간이 신을 대체했을 뿐입니다. 라마르크의 획득형질 유전설은 폐기되었지만, '진화=진보'의 관념은 21세기인 지금도 여전합니다.

하지만 찰스 다윈이 원래 말하려던 진화는 이것과 좀 달랐습니다. 그는 라마르크와 달리 획득형질은 유전되지 않는다고 보았습니다. 그 대신 다윈은 '자연선택'이라는 개념을 제시합니다. 환경에 가장 적합한 개체가 가장 높은 생존 및 번식 능력을 보유하게 되고, 궁극적으로 그러한 특성이 자손에게 상속되어 장기간에 걸쳐 진화가 이루어진다는 것입니다. 여기서 강조해야 할 것은 우연성입니다. 돌연변이로 특정 형질을 가진 개체가 '우연히' 탄생하고, 그 개체가 환경에 적응하는 경쟁력을 가짐으로써 대대로 특정 형질이 다른 개체로 확산한다는 거죠. 진화의 최종 지점이 미리 예정되어 있으며, 우월한 개체와 도태되어야 할 개체가 사전에 결정되어 있다고 본 라마르크와는 생각의 방향 자체가 달랐습니다.

비유하자면 다윈은 진화의 패턴이 단계를 거쳐 올라가는 '사다리' 방식이라기보다, 불규칙적으로 가지를 뻗어 가는 '나무'의 모습이라고 생각했습니다. 지구의 시원, 최초의 종(種)이 시간이 흐름에 따라 사방 팔방으로 가지를 뻗어 가는 거죠. 나무는 가늠할 수 없을 정도로 무성해졌고, 그 끝의 가지가 인간을 포함한 현재 생물 종입니다. 이 진화의 생명수(生命樹, Tree of Life)에서는 누가 우월하고 누가 열등하지 않습니다. 단지 무수히 가지를 뻗어 온 진화의 나무에서 어쩌다가 지금까지 살아남은 작은 가지 하나에 불과하거든요. 이 가지가 언제 다른 가

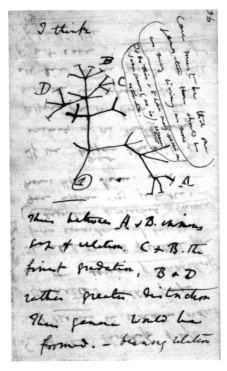

찰스 다윈이 1837년 그린 '생명의 나무' 스케치. 처음에 다윈은 이것을 '생명의 산호초'라고 부르려 했다. 멸종한 조상으로부터 새로 뻗어 나오는 살아 있는 종에 대한 비유로 산호초가 잘 맞아떨어진다고 생각했기 때문이다.

지로 갈라져 나갈지도 알 수 없는 일이고요. 다윈이 말하는 진화는 어떤 목적을 향해 달려가는 예정된 자연사의 법칙이라기보다는, 각 종이 환경에 적응하고 번식함으로써 나타나는 우연적이고도 결과적인 역사에 가깝습니다.

진화적으로 인간과 침팬지는 550만 년 전 분기되었습니다. 다른 말로 550만 년 전에는 인간과 침팬지가 한 종이었다는 거죠. 인간과 침팬지는 하나의 줄기에서 나온 두 개의 나뭇가지입니다. 유전적으로나 계통적으로 매우 가까운 '근연 관계'를 이루기 때문에 해부학적·행동학적 특성 등 많은 것을 공유합니다. 긴 시간 두 종은 각각의 환경에 적응하며 특징을 갖춰 왔습니다. 하지만 아직도 인간은 유전자의 98.4%를 침팬지와 공유합니다.

침팬지 아유무의 놀라운 기억력을 보면, 인간과 동물은 그저 다를 뿐이라는 것을 알 수 있습니다. 인간은 동물보다 우월합니다. 동시에 동물은 인간보다 우월하죠. 인간이 야생의 숲에 들어가면 살아남지 못할 것이고, 침팬지 역시 인간의 환경에서 버티지 못할 것입니다. 누가더 뛰어난지 획일적 잣대로 따지는 것은 불가능하다는 뜻입니다. 마쓰자와 데쓰로 박사는 한 언론과의 인터뷰에서 이렇게 이야기합니다.

"우린 아유무를 데리고 기억력 테스트의 한 유형에서 침팬지가
인간보다 낫다는 걸 발견했어요. 이건 침팬지가 즉각적으로 해낼 수
있는 일이고, 인간보다 잘하는 한 가지 일이죠. 저는 정말이지 인간이
왜 항상 모든 영역에서 우월해야 하는지 이해를 못하겠습니다. 왜
그렇게 다른 모든 동물들과 구별되어야 하는지도, 특별해야 하는지도
모르겠고요. 우리, 다르지 않습니다. 모두 '동물의 왕국'의 일원이죠."[67]

무엇이든 서열을 매기는 습관, 이 또한 인간이 빠지기 쉬운 '패턴'이에요. 무주의 맹시 실험이 실린 논문의 제목이 '우리 가운데 있는 고

릴라'(Gorillas in our midst)입니다. 이 책의 중요한 관점이 '생명을 위계적으로 보지 않는 것'입니다. 그러려면 인간이 동물을 다 알고 있다는 오만, 우리가 다 보고 있다는 착각을 우선 걷어 내야 합니다. 그렇게 하지 않으면 고릴라를 놓쳐 버릴 수 있거든요. 우리가 놓치고 있는 고릴라를 제대로 보는 것, 그게 바로 이 책의 목표입니다.

기린의 목, 진화론은 어떻게 설명할까

아주 먼 옛날 기린의 목은 지금처럼 길지 않았어요. 현생 종인 목 긴 기린
은 약 100만 년 전에 나타났답니다. 이들은 600만 년에 걸쳐 영양과 비
슷하게 생긴 조상으로부터 서서히 진화해 현재의 모습을 갖추게 되었죠.
그렇다면 기린의 목은 왜 이렇게 길어진 걸까요? 기린의 목은 진화론을
설명하는 아주 고전적인 예입니다.

라마르크는 '용불용설'로 진화를 설명해요. 이는 획득형질이 유전된다는
주장입니다. 그는 높은 곳에 닿기 위해 끊임없이 목을 늘리는 과정이 누적
돼 지금의 목 긴 기린이 탄생했다고 여겼어요. 높은 곳에 있는 나무 열매
를 따먹으려 자꾸 목을 뻗다 보니 목이 길어졌는데, 이 획득형질(목이 긴 특
성)을 대대로 물려주게 되었다는 거예요. 그러나 획득형질이 유전되지 않
는다는 견해가 현대 유전학의 대세입니다.

반면에 찰스 다윈은 '자연선택' 개념을 꺼냅니다. 키 큰 나무가 많은 환경
에서 '우연히' 목이 긴 개체가 태어나는데, 이들이 경쟁에서 좀 더 우위에
서서 자손을 더 많이 퍼뜨려 번성했다는 겁니다. 자손 종은 부모의 형질
(목이 긴 특성)을 물려받을 가능성이 크니까요. 이것이 기린의 진화에 대한
다윈식 설명입니다. '자연'(환경)이 목이 긴 개체를 '선택'한 거죠. 자연선택
은 환경에 적응하는 개체가 생존하여 자손을 널리 퍼뜨리고, 그렇지 않은

개체는 사라진다는 개념이에요. 단순한 적자생존으로 보면 오해입니다. 먼저 변이가 있어야 하고, 그 변이는 우연적이거든요.

찰스 다윈은 1859년 『종의 기원』을 내놓기 훨씬 이전부터 자연선택이라는 개념을 생각해 왔어요. 하지만 자연선택이 학계의 주류가 된 것은 반세기가 지나서였죠. 1880년대 말에는 학술지 《네이처》의 거의 매호마다 라마르크의 유전에 대한 글이 실릴 정도로 자연선택이 큰 주목을 받지는 않았어요. 자연선택이 제대로 이해된 것은 1920~1940년대 이른바 '현대적 종합'이라는 학술적 작업이 이뤄진 이후였습니다. 다윈의 자연선택설과 멘델의 유전학이 결합되어 하나의 종합적이고 일관된 이론 체계가 완성된 겁니다. 1942년 영국의 생물학자 줄리언 헉슬리Julian Huxley의 『진화: 현대적 종합』이 이런 시도입니다.

11 ____

우리가 동물을 혐오하는 이유
_두려움과 배제의 메커니즘

어릴 적 일입니다. 어느 중소 도시 주택가에서 살던 저는 한 달에도 몇 번씩 검은 생쥐를 봤습니다. 생쥐는 천장 위에서 우당탕탕 소리를 내기도 했고, 부엌 찬장을 쏜살같이 가로지르기도 했지요. 어머니는 여기저기 쥐약을 놓고(사랑스러운 우리 집 강아지 복슬이가 그 때문에 세상을 떠났어요) 삼촌들이 빗자루를 들고서 쥐를 쫓아다니는 일은 우리 집의 일상 다반사였답니다.

어느 봄날 오후, 생쥐 한 마리가 삼촌들에게 들켰습니다. 삼촌들은 장난을 구상했죠. 그때만 해도 어린아이를 넣고 목욕을 시키던 빨간 고무 대야가 대부분 집에 있었어요. 이 다라이에다가 삼촌들은 생쥐를 잡아넣었습니다. 생쥐는 도망치려고 올라가다가도 이내 높은 턱에서 미끄러지곤 했죠. 삼촌들은 애꿎은 고양이 '쫑돌이'도 거기에 넣었어요. 쫑돌이는 용감한 고양이는 아니었습니다. 고양이와 쥐의 대치를 지켜보던 삼촌들은 시시한 결투에 실망한 나머지 이 둘을 다시 꺼냈죠.

오래된 일이라 기억이 어렴풋하지만, 생사의 갈림길에 선 쥐를 보며 저는 시시덕거리기만 한 것 같아요. 오히려 마음이 쓰이는 쪽은 쫑돌이였습니다.

왜 저는 쥐에겐 한 움큼의 관심도 주지 않은 채 고양이를 걱정했을까요? 이 결투에서 고양이가 상처 입을 일은 전혀 없었으며, 생쥐야말로 '독 안에 든 쥐' 신세였는데 말이죠. 물론 쫑돌이는 우리 식구였고, 쥐는 우리를 성가시게 하는 동물이었습니다. 하지만 쥐는 천적을 만나 곧 죽음을 앞둔 상태였습니다. 생명에 대한 공감이 왜 쥐 앞에서는 일어나지 않은 걸까요?

침팬지도 뱀이 무서워

많은 사람이 가장 싫어하는 동물로 뱀을 꼽곤 해요. 산을 오르거나 수풀을 헤치고 걸어갈 때면, 우리는 뱀이 튀어나오지는 않을까 본능적으로 두려워합니다. S 자로 꿈틀거리는 기다란 몸통, 유선형의 대가리, 그리고 날름거리는 혀⋯. 우리는 뱀과 비슷한 형태의 나뭇가지를 보고 기겁하기도 하지요. 지구에 사는 3,600여 종의 뱀 가운데 독사는

1918년의 결핵 퇴치 포스터. '가장 해로운 파충류를 퇴치하는 것처럼 결핵을 퇴치해야 한다'는 문구가 쓰여 있다. 인간에게 뱀은 혐오스러움 그 자체였다.

600여 종뿐이에요. 하지만 독사를 만날 확률이 적은 지역에서도, 독사가 아예 살지 않는 지역에서도 사람들 반응은 똑같습니다.

사실 이런 혐오의 모습은 태곳적부터 내려온 본능적 두려움에 가까워요. 뱀은 숲에 살던 초기 인류에게 기습을 가하는 위협적인 포식자였죠. 약 1억 년 전에 등장한 뱀은 보통 작은 설치류를 잡아먹었지

우리 안의 종차별주의

만, 상황에 따라 놀라거나 위험하다고 느낄 때는 초기 인류를 포함한 영장류도 공격했습니다.

독을 지닌 뱀이 등장한 것은 6,000만 년 전의 일이에요. 초기 인류는 뱀에게 기습을 당하고, 아주 가끔 동료의 죽음을 경험하면서 뱀에 대한 경계심을 키웠을 겁니다. 그리고 뱀을 재빨리 식별할 수 있는 시각 시스템을 갖추는 방향으로 진화해 갔습니다. 우리가 뱀을 혐오하는 이유도 유전자의 명령 때문입니다.

도시 사람들은 생명을 위협하는 자동차나 암을 유발하는 담배 연기보다 한 번도 보지 않은 뱀을 무서워합니다. 아이들도 마찬가지로 뱀을 본 적이 없지만 본능적으로 싫어하고 혐오하죠. 일찍이 찰스 다윈도 1877년 「유아에 관한 생물학적 단상」에 이렇게 썼습니다.

경험과는 아무 관계가 없는 어린이의 두려움은 옛날 야만적인 시절에 (…) 실제로 존재했던 위험이 유전된 효과가 (…) 아닐까 하고 의심할 수 있지 않을까?[68]

최근에 과학자들은 인간의 뱀 혐오 현상과 관련해 여러 가지 실험을 했습니다. 꽃이나 버섯처럼 인간에게 무해한 이미지들 사이에, 독이 있어 인간에게 두려움의 대상인 뱀과 거미 이미지를 일부 섞어 놓고 피실험자에게 이를 찾으라고 했습니다. 이와 반대로도 실험을 진행했습니다. 뱀과 거미 이미지를 여러 개 늘어놓은 대열 사이에 꽃과 버섯 이미지를 몇 개 섞어 놓고 찾으라고 했죠. 피실험자들은 어떤 경우에 더 빨리 찾았을까요?

피실험자들은 꽃이나 버섯 사이에 숨겨진 뱀과 거미를 훨씬 빨리 찾아냈습니다. 즉 관심을 분산하는 물체들이 많더라도 자신에게 위협적인 존재를 빨리 식별해 낸 것입니다. 마치 뱀과 거미가 툭 튀어나와 눈동자에 박힌 것처럼, 인간은 뱀과 거미를 자동적으로 인식하는 것 같았습니다. 이런 능력은 3~5세 어린이에게서 모두 관찰된다고 합니다.[69]

뱀에 대한 혐오가 '본능적'이라는 사실은 우리의 이웃 종인 침팬지를 봐도 알 수 있습니다. 앞에서도 얘기했지만, 두 종은 약 550만 년 전까지 한 종이었다가 각각 인간과 침팬지로 분기되었지요. 지금 아프리카의 숲에 사는 침팬지는 인간 못지않게 뱀을 무서워합니다. 뱀을 경계하는 의사소통 시스템 또한 발달해 있죠.

독일 막스플랑크 진화인류학연구소의 캐서린 크록퍼드Catherine Crockford 박사와 동료 연구자들은 우간다의 부동고 숲(Budongo forest)에 사는 침팬지에게 모형 뱀을 보여 주고 실험한 결과를 2017년에 발표합니다.[70] 그 논문에 따르면, 뱀을 본 침팬지는 동료들에게 위험을 알립니다. 특히 뱀의 존재를 모르고 있는 침팬지에게는 더 자주 경고음을 내고 그 주변에서 서성이기도 합니다. 연구 팀은 이 같이 뱀을 식별하거나 회피하는 행동이 침팬지나 인간 등 유인원의 뛰어난 시각 능력을 진화시키는 선택 압력으로 작용했을 것이라고 설명합니다. 뱀을 재빨리 발견하고 도망치기 위해 시각이 발달했다는 겁니다. 혐오가 능력을 만든 셈이지요.

뱀뿐 아니라 호랑이, 사자, 곰, 늑대, 퓨마 등 육식성 맹수류도 인간에게 두려움의 대상입니다. 인류 역사가 시작된 이래, 이런 동물들은 늘 인간의 생존을 위협해 왔죠. 돌을 갈아 만든 무기와 빨리 달릴 수 있는 건강한 두 발이 전부였기에 이런 동물과 맞닥뜨릴 경우 생명을 걸고 싸우거나 도망쳐야 했지요. 우리가 아직도 육식성 맹수류를 본능적으로 두려워하는 이유는 구석기 수렵채집인의 포식자에 대한 공포가 지금까지 이어져 내려오는 것이라 할 수 있습니다.

우리가 쥐를 혐오하는 것도 비슷한 이유에서입니다. 쥐는 인간 주거지에서 살면서 음식물을 훔쳐 먹거나 벼룩을 옮기는 방식으로 병원체를 퍼뜨렸죠. 결정적으로 14세기에는 인류 역사상 최악의 전염병인 흑사병의 매개체가 되어, 유럽 인구 3분의 1을 죽음에 이르게 했습니다. 원인을 알 수 없는 질병과 사랑하는 사람의 죽음을 경험하면서 인류는 병을 옮기는 쥐를 멀리하려 애썼을 겁니다. 우리가 좀처럼 쥐의 고통에 공감하지 못하는 까닭이죠.

결국 지금은 별다른 해를 주지 않는데도 우리가 특정 동물을 싫어하는 이유는 수십만 년 전부터 이어진 '역사' 때문입니다. 동물을 향한 혐오의 감정은 이성이나 추론에서 나오는 게 아니라, 유전자에 각인된 프로그램이 자동적으로 실행되는 본능에 가까운 반응이라 볼 수 있죠. 이러한 두려움과 혐오는 잠재적인 위험을 방지하고 회피하여 생존 확률을 높여 주었습니다.

자연보호의 상징에서 천덕꾸러기로

요새 제주도에서는 노루가 혐오의 대상입니다. 노루처럼 순하고 고운 동물이 무슨 짓을 했기에 그럴까요? 한라산 중산간에 있는 노루들이 마을과 논밭으로 내려와 농작물을 파헤치면서 주민들의 원성을 샀습니다. 고구마, 콩, 팥, 배추 등을 심어 놓은 밭이 쑥대밭으로 변하자 농민들은 당장 노루를 포획해야 한다고 주장했죠. 이러한 여론이 거세지면서 노루는 2013년에 '유해야생동물'(유해조수)•로 지정됐어요.

그러나 노루가 처음부터 골칫덩어리는 아니었습니다. 과거에는 매우 귀한 동물 대접을 받았거든요. 알다시피 제주도는 한반도에서 외따로 떨어진 섬으로, 생태계가 육지와 격리되어 있어요. 과거 한반도에서 흔했다는 반달가슴곰이나 호랑이 같은 대형 포유류도 이곳에 살았다는 기록이 없죠. 멧돼지조차 1900~1930년 사이에 멸종되었다가 2004년에야 다시 발견되었을 정도입니다.

이런 상황에서 노루는 포식자 없이 '태평성대'를 누려 왔습니다. 하지만 결국 인간이 문제였죠. 건강식품으로 둔갑해 팔리는 '노루 피(血)' 그리고 값비싼 동물 박제를 노린 밀렵꾼이 사냥총과 올무를 들고 한라산에 오르면서 노루는 수난을 겪게 됩니다. 밀렵꾼이 닥치는 대

● 사람의 생명이나 재산에 피해를 주는 야생동물 종을 법(환경부령)으로 정해 놓은 것. 고라니, 멧돼지, 청설모, 참새, 까치, 어치, 까마귀, 떼까마귀 등이 있다. 2021년 기준으로 포유류 4종, 조류 10종 등 총 14종이 지정되어 있다. 유해야생동물은 정부가 지정한 지역과 기간에 포획할 수 있다. 개체 수를 관리하여 재산상 피해를 줄이기 위해서다.

로 잡아 죽이면서 노루는 깊은 산에서도 보기 힘들 정도로 개체 수가 줄었습니다. 이런 상황에 이르자, 1970~1980년대 정부는 노루를 멸종 위기에서 구해야 한다며 자연보호 조처를 대대적으로 펼쳤죠. 사냥총을 이용한 밀렵을 적극적으로 단속하고 곳곳에 놓인 올무와 올가미를 수거했습니다. 겨울철에는 먹이도 줬습니다.[71] 노루를 보호하기 위해 들개를 포획하는 작업이 이뤄질 정도였습니다.[72]

이러한 노력이 결실을 맺으면서, 노루의 개체 수가 점차 늘어납니다. 1993년 1월 10일 《동아일보》에는 '漢拏山(한라산)의 珍客(진객) 노루가 돌아왔다'는 기사가 실립니다. 기자는 한라산 중턱에 노루 1,500마리가 서식한다는 사실을 전하며 노루의 귀환을 반겼습니다. 국립공원 관계자는 "노루 천국"을 기대한다는 말을 덧붙였죠. 노루는 자연보호 운동의 상징으로 떠올랐고, 아울러 한라산 관광의 매력적인 요소가 됩니다. 그때만 해도 정부와 주민들은 노루를 제주의 자랑으로 여겼습니다.

그러나 1990년대 후반 들어 상황이 뒤바뀝니다. 상위 포식자가 없는 상황에서 노루 개체 수가 더욱 늘어났기 때문이죠. 노루는 제주도 중산간의 마을 사람들이 어렵지 않게 목격할 정도로 개체 수를 불려 갑니다. 2000년대 들어서는 농민들의 민원이 언론에 보도되기 시작했어요. 이때부터 노루는 골칫덩어리로 묘사됐습니다. 2012년 10월에는 노루를 포획해야 한다며 농민 단체가 제주도의회 앞에서 시위를 벌이기도 했죠. 이 집회에서 한 참가자는 "(노루를 포획하는) 조례안이 처리되

1993년 한라산 어리목 등반로 입구 노루광장에서 국립공원 직원들이 뿌려 놓은 양배추를 먹고 있는 노루들. 불과 30년 전만 해도 노루는 북돋아 키우고 보호하는 동물이었다.

지 않으면 15만 제주 농민이 들고일어날 것"[73]이라고 주장했어요. 신문 방송도 노루가 파헤치고 간 논밭과 농민들의 불만을 집중적으로 보도했고, 그렇게 노루는 천덕꾸러기가 되어 갔답니다.

이런 과정을 겪은 노루는 2013년 유해야생동물로 지정됩니다. 그 뒤 총기와 올무를 이용해 수백, 수천 마리씩 사냥이 이뤄졌죠. 잡힌 노루는 고기로 팔렸어요. 노루가 누린 평화의 기간은 불과 10년도 채 되지 않았지요. 한때는 피해자였다가 가해자로 둔갑했고, 다시 사냥감이 됐습니다.

노루는 억울해

호랑이나 늑대 같은 육식성 맹수는 인간의 포식자나 경쟁자로서 항상 우리와 긴장 관계를 이뤘지만, 노루나 사슴, 고라니 같은 초식동물은 인간과 적대적인 관계가 아니었어요. 초식동물은 인간의 사냥 목표가 되었을 때만 긴장이 발생했을 뿐, 먼저 인간을 해치지는 않았기 때문입니다. 우리가 동물원의 사슴이나 목장의 양 등 초식동물을 봤을 때 겁먹지 않고 먼저 다가가 풀을 뜯어 주고 만지려는 욕구가 생기는 것도 이 때문입니다. 하지만 제주도 노루의 사례에서 보듯, 인간은 자신의 이익을 침해한다고 여기는 순간 이들을 골칫덩어리나 천덕꾸러기로 간주하며 혐오하기 시작했어요.

그렇다면 제주도의 노루는 정말로 인간의 이익을 침해했을까요? 노루가 유해야생동물로 지정된 2013년 이후의 개체 수 통계를 살펴보도록 하죠. 제주특별자치도 세계유산본부가 발간한 연구 보고서를 보면, 2009년에 1만 2,800마리가 서식하는 것으로 추정되던 노루는 포획 작업이 시작된 직후인 2015년 8,000여 마리로, 그리고 3년 뒤인 2018년에는 3,800마리로 개체 수가 급감합니다.[74] 제주 서부의 일부 지역은 단위 면적당 개체 수가 100마리 이하로 떨어져서 '지역적 절멸' 단계에 들어섰다고 보는 이들도 있습니다.

대대적인 포획 작업으로 노루 개체 수는 큰 폭으로 줄었지만, 정작 농작물 피해를 획기적으로 줄이는 데는 큰 효과를 보지 못했다는 분석도 있습니다. 농작물 피해 면적은 감소했지만, 피해 농가 수는 그대로였거든요. 처음 줄어들었던 피해 면적도 다시 늘어나는 추세입니다. 여전히 지역마다 두세 마리의 노루가 서식하면서 피해를 일으키는 것으로 보입니다. 분명 노루의 전체 개체 수가 눈에 띄게 줄었는데 이상한 일이지요. 심지어 이곳저곳에서 벌어진 솎아 내기로 노루들이 서식지를 잃고 방황하면서 로드킬당한 개체 수 역시 늘어난 상황인데도요. 이는 노루의 절대적인 개체 수가 많은 것보다는, 노루와 사람의 접촉면이 늘어난 것이 농작물 피해의 더 큰 원인이라는 사실을 시사합니다.[75]

과거를 한번 되짚어 보겠습니다. 1980년대 자연보호 운동으로 사라져 가던 노루가 돌아왔습니다. 한라산에서 서식 밀도가 높아지자 노루들은 산 밑으로 내려와 중산간 지대의 목장에 펼쳐진 풀을 먹고 번성했죠. 목장 지대는 인적이 드문 곳이라 노루는 인간과 큰 갈등 없이 살 수 있었습니다.

그런데 1990년대 들어 많은 목장이 골프장이나 농지로 바뀌는가 하면, 동시에 도로가 나고 펜션 등 각종 시설이 들어서면서 개발의 바람이 붑니다. 노루와 인간의 접촉면이 넓어진 거죠. 이때부터 노루는 논밭의 고구마나 당근을 먹으면서 농민들과 본격적으로 갈등을 빚기 시작했습니다. 노루가 우리 땅을 침범한 것일까요, 아니면 우리가 노루의 땅을 침범한 것일까요? 하루아침에 피해자에서 가해자로 둔갑한 처지가 노루는 억울할지 모릅니다.

유해야생동물 지정과 잇따른 포획 작업으로 노루 개체 수가 급격

우리 안의 종차별주의

제주도 중산간 물찻오름 숲에서 만난 노루. 내가 서너 발자국 나아가면 노루도 서너 발자국 물러섰다. 노루는 딱 정해진 거리만큼 접근을 허용했다. 인간과 야생동물의 거리가 그 정도이면 좋지 않을까.

히 줄자, 다행히 제주도는 2019년 5월 노루에 대한 유해야생동물 지정을 한시적으로 유예했어요. 하지만 일정 개체 수에 이르면 다시 포획을 시작할 계획이라 인간과 노루의 갈등이 끝났다고 볼 수 없습니다. 환경 단체는 유해야생동물 지정의 완전 해제를 요구하고 있고요. 노루의 운명은 어떻게 될까요?

혐오에는 '본능적 혐오'와 '사회적 혐오'가 있습니다. 전자가 우리 유전자에 심어진 것이라면, 후자는 우리가 만들어 가고 있는 것이죠.

본능적 혐오의 대표적인 예는 뱀이겠지요. 사회적 혐오의 사례로는 바이러스를 옮긴다는 이유로 살처분되거나 미움받는 돼지와 철새들, 사람을 놀라게 한다고 학대당하는 길고양이, 농작물 피해를 일으킨다는 이유로 천대받는 노루와 고라니 등이 있습니다. 혐오의 대상이 되는 것은 대개 말 없고 힘없는, 약한 존재입니다. 사람도 마찬가지예요. 이주 노동자, 성 소수자, 장애인 등 사회적 약자가 종종 혐오의 대상이 되곤 합니다.

우리에게 노루를 혐오할 자격이 있을까요? 인간이 자신의 이익만 추구한다면, 자기를 뺀 다른 동물들을 죄다 혐오하는 괴물이 될지도 모릅니다. 비인간동물을 혐오하는 자신을 들여다보고, 이를 성찰하는 사람만이 다른 이웃을 더 깊이 이해할 수 있을 것입니다.

동물×진화심리학

인간도 동물처럼 진화의 산물일 뿐

우리는 지금까지 '인간도 동물'이라는 점에서 인간과 동물의 차이점보다
는 유사성을 찾는 데 주력했지요. 인간을 특권화하는 데 저항하기 위해서
동물을 '비인간동물'로 불렀고요.

인간과 동물을 다르다고 굳게 믿는 태도는 학문에도 흔적을 남겼습니다.
이를테면 기존의 심리학이 그렇습니다. 지금까지 심리학에서는 인간의
마음과 행동을 동물과 동떨어진 형이상학적인 것이라고 생각했거든요.
반대로 동물은 유전자와 본능에 전적으로 지배받는 종이라고 여겼고요.
그러나 인간과 동물은 진화가 만든 본능에 지배받는 동시에, (작동 방식과
형태가 다르지만) 지각과 의식에 따라 행동하지요. 어쩌면 이 두 존재는 하
나일지 몰라요!

기존의 진화생물학 또한 인간을 제외한 다른 종의 진화만 다뤘어요. 인간
이 여전히 성역이었던 거예요. 반면에 1970년대에 태동한 비교적 신생
학문인 진화심리학은 과감히 인간을 다룹니다. 광범위한 통계조사와 고
인류의 화석 등을 통해 유대와 애착, 공포와 두려움, 남성과 여성의 짝짓
기 전략, 양육 및 친족 문제(부모의 보살핌, 부모와 자식 간 갈등 등), 협력과 이
타성 등에 질문하고 답을 찾아가지요. 언뜻 보기엔 불편한 연구 결과도 있
고, 이로 인해 벌어지는 학계간의 논쟁 또한 격렬합니다(특히 자주 도마 위에

오르는 것이 짝짓기나 남녀의 특성에 대한 연구 결과입니다).

진화심리학에서 우리가 느끼는 두려움은 위험의 원천에 잘 대처하도록 해 생존을 돕는 적응 기제라고 설명합니다. 즉 '두렵다'는 감정은 위험에 대한 경고 신호이자, 회피 반응인 셈입니다. 진화심리학자들은 이러한 심리 기제가 우리가 수렵채집인일 때 형성되어 지금까지 유전자에 각인되어 있다고 봅니다. 유전적 변이는 대개 점진적이고 장기적인데, 인류가 지금 같은 현대사회에서 살아가기 시작한 것은 100~200년 전에 불과하니까요. 기나긴 인류의 역사를 놓고 보면 현대사회는 극히 일부일 뿐이죠. 당연히 정보 통신망의 발전으로 인한 사회조직의 변화, 교통수단의 발전으로 인한 신체 기관 쓰임새의 변화 등 최근의 변화는 유전자에 반영되어 있지 않을 가능성이 큽니다. 우리가 교통사고로 죽을 확률이 훨씬 높은데도 자동차보다 뱀을 더 무서워하는 이유입니다.

12 ____

데카르트를 이긴 과학

_동물도 고통을 느끼는가

　동물은 무엇일까요? 개, 돼지, 북극곰, 독수리, 악어…. 그럼, 고등어는 동물일까요? 굴은요? 바퀴벌레는 또 어떻습니까? 세균이나 바이러스는요? 산호가 동물이라고 주장하는 사람도 있다는데요? 사실 우리가 일반적으로 '동물'이라는 말하는 대상과 학술적으로 동물이라고 부르는 대상은 다릅니다. 학계에서도 동물의 정의에 대해서 여러 이견이 있지요.

　어쨌든 우리는 비인간동물을 보호합니다. 길고양이를 학대한 사람을 찾아 처벌하고, 노루 밀렵꾼을 추적해서 처벌하죠. 동물에 관한 우리나라의 대표적인 법률인 '동물보호법'은 "고통을 느낄 수 있는 신경

17세기 네덜란드의 풍속화가 얀 스테인^{Jan Steen}이 그린 〈무용 교습^{The dancing lesson}〉
(1666년경). 자신에게 춤을 추도록 하는 짓궂은 아이들이 못마땅한지 고양이는 화가
난 듯하고, 그 옆의 개는 사납게 짖고 있다. 동물도 고통과 즐거움, 불안과 평안, 신남
과 게으름을 느낀다. 철학적으로 '감응력 있는 존재'(sentient being)라고도 한다. 하지
만 이 사실을 우리가 인정하기까지 오랜 시간이 걸렸다.

우리 안의 종차별주의

체계가 발달한 척추동물"을 동물로 보고, 보호 대상으로 지정해요.●
여기서 중요한 문구는 "고통을 느낄 수 있는"입니다. 어떤 생명체가
고통을 느낀다면 우리는 보호할 의무를 지닌다는 뜻이죠.

데카르트의 놀이 기계

사실 그렇게 사람들의 생각이 바뀌기까지는 많은 일이 있었어요.
비인간동물은 고통을 느끼지 않는다고 주장하는 사람도 많았거든요.
더는 의심할 수 없는 단 한 가지 사실, '나는 생각한다, 고로 존재한
다'(Cogito ergo sum)를 철학의 출발점으로 제시한 프랑스 철학자 르네 데
카르트도 마찬가지였습니다.

어느 날, 왕립공원에 간 데카르트는 정교하게 만들어진 오토마타
(automata), 즉 자동기계 하나를 보게 됩니다. 물을 넣어 수력으로 작동
하는 놀이 기계였어요. 해부학자로서 살아 있는 동물과 인간의 주검
을 해부하곤 했던 데카르트는 유기체가 이러한 오토마타처럼 '정교한
기계'라는 생각을 하게 되었죠. 그리고 인간과 동물의 차이를 다음과
같이 설명합니다. "동물은 왕립공원의 놀이 기계처럼 '영혼 없는 기계'
에 불과한 반면, 인간은 기계처럼 작동하는 신체와 더불어 독립적인
정신이 있다." 몸과 정신, 그리고 몸을 지배하는 정신! 이렇게 근대 철

● 　동물보호법 제2조 1항을 더 자세히 살펴보면 보호 대상 동물은 다음과 같다.
"가. 포유류 / 나. 조류 / 다. 파충류, 양서류, 어류 중 농림축산식품부 장관이 관
계 중앙행정기관의 장과의 협의를 거쳐 대통령령으로 정하는 동물."

학의 토대인 '심신이원론'이 탄생합니다. 그는 『방법서설』(1637)에 이렇게 쓰지요.

인간은 신의 손으로 만들어진 동물의 실체를, 인간이 만들어 낼 수 있는 그 어떤 기계와도 비교가 안 될 정도로 질서 있게 지어져 있고 스스로 탁월한 운동을 하는 기계로 간주할 것이다.[76]

데카르트가 살던 17세 유럽 사회에서는 '기계론'이 유행했습니다. 르네상스를 통해 인간 중심 관점이 복원되는 한편, 지식이 폭발하면서 산업혁명이 태동하던 시기였죠. 이러한 상황에서 기계론은 기계의 작동 원리로 자연 만물의 운동을 바라보며, 세상에 대한 이해를 종교적인 관점에서 과학적인 관점으로 바꾸어 가고 있었습니다.

이 당시 유럽 사회는 의학 지식에 대한 열망 또한 강했어요. 살아 있는 동물을 이용한 생체해부가 이뤄졌죠. 데카르트가 동물을 '영혼 없는 기계'라고 규정하면서 생체해부는 더욱 정당성을 얻었습니다. 동물의 고통스러운 신음소리, 몸부림 같은 것이 고장 난 시계가 내는 삐걱 소리 정도로 치부될 수 있었던 것입니다. 생명체의 절규 앞에서도 눈과 귀를 닫은 것이죠.

우리가 울부짖는 비인간동물을 보면서 고통받고 있다고 생각하는 것은 자연스러운 일입니다. 그러나 데카르트는 그것을 그저 '자극에 의한 반응'이라고 봤어요. 동물과 인간의 차이를 전제로 한 데카르트

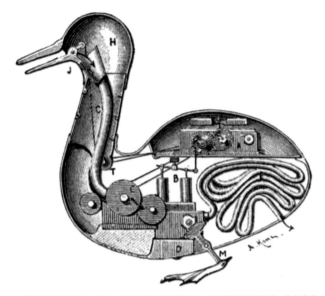

INTERIOR OF VAUCANSON'S AUTOMATIC DUCK.

A, clockwork; *B*, pump; *C*, mill for grinding grain; *F*, intestinal tube; *J*, bill; *H*, head; *M*, feet.

1738년 프랑스의 엔지니어 자크 드 보캉송^{Jacques de Vaucanson}이 설계한 오토마타인 '소화하는 오리'는 당시 유행하던 기계론을 반영한다. 실제 오리와 비슷한 크기로 제작된 이 기계는 오리처럼 꽥꽥 울고 낟알을 먹는 것은 물론이고 배설까지 할 수 있었다(이 기계 오리의 배설물은 미리 준비해 넣어 둔 빵 부스러기였다).

의 생각은 근대 철학의 토대가 되어 동물의 삶에 부정적인 영향을 미쳤죠. '동물 기계론'은 생체해부에 그치지 않고, 인간의 제한 없는 동물 이용 및 착취에 정당성을 부여하는 꼴이 됐거든요. 돼지와 닭 등을 좁은 공간에 가둬 놓고 고기를 생산하는 공장식축산, 돌고래 등에게 가혹한 노동을 시켜 돈을 버는 동물쇼. 인간의 동물 이용에는 끝이 없었어요. 하지만 상관없었습니다. 동물은 영혼이 없고 고통을 느끼지 않는다니까요.

물론 모든 사람이 이렇게 생각한 건 아니에요. 그것이 동물의 고통에 관해 지난한 논쟁이 이어진 이유죠. 특히 생체해부를 두고서는 150년 전부터 격렬한 찬반 논쟁이 이어졌어요. 동물에게 인도적인 대우를 해야 한다는 목소리가 높아지며 19세기 말 영국에서 처음으로 생체해부가 규제됐습니다. 1876년 '동물학대방지법'을 통해서였죠.

짐작했겠지만 법률 제정은 쉽지 않았습니다. 법안 정립의 가장 큰 기여자는 영국의 생물학자 찰스 다윈이었어요. 1859년 『종의 기원』을 통해 진화론을 설파한 그는 일상에서도 동물과 함께 살며 이들을 관찰하고 기록했던 사람입니다. 그는 1871년 3월 동료에게 보낸 편지에서 생체해부에 대한 생각을 밝혔지요.

> 혐오스러운 호기심을 위해서라면 절대 동의할 수 없어. 생체실험은 소름 끼치고 구역질 나는 것이라네. 오늘 밤 잠을 아예 자지 않을 생각이라면 몰라도, 이 문제에 대해서 한마디도 하고 싶지 않아.[77]

다윈은 병을 앓고 있는 고양이 새끼를 혀로 핥아 주는 개의 행동을 연민이라 봤고, 막대기를 물고서 장난치는 개를 보며 유머 감각을 이야기하기도 했습니다. 그는 동물에게도 의식이 있다는 사실을 의심하지 않았어요. 인간과 동물은 공통 조상을 갖고, 우리는 이 조상으로부터 갈라져 나온 수많은 가지 중 하나입니다. 따라서 인간에게 의식이 있다면 인간과 가까운 종에게도 의식이 있다고 보는 게 합리적인 생각일 테죠. 그래서 다윈은 동물학대방지법을 논의하는 위원회에 참석하여 '동물실험을 전면적으로 금지할 수는 없으나, 동물을 실험할 때는 꼭 마취해야 한다'고 주장했답니다.

이렇게 1876년 통과된 동물학대방지법은 실험에 동원되는 동물들을 보호하는 세계 최초의 법률이 됐어요. 동물실험을 할 경우 면허를 받아야 했고 반드시 마취된 상태에서만 시행하도록 했죠.

고통이란 무엇인가

비인간동물은 정말로 영혼 없는 기계일까요? 동물도 고통을 느낀다는 건 우리가 '직관적으로' 알 수 있지만, 이를 과학적으로 증명하는 일은 쉽지 않습니다. 인간과 달리 동물은 '아프다'고 말을 하지 못하니까요.

'고통'은 물리적 압력이나 질병에 의해 받는 몸의 통증은 물론, 그와 관련한 심리적 차원의 공포와 불안을 포괄합니다. 현대 과학자들은 동물이 고통을 느끼는지를 두고 연구를 시작했죠. 과학자들은 실험을 통해 동물도 통증을 느낀다는 근거를 크게 세 가지로 압축했습니다.[78]

첫 번째는 행동학적 근거예요. 동물이 통증을 일으키는 대상을 회피하거나, 울부짖으며 신음하는 등 불쾌감을 표현하거나, 다친 신체 기관을 쓰지 않으려 할 때 우리는 동물이 통증을 느낀다고 유추할 수 있죠.

두 번째는 해부학적 근거입니다. 인간은 통증을 느낍니다. 그렇다면 인간과 비슷한 신경 체계를 지닌 동물도 통증을 느낄 수 있다고 추론할 수 있겠지요.

세 번째는 진화적 근거입니다. 진화의 연속성에서 봤을 때 인간이 통증을 느낀다면 인간과 가까운 종 또한 통증을 느낀다고 추론하는 게 합리적이겠죠. 찰스 다윈이 생각한 바와 비슷합니다.

과학자들은 동물의 행동, 해부학적 구조, 그리고 진화적 증거 등을 확인함으로써 많은 종이 고통을 경험한다는 사실을 밝혀냈어요. 결국 이런 사실들이 제도로 반영되어 동물보호법이 만들어지고, 우리가 보호해야 할 동물을 규정하기에 이른 것이죠. 우리가 직관적으로 알고 있던 '동물도 고통을 느낀다'는 사실을, 과학적으로 확인받는 데는 이처럼 지난한 과정이 필요했습니다.

최근 과학자들은 어떤 종이 고통을 느끼는지를 연구하고 있답니다. 우리는 대개 해부학적으로 인간과 비슷한 포유동물과 가축의 고통에만 관심을 뒀어요. 이를테면 물고기와 바닷가재는 고통을 느끼지 못한다고 봤죠. 이러한 동물은 원숭이와 개, 고양이 등과 달리 우리가 '직관적으로' 고통을 알아볼 수 없는 생명체입니다. 물고기는 표정이 없고, 바닷가재는 신음소리를 내지 않으니까요. 인간의 감각기관으로는 그들의 고통을 감지하지 못하죠.

한동안 과학자들도 우리와 전혀 다르게 생긴 동물들은 고통을 느끼지 않는다고 봐 왔습니다. 물고기 뇌에는 인간 두뇌와 달리 새겉질

(신피질)이 없으므로, 이들이 고통을 느끼지 않을 것이라는 견해가 지배적이었어요. 새겉질은 대뇌의 바깥 부분에 위치한 세포층으로, 의식을 담당하는 곳으로 알려져 있죠. 그런데 2000년대 초 들어 반론이 거세졌습니다. 해부학적 구조가 인간과 비슷하지는 않지만, 이들이 고통을 느낀다는 행동학적 근거는 많다는 주장이 제기된 거예요.

가장 유명한 실험이 무지개송어를 대상으로 한 것입니다.[79] 과학자들은 무지개송어의 안면 부위에 벌독과 식초를 집어넣었어요. 그러자 무지개송어의 아가미 개폐 횟수가 비약적으로 늘어났습니다. 고통스럽다는 반응이었죠. 이번에는 강력한 진통 효과가 있는 모르핀을 투여해 봤어요. 그랬더니 무지개송어의 반응이 극적으로 감소했고요. 모르핀이 몸에 작용한다는 건, 물고기 또한 고통을 느낀다는 사실을 말해 주는 결과였습니다.

새겉질이 없는 물고기에게는 의식도 고통도 없을 것이란 주장은 도전받게 됐어요. 물고기도 고통을 느낀다는 행동학적 실험 결과에 이어, 물고기와 마찬가지로 인간과 진화적으로 멀리 떨어진 조류에 대한 연구 성과도 나왔죠. 동물행동학자들의 연구 결과가 축적되면서 까마귀나 까치가 간단한 도구를 만들어 사용하고, 장소를 기억하는 등 높은 인지능력을 갖췄다는 사실이 알려진 거예요. 그런데 조류도 물고기처럼 새겉질이 없답니다. 이로써 새겉질의 유무를 기준으로 동물이 고통을 느끼는지를 판단하는 기존 방식이 잘못됐다는 게 드러났습니다. 지구상의 각기 다른 종은 각기 다른 뇌 구조와 신경 체계로 고통을 느끼고 의식을 가졌다는 관점이 힘을 얻고 있습니다.

산천어 축제에 분노한 시민들

매년 겨울이면 강원도 화천에서는 산천어 축제가 열려요. 전국의 양어장에서 인공수정하여 1년 남짓 키운 산천어 100만 마리가 꽁꽁 얼어붙은 빙판 아래로 들어가게 되죠. 손맛을 즐기며 물고기를 잡아 생선 구이를 해 먹는 재미로 관광객들 사이에서 유명해진 화천 산천어 축제는 매년 방문객이 200만 명에 육박하는 국내 최대 축제 가운데 하나로 자리 잡았습니다.

그런데 화천 산천어 축제에 반대하는 움직임이 최근 일고 있어요. 산천어도 고통을 느끼는데, 인간이 재미 삼아 잡아먹는 축제는 비인도적이라는 주장이죠. 빙판 위에서 사람들은 즐겁게 낚시질하지만, 빙판 아래 산천어는 미끼에 걸린 뒤 천천히 질식해 죽어 갑니다. 산천어는 표정도 없고 신음조차 내지 않습니다. 이들의 고통은 인간에게 직관적으로 전해지지 않기에, 사람의 마음을 울리기가 어렵죠. 그런데도 산천어의 고통에 공감하는 운동이 벌어졌다는 점은 하나의 진일보한 현상이지요. 동물의 신음에 마음이 쓰인 찰스 다윈의 고뇌가 이제는 물고기에게까지 이른 것이니까요.

물고기는 보통 바다나 강에서 물 위로 끌어올려져 공기 중에 방치됩니다. 이것이 물고기에게 가장 큰 고통을 줍니다. 물속에 녹아 있는 아주 적은 양의 산소 가운데서 잘 기능하던 아가미의 새엽이 물 밖으

우리 안의 종차별주의

화천 산천어 축제에서 죽어 가는 물고기. 물고기에게 가장 잔인한 죽음은 공기 중에 놔두는 것이다. 한 시간 가까이 호흡곤란을 겪어야 비로소 죽음이라는 안식에 들 수 있다.

로 나오면 쪼그라들거든요. 그러면 산소와의 접촉면이 줄어 호흡곤란을 겪게 되지요. 이렇게 한 시간 동안 고통을 겪고서야 물고기는 비로소 죽을 수 있죠. 미끼에 걸려든 산천어가 이렇게 죽습니다. 산천어는 "제발 빨리 죽여 달라!"고 소리치고 싶을지도 모릅니다. 이뿐만이 아닙니다. 어떤 물고기들은 그물에서 서로 부딪혀 압사하고, 시장이나 횟집까지 살아서 온 물고기들은 내장 적출로 죽지요. 물고기에게 인도적 죽음이란 없습니다.

나중에 도살할망정 사는 동안이라도 좀 더 행복하게 해 주고, 또 죽음의 고통을 짧게 끝내 주는 것이 동물에 대한 예의입니다. 많은 나라가 법적으로 가축의 도살 과정을 정해 놓은 것이 이 때문입니다. 오늘날엔 그것이 물고기에게까지 확장되는 추세입니다.

노르웨이에서는 양식장 물고기를 도살할 때 전기 충격을 가함으로써 고통을 최소화합니다. 스위스는 바닷가재를 산 채로 끓는 물에 넣어 요리하는 것을 법적으로 금지했죠. 이탈리아에서는 바닷가재를 얼음물 속에 둔 행위에 대해 벌금형을 선고하기도 했어요. 먹히는 존재에 대한 예의라고 할까요? 동물의 고통을 둘러싼 사실이 하나씩 밝혀질수록, 인간이 비인간동물에게 갖춰야 할 예의는 새로이 정의될 듯합니다.

우리 안의 종차별주의

산호와 바이러스는 동물일까

18세기 초반 스웨덴의 분류학자 칼 폰 린네Carl von Linné는 생물을 식물계, 동물계 두 가지 계로 나누었습니다. 대체로 홀로 움직일 수 있는지 여부가 기준이 되었는데, 딱 들어맞지 않는 경우가 많았습니다. 그 이후 현미경의 발달, 진화론의 확립, 그리고 연이은 고생물학 증거의 발견 등이 더해져 점차 생물을 단일한 법칙으로 나누는 것이 힘들어졌어요. 지금도 우리는 일상에서 '식물-동물' 이분법을 선호하지만, 지구의 생물상(生物相)은 우리가 생각하는 것 이상으로 복잡합니다.

과학에서 가장 대중적으로 인정받는 분류법은 생물을 식물계, 동물계, 진균계, 원생생물계, 원핵생물계 등 5계로 나누는 것입니다. 원핵생물계를 진정세균계와 고세균계로 분리해 6계로 나누기도 하지요.

먼저 이 분류와 관계없이 '핵이 없는 생물'과 '핵이 있는 생물'로 구분해 보죠. 핵이 없는 생물을 원핵생물이라고 합니다. 원핵생물은 가장 오래된 생물 무리로 핵이 없는 단세포로 이뤄진 세균, 박테리아 등이 속합니다. 핵이 있는 생물은 진핵생물이라고 합니다. 원핵생물을 뺀 나머지 4계의 생물, 즉 식물계, 동물계, 진균계, 원생생물계에 속한 생물이 이에 해당합니다. 원생생물은 대부분 단세포이고(간혹 다세포 생물도 있습니다), 핵이 있으며, 아메바, 짚신벌레, 해조류(김, 미역, 다시마) 등이 있습니다. 진균계는 버섯,

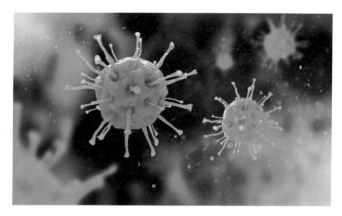

생물과 무생물의 특성을 모두 지닌 바이러스

곰팡이, 효모, 지의류 등을 말하지요. 예전에는 버섯과 곰팡이가 식물로 분류됐지만, 광합성을 하지 않아 따로 진균계로 분류됐습니다. 실 같은 균사를 이용하여 영양분을 흡수하고, 포자를 널리 날려 번식하지요.

그렇다면 바이러스는 어디에 속할까요? 바이러스는 얼핏 세균과 비슷해 보이지만, 세균과 달리 세포 구조가 없고 핵산과 단백질 껍질로만 되어 있습니다. 반면에 (숙주세포에 기생하며) 물질대사와 증식을 하고, 돌연변이가 일어나 다양한 종류로 진화하지요. 증식하거나, 진화하고, 유전적 돌연변이가 발생하는 것은 생물의 특징이죠. 그러니 바이러스는 생물로도 볼 수 있고, 아닐 수도 있습니다.

이제는 동물과 식물을 한번 구분해 봅시다. 우선, 동물이란 유기물을 영양분으로 섭취하며, 운동성이 있으며, 소화 및 배설, 호흡 기관이 분화된 다세포생물을 뜻합니다. 무언가를 먹고, 배설하고, 움직일 수 있는 생물로 보면 되겠지요. 반면에 식물은 대개 움직이지 않고, 광합성을 하며 살아가는 다세포생물입니다.

우리 안의 종차별주의

언뜻 보면 식물 같은 산호

동물은 영장류, 파충류, 양서류, 조류, 어류, 곤충, 갑각류(바닷가재), 두족류
(오징어) 등을 포함합니다. 그런데 생물의 특성이 밝혀지면서 동물이었다
가 동물 이름표를 뗀 생물도 있고, 원래는 동물이 아니었다가 동물에 속하
게 된 생물도 있습니다. 이를테면 과거에는 아메바 같은 단세포의 원생동
물을 동물로 보았는데, 최근에는 5계 중 하나인 원생생물계로 분류합니
다. 반면에 식물로 취급되었던 산호는 촉수로 잡아먹은 먹이를 강장에서
소화하고 배설하는 것이 밝혀져 현재는 동물로 분류되고요. 다만 산호는
신경이 없어서 통증을 느끼지 못합니다. 바닷물의 흐름을 따라 수동적으
로 움직이는 해파리 등과 함께 자포동물로 분류되죠.

결론적으로 우리가 생물을 동물과 식물로 구분하는 이분법적 시각은 현
실의 환경을 반영하지 못한다는 걸 알 수 있습니다. 생물의 세상은 이보다
더 복잡하니까요. 진화는 우연한 방사 과정이기 때문이죠. 생물체의 각 기
관과 기능의 분화가 단일한 법칙이 아닌, 수많은 경향성에 따라 무작위로
이뤄져 왔다는 것입니다.

13 ___

동물 그리고 여성
_혐오의 사슬

1792년 영국에서 『여성 권리의 옹호^{A Vindication of the Rights of Woman}』라는 제목의 책이 출판됐어요. 이 책은 '현대 페미니즘의 기원'이라고도 불리죠. 저자인 영국의 작가 메리 울스턴크래프트^{Mary Wollstonecraft}는 '여성도 남성과 마찬가지로 교육을 받아야 한다'고 주장했답니다. 그 당시만 해도 낯선 이야기였죠.

이 책에서 메리 울스턴크래프트는 남성에게 사랑받는 게 전부인 여성의 덕목을 비판했습니다. 남성은 자신을 계발하며 사회에 유능함을 자랑하는 게 덕목이라면, 여성은 유순한 태도로 아름다움을 가꾸어 남성에게 사랑을 얻고 가정을 지키는 게 미덕처럼 여겨졌거든요.

울스턴크래프트는 여성도 국민교육을 받아 이성적으로 사고하고 독립적으로 삶을 꾸려 가야 한다고 했죠.

여성을 동물로 빗댄 철학자

그로부터 얼마 지나지 않아 『동물 권리의 옹호 A Vindication of the Rights of Brutes』(1792)라는 책이 익명으로 출판돼요. 책 제목에서 '여성'을 '동물'로 바꾼 걸 보면, 이 책은 누가 봐도 『여성 권리의 옹호』를 비꼰 듯 보였죠. 숨겨진 저자는 영국 케임브리지대학의 철학자 토마스 테일러 Thomas Taylor였어요. 그는 남성과 여성이 평등한 권리를 지닌다면, 개와 고양이가 인간과 평등해서는 안 될 이유가 뭐냐고 따졌습니다. 메리 울스턴크래프트의 책을 조롱한 거예요.

두 책이 출판된 18세기 말은 유럽 열강이 아메리카와 아시아, 태평양, 아프리카 등을 침략해 식민지를 세우던 시점이었습니다. 개척자를 빙자한 제국의 관료와 군대, 그리고 상사(商社)의 일원으로 파견된 유럽인들은 식민지 대중을 '계몽해야 할 대상'으로 여겼어요. 원주민을 '미개인'으로 인식하기도 했죠. 이러한 제국주의 권력의 최고봉에는 백인 남성이 있었습니다. 『여성 권리의 옹호』와 관련한 일화에서도 드러나듯, 여성은 제국주의 안에서도 주변부 인물일 뿐이었죠.

이렇게 근대 초기의 사람들은 '남성-여성', '백인-유색인', '제국-식민지', '인간-동물' 등으로 위계화하여 세상을 바라봤어요. 세계의 정점에는 신체와 정신이 건강한 백인 남성이 있으며 사다리 아래로는

비글호 항해에서 다윈 일행이 만난 티에라델푸에고의 원주민 삽화

흑인, 아시아 인, 여성, 장애인 등이 위치한다고 여긴 것입니다. 비글
호를 타고 탐험을 떠난 영국의 생물학자 찰스 다윈은 남아메리카 남

우리 안의 종차별주의

단의 섬 티에라델푸에고에서 한 원주민을 만난 뒤 이렇게 썼죠.

> 그것은 분명 내가 본 것 중 가장 기이하고 흥미로운 광경이었다. 그걸
> 보지 않았다면 야만인과 문명인의 차이가 얼마나 큰가를 믿지 못했을
> 것이다. 그것은 야생동물과 가축의 차이보다 훨씬 크다. 인간이 가진
> 개선의 힘(문명)은 동물보다 더 크기 때문이다. 이 세계를 샅샅이
> 둘러봐도 그보다 더 수준 낮은 인간은 발견할 수 없으리라.[80]

진화론자인 다윈은 인간을 포함한 동물 전반을 진화적 연속선상
에서 바라보는 맥락에서 이렇게 말했습니다. 그는 문명인과 야만인과
의 차이뿐만 아니라, 인간과 동물의 비슷한 점에도 주목하고 있거든
요. 하지만 다윈 또한 유럽인들이 대부분 가지고 있는 인종적 편견에
서 자유로울 수는 없었습니다.

스웨덴의 식물학자 칼 폰 린네가 분류학을 확립하면서 이러한 서
열화는 과학의 힘을 입어 체계적인 모습을 갖춰 나갔어요. 린네의 분
류학은 인간을 자연 안에 위치시키는 데는 도움을 주었지만, 인간을
동물보다 상위에 두고 인간 사이에서도 특성에 따라 위계가 있다는
관념을 강화했죠. 인간은 여전히 진화의 마지막 단계로 여겨졌고, 동
물은 고등동물과 하등동물로 나뉘어 진화의 사다리 아래쪽에 놓이게
되었습니다. 거리의 광인은 분리되어 정신병원에 강제수용됐고, 여성
은 가정에 머물러야 했으며, 식민지 국가의 남성은 값싼 임금의 노역

에 동원되었죠. 근대 시대의 규칙은 '분류하고 서열화하여 그에 합당한 대우를 하라'는 것이었습니다.

우생학과 결합한 육식주의

역사적으로 비인간동물 혐오는 여성, 장애인, 동성애자, 가난한 자, 백인이 아닌 사람 등 소수자와 약자, 그리고 인종에 대한 혐오와 엮여 있습니다. 특히 여성은 종종 비인간동물로 은유되기도 하며 차별적인 대우를 받아 왔죠.

미국의 페미니스트 캐럴 애덤스^Carol J. Adams가 쓴 『육식의 성정치』 (1990)는 서구 사회에서 여성과 고기의 관계를 문화적으로 분석한 책이에요. 애덤스는 이러한 관계의 기원을 그리스신화 '제우스와 메티스 이야기'에서 찾습니다. 천하의 난봉꾼 제우스는 지혜의 신 메티스를 범해 아내로 삼아요. 제우스는 메티스에게 '작은 짐승으로 변하기' 놀이를 하자고 제안한 뒤, 파리로 변한 메티스를 삼켜 버리죠. 제우스는 모든 신의 아버지, 즉 가부장적인 존재를 상징합니다. 메티스는 삼킴당하는 존재, 즉 동물과 고기를 뜻하고요.

여성의 몸은 동물의 신체인 고기로 은유되는 경우가 많았어요. 이를테면 성폭행당한 여성이 "저는 제 자신이 고깃덩어리 같다고 여겨졌어요."라고 말하는 것처럼요. 남성은 여성의 몸을 고기로 빗대어 말하는 일이 빈번했죠. 1960년대 미국에서 제작된 한 포스터는 이를 극단적으로 보여 줘요. 벌거벗은 한 여성이 남성성의 상징인 카우보이

'캐틀 퀸'(Cattle Queen)이라는 제목으로 알려진 1960대의 포스터(왼쪽). "스테이크를 맛없게 먹는 습관을 버리자."라고 쓰여 있다. 이 이미지는 캐럴 애덤스의 책 『육식의 성정치』 표지에도 쓰였으며, 1968년 애틀랜틱시티에서 열린 미스 아메리카 대회를 반대하는 시위에도 활용됐다 (아래).

모자를 쓰고 있습니다. 고기 부위별로 조각조각 나눈 표시가 온몸을 뒤덮고 있죠. 여성은 고기를 상징합니다.

고기는 성차별과 인종주의의 지표가 되기도 했어요. 19세기 후반 영국 전역의 식생활을 조사한 책에 따르면, '아버지는 고기를 먼저 먹었으며 여성과 아이들은 감자를 한입 물고 물끄러미 고기를 쳐다보았다'고 하죠.

캐럴 애덤스는 19세기 후반 미국의 신경학자인 조지 비어드[George M. Beard]의 연구를 소개하며 그 당시 사람들의 생각을 전합니다. 유럽 문화권의 식단에는 다른 문화권에 견줘 고기의 비율이 높았습니다. 영국인과 미국인은 '고기를 먹는다'는 사실을 자랑스러워했죠. 심지어 인간이 고등동물로 진화한 데에는 고기의 영향이 컸다며, 채식은 인류의 진화 정도를 낮추므로 고기 섭취량을 늘려야 한다고 생각했어요. 육식주의와 인종주의, 우생학적인 시선이 교묘하게 결합되어 있었죠. 비어드는 "쌀을 주식으로 하는 인도인과 중국인, 그리고 감자를 주식으로 하는 아일랜드 농민은 여전히 고기를 주식으로 하는 영국에 종속되어 있다"고까지 했답니다.

'동물판 N번방 사건'이 일어난 이유

다행히도 역사는 차별과 배제가 줄어드는 방향으로 전진하고 있어요. 1950년대까지만 해도 미국에서 흑인은 백인과 같은 장소에 머물 수 없었습니다. 버스를 타도 흑인 전용 좌석에 앉아 눈치를 봐야 했지요.

1955년 앨라배마주 몽고메리에서 로자 파크스[Rosa Parks]가 흑인 전용 좌석에 앉아 가고 있었습니다. 정거장에 멈추자 백인 여러 명이 한꺼번에 탔죠. 빈 좌석이 없자 버스 기사는 파크스에게 자리를 비워 줄

것을 요구합니다. 파크스는 이를 거부했고, 경찰은 그를 체포했어요.

그 뒤 마틴 루서 킹Martin Luther King Jr. 목사 등 불평등에 저항하는 사람들의 시위가 불같이 일었어요. 이것이 바로 그 유명한 '몽고메리 버스 보이콧 사건'입니다. 불과 60여 년 전에 일어난 일이죠.

얼마 전까지만 해도 사우디아라비아 여성은 선거를 할 수도, 선출직 공무원이 될 수도 없었습니다. 2015년에야 여성참정권이 인정됐거든요. 민주주의국가의 모범이라는 곳에서도 여성이 참정권을 행사한 지는 100년 정도밖에 되지 않았어요. 미국은 1920년, 영국은 1928년 들어서 여성에게 (남성과 동일한) 참정권이 생겼답니다. 참고로 사우디아라비아에서 여성의 운전이 허용된 건 2018년이었어요.

이러한 차별과 배제는 지금의 관점으로 보면 비상식적이지만 오랜 세월 당연한 것으로 여겨졌습니다. 사람들의 투쟁으로 법과 제도가 바뀌어 오늘날에 이른 것이죠. 하지만 아직도 해결해야 할 문제가 많아요. 아프리카와 중동 일부 국가에서 '여성 할례'라고 불리며 행해지는 여성 성기 훼손이 그렇습니다. 강간을 막거나 혼전 관계를 금한다는 이유로 어린이의 성기 일부를 절제하거나 봉합하는 행위가 합리화되고 있어요. 여성들은 통증과 출혈 등으로 평생 고통을 겪죠. 열악한 환경에서 시술이 이루어지다 보니 과다 출혈로 숨지기도 하고요.

대부분의 이슬람권 국가에서는 여성이 머리카락을 가리는 히잡을 착용해야 합니다. 아프가니스탄에서는 머리끝부터 발끝까지 검은 천으로 덮고 눈 부분을 얇은 천으로 가리는 옷인 부르카의 착용을 강제

해요. 민주주의가 안착된 나라와 달리, 세계 전체로 보면 성 평등이 여전히 비균질적이라는 사실이 드러나죠.

하지만 제도적 성 평등이 어느 정도 인정되는 나라라고 해서 안심할 수 없습니다. 여성을 이용하고 착취하고 모욕하는 문화가 여전히 존재하고 있으니까요. 2020년 한국 사회를 뜨겁게 달군 'N번방 사건'은 온전한 성 평등을 향해 아직 가야 할 길이 멀다는 것을 알려 줬어요. 이것은 텔레그램 같은 메신저 앱을 통해 피해자를 유인하여 성 착취물을 제작·유포한 사건이죠. 피해자 가운데 미성년자가 포함됐고, 꽤 많은 사람이 불법 촬영물을 돈을 주고 샀다는 점에서 더욱 큰 충격을 안겼어요.

이듬해에는 '동물판 N번방 사건'이 일어났습니다. 일부 사람들이 카카오톡 오픈 채팅으로 '고어 전문방'을 개설하고, 동물 학대 영상이나 직접 찍은 학대 장면을 공유했던 거예요. 동물보호단체인 동물자유연대에 따르면, 일부 참여자는 화살을 맞고 피 흘리는 고양이나 동물의 머리로 보이는 사체 일부를 담은 사진을 올리기도 했습니다. "남들을 고통스럽게 하는 것도 좋지만, 여자를 괴롭히고 강간하고 싶은 더러운 성욕도 있다"고 하는 등 여성에 대한 성범죄를 암시하는 말도 주고받은 것으로 확인됐고요. 동물자유연대는 이 사건을 두고서 "동물 학대의 저 어두운 심연에는 결국 사람에게도 고통을 가할 수 있는 악마적 폭력성이 내재되어 있음을 구체적으로 보여 주는 사례"라고 밝혔습니다.[81]

'동물판 N번방 사건'에 연루된 피의자를 처벌해 달라는 청와대 청원에 27만 명이 참여했다. 이 같은 높은 열기에 청와대는 동물 학대 범위를 확대하는 방안을 검토하겠다고 답변했다. 동물을 경시하고 착취하는 이들이 있지만 동물을 존중하고 보호하는 문화는 점점 우리 사회의 주류가 되어 간다.

비인간동물에 대한 당대의 태도도 하나의 문화라고 할 수 있죠. 문화를 떠받치는 두 가지 차원이 있습니다. 첫 번째 차원은 공식적인 법과 제도이고, 두 번째 차원은 언어예요. 농장, 도살장, 정육점, 동물원, 축산법, 동물보호법 같은 것들이 첫 번째 차원을 이루고, 동물을 부르는 방식과 관련한 것이 두 번째 차원을 형성합니다. 두 가지 차원이 동물에 대한 그 시대의 태도를 결정짓습니다.

캐럴 애덤스는 특히 언어의 중요성을 강조합니다. 동물을 예를 들어 볼까요? 동물은 인칭대명사 '그/그녀'(he/she)가 아닌, 지시대명사 '그것'(it)을 씁니다. 마치 인간은 동물이 아닌 것처럼 말이지요. 애덤스는 "it은 사람과 달리 동물의 살아 숨 쉬는 본성을 제거한 채, 죽은 사

물의 상태를 강조하기 위해 사용된다"고 꼬집습니다.[82]

고기도 '그것'(it)입니다. 당연합니다. 그런데 동물은 살아 있는 생명도 '그것'으로 지칭되고, 죽은 물건도 '그것'이라 불린다는 점에서 문제적입니다. 동물을 착취하는 지배적인 현실이 이렇게 언어를 통해 당연시되고 은폐됩니다. 동물을 경시하고 학대하는 문화가 확산하기 쉽겠지요.

혐오는 서로 배우며 번식한다

인간의 사고는 은유에서 자유롭지 않습니다. 인간에게는 하나의 개념을 다른 개념과의 유사성을 통해 이해하고자 하는 인지 기제가 있거든요. 캐럴 애덤스가 지적했듯, 여성을 고기로 은유하는 행위는 그래서 위험합니다. 혐오의 방식은 서로 배워 나가며 확산하고 강화되기 때문입니다. 폭력은 폭력을 낳습니다. 잔인함은 대상을 가리지 않고 확대되고요.

우리 사회는 여성을 비롯해 성 소수자, 장애인, 이주 노동자 등에 대해 그동안 눈감았던 차별을 성찰하고 폭력을 줄이기 위해 노력하고 있어요. 수백 년간 끔찍한 차별을 감내한 흑인들이 자주 하는 말이 있습니다. '백인들이 말하는 정의는 그들만의 정의'라는 것이죠. 동물도 약자예요. 동물도 이렇게 외치지 않을까요? "인간들이 말하는 정의는 인간들을 위한 것일 뿐이다!"

그래서 나온 게 '종차별주의' 비판입니다. 종차별주의는 인간이 비인간동물보다 더 큰 권리를 가졌다는 생각입니다. 현대인 대다수가 당연하게 받아들이는 관점이죠. 그런데 상식에 반기를 드는 이들이 나타났습니다. "내가 그의 이름을 불러 주었을 때 그는 나에게로 와서 꽃이 되었다"는 김춘수의 시구처럼, 동시대의 너무나도 당연한 생각을 '종차별주의'라고 호명함으로써 비로소 지배적인 세계관을 돌이켜 볼 수 있게 된 것입니다. 1975년에 『동물 해방』을 쓴 피터 싱어Peter Singer는 "자기가 소속되어 있는 종의 이익을 옹호하면서 다른 종의 이익을 배척하는 편견 또는 왜곡된 태도"[83]로 종차별주의를 정의하면서, 차별을 논하는 대상의 범위를 인간에서 비인간동물로 넓혔습니다. 20세기 초반까지 백인이 흑인이나 아시아인을 대하는 자세, 남성이 여성을 대하는 자세를 보면 사고와 윤리의 범위가 지금과는 확연히 차이가 날 정도로 백인 남성 중심의 틀에 갇혀 있던 것을 볼 수 있을 거예요. 역사는 기본권이 확장된 역사였습니다. 종차별주의 논증이 왜 논리적으로 합당한지는 4부에서 천천히 살펴보겠습니다.

여기, 당신을 속박하는 사슬이 있습니다. 개별적으로 보면 고리는 별것이 아닙니다. 그러나 다른 약자들의 고리들과 합쳐지면 강력한 쇠붙이가 돼요. 단단한 쇠붙이를 만드는 아교는 '누구는 우러러보고 누구는 경시하는' 우리의 태도 아닐까요? 우리 모두가 사다리에서 내려와 평등한 땅에 함께 서기를 기대합니다.

동물 해방을 위한
철학 수업

이번에는 동물 철학 이야기를 해 볼까 합니다. 사실 우리가 비인간동물을 보호해야 한다고 하면 직관적으로 옳다고 여겨요. 그런데 '왜?'라는 물음에 대답하기는 쉽지 않죠.

우리가 사는 근대는 항상 과학과 논리를 요구합니다. 과학은 이렇게 대답합니다. '동물이 고통받으면, 우리 또한 고통스럽기 때문이다(이 부분은 17장에서 다룹니다).' 철학에서도 지난한 논쟁이 있었어요. '도덕적 지위'와 '도덕공동체'라는 개념, 그리고 종차별주의 논증을 통해 14~15장에서 동물보호의 필요성을 논리적으로 짚어 보겠습니다.

동물을 해방하자는 운동엔 '동물복지'와 '동물권', 두 진영이 있어요. 동물복지는 동물 이용의 불가피성을 인정하고 고통을 줄이는 데 중점을 둡니다. 반면에 동물권은 동물 그 자체의 권리를 쟁취하자는 입장이에요. 동물복지 쪽이 현실론이라면, 동물권 쪽은 이상론이죠. 얼핏 둘은 대립하는 것처럼 보이지만, 현실의 운동 전략에서는 동물의 죽음과 고통을 줄이는 정도에서 차이를 보일 뿐 결국 동물복지로 수렴되는 경향이 있어요. 지금 당장 혁명이 일어날 수 없다는 건 동물권론자들도 잘 알고 있으니까요. 물론 농장동물을 구출하는 등 동물권에 입각한 행동주의의 전통은 계속 이어져 옵니다. 법률적으로 동물권에 입각한 흐름은 비인간인격체 운동인데, 이것은 16장에서 살펴보겠습니다.

14 ___

도덕공동체로
당신을 초대합니다
_ 동물의 도덕적 지위

　서울 경의선숲길은 옛 철도를 따라 공원을 조성한, 도심 안의 한적한 공간이에요. 그런데 2019년 7월 '자두'라는 이름으로 불리던 고양이의 사체가 끔찍하게 훼손된 채 경의선숲길 한구석에서 발견됐습니다. 범행 당시 현장이 찍힌 CCTV엔 한 남성이 독극물로 보이는 물질이 섞인 사료를 자두에게 주고, 이를 먹지 않자 자두를 집어 들어 바닥에 내동댕이친 뒤 발로 짓밟는 등 학대 행위를 벌이는 장면이 담겼죠. 이 사건이 세간에 퍼지면서 '자두를 잔혹하게 살해한 범인을 잡아 강력 처벌해 달라'는 청원이 청와대에 접수돼 21만 명이 서명하기까지 했습니다.

사람들이 제공한 사료와 물을 먹고 있는 길고양이 세 마리. 길고양이에 대한 인식은 온도 차가 심하다. 누군가는 이처럼 살뜰히 먹이를 챙겨 주며 돌보는가 하면, 누군가는 잔혹하게 학대한다.

경찰은 탐문조사를 벌여 범인을 붙잡았습니다. 평소 경의선숲길을 산책하던 범인은 길고양이가 갑자기 튀어나와 놀라곤 했는데, 사람들이 사료까지 주는 게 못마땅해 범행을 벌였다고 진술했죠. 이른바 '경의선숲길 고양이 학대 사건'으로 불린 그 사건에서 범인은 징역 6개월 실형을 선고받고 법정 구속됐어요. 동물 학대만으로 법정 구속에 이른 것은 이례적인 일이었습니다. 불과 얼마 전까지만 해도 '동물 때리면 감옥 간다'는 것은 상상도 할 수 없었으니까요.

인간은 지구의 VIP?

"돼지고기도 먹고 양념 치킨도 먹는데, 고양이를 때리고 죽인 것이 무슨 대수여서 사람을 법정 구속까지 하느냐"는 의견을 인터넷 기사 댓글로 볼 수 있었습니다. 우리는 이 주장에 대해 뭐라고 대꾸할 수 있을까요? 아마도 여러분 대다수는 "동물이 불쌍하니까 그래선 안 된다"고 말할 거예요. 아주 당연하면서도 직관적인 진리를 품은 '정답'입니다. 하지만 이것을 논리적으로 설명해 보라면 어떨까요? 쉽지 않겠죠. 아마 반대론자들은 딴죽을 걸어올 겁니다. "그렇게 불쌍하다고 하면서 왜 삼겹살이랑 양념 치킨을 먹는 건데?"

오스트레일리아 출신의 저명한 윤리학자 피터 싱어는 1975년에 기념비적인 저작『동물 해방』을 내놓았습니다. 이 책은 그동안 감정에만 호소하던 동물보호 운동에 철학적 근거를 제공하면서, 각국이 동물보호에 관련한 제도와 시스템을 갖추는 데 이론적 토대를 마련했습니다.

싱어는 먼저 '도덕적 지위'라는 개념을 제시합니다. 어떤 존재가 도덕적 지위가 있다면, 우리는 이 존재를 도덕적으로 고려해야 할 의무를 지닙니다. 좀 어려운가요? 이렇게 설명해 보죠. 인간에게는 도덕적 지위가 있습니다. 우리가 다른 사람을 발로 찬다면, 그것은 '도덕적으로' 옳지 않은 행동이라고 비난받게 돼요. 따라서 우리는 다른 인간에게 옳은 행동을 해야 하는 '도덕적 의무'가 있다고 할 수 있습니다. 반면에 돌멩이에는 도덕적 지위가 없습니다. 발로 차든 강으로 내던지든 돌멩이에 가한 행동을 우리가 도덕적으로 어떻다 판단하지는 않으니까요.

이렇게 도덕적 지위가 있는 존재들이 모인 무리를 '도덕공동체'라

고 부릅니다. 인간은 당연히 도덕공동체에 포함되겠죠. 그렇다면 경의
선숲길에서 학대받은 고양이 자두는 어떨까요? 양념 치킨이 되기 전,
한때 '살아 있는 존재'였던 닭은 또 어떨까요? 수족관에서 쇼를 하는
돌고래, 실험실에서 짧은 생을 마치는 쥐들은요? 고대 로마제국의 콜
로세움에서 수만 관중의 열광 속에 사자 밥으로 던져진 수많은 노예
는 또 어떻고요?

피터 싱어는 도덕공동체에 대한 역사적 분석을 통해 '인류사는 도
덕공동체가 확장하는 역사'였다고 말합니다. 고대 로마제국은 물론
상당수 사회에 노예제도가 있었죠. 불과 150여 년 전만 해도 북아메
리카 대륙은 노예를 값싼 노동력으로 이용해 경제발전을 일구었습니
다. 아프리카와 카리브해 연안에서 원주민을 데려와 감금하고 혹사하
며 물건처럼 사고팔았습니다. 이렇게 해도 사회적으로 비난받지 않았
죠. 어떤 사람들은 노예의 비참한 삶을 보면서 불편함을 느꼈지만, 아
무런 죄의식 없이 노예를 부린 사람도 많았거든요.

그러나 지금은 대부분의 사회에서 노예를 두는 일이 명백한 불법
행위이자 비도덕적인 행동입니다. 피터 싱어는 '인류의 역사를 보면,
애초에 모든 인간을 도덕공동체의 구성원으로 받아들이지 않았다'는
점을 강조해요. 지난한 투쟁이 시도되고 가까스로 성공하며 흑인, 여
성, 어린이, 장애인 등이 도덕공동체에 받아들여지게 된 것이죠. 나아
가 그는 주장합니다. '동물도 도덕공동체에 포함되어야 한다'고요.

문제는 '고통을 느끼는가'이다

도덕공동체에 포함되는 기준은 무엇일까요? 다시 말해 어떤 존재가 도덕적 지위를 갖는 걸까요? "오직 인간만이 도덕적 지위를 갖는다"고 말하는 이가 많겠지요. 그렇다면 한발 더 나아가 사고해 보도록 할게요. 대체 사람은 비인간동물과 무엇이 다르기에, 사람만이 도덕적 대우를 받는 걸까요?

사람은 복잡한 언어를 구사하고, 자의식과 높은 사고 능력을 지니며, 과거를 회상하고 미래를 예측할 수 있습니다. 물론 최근 들어 비인간동물에게도 비슷한 능력이 있다는 증거와 실험 결과가 속속 보고되고 있지만, 어쨌든 인간만이 그런 능력을 갖췄다고 전제한 뒤 논리를 전개해 봅시다. '인간만이 언어와 사고 능력을 지녔으니, 마땅히 도덕적 대우를 받아야 한다'고 말이죠.

그렇다면 '식물인간'을 떠올려 보세요. 호흡은 하지만 자의식조차 없어 보입니다. 이런 존재를 철학에서는 '가장자리 인간'(marginal human)이라고 부릅니다. 가장자리 인간은 말할 수 없고, 사고할 수 없으며, 주변 환경을 이해할 수도 없습니다. 어떤 비인간동물은 가장자리 인간보다 정신적 능력이 원활한 것으로 보이죠.

그렇다면 가장자리 인간은 비인간동물처럼 자의식과 언어, 사고 능력이 없으니 도덕적 대우를 받을 자격이 없을까요? 당연히 아닐 겁니다. 하지만 비인간동물은 도덕적 대우를 받는 대상에서 자연스레 제외됩니다. 이렇게 '인간만이 도덕공동체에 포함된다'는 주장은 가장

동물 해방을 위한 철학 수업

자리 인간의 사례에서 딜레마에 빠지고 말아요. 방금 한 철학적 사고 실험을 '한계상황 논증'이라고 합니다. 아직 그 어떤 가정도 한계상황 논증을 통과한 적은 없죠.

피터 싱어는 이 지점에서 공리주의 철학자인 제러미 벤담^{Jeremy Ben-}tham을 불러와 깔끔한 대답을 내놓습니다. 벤담은 1789년 펴낸 『도덕과 입법의 원리 서설』에서 다음과 같이 말했어요.

> 문제는 동물들에게 이성적으로 사고할 능력이 있는가,
> 또는 대화를 나눌 능력이 있는가가 아니다. 문제는 그들이
> 고통을 느낄 수 있는가이다.

인간을 포함한 상당수의 동물 종은 고통을 피하고, 먹고 자는 욕구를 충족하며, 새끼들을 보살피고, 다른 존재로부터 불필요한 간섭을 받지 않으려는 기본적인 이해관계를 갖습니다. 싱어는 '고통과 즐거움을 느끼는 능력'이 이런 이해관계를 갖기 위한 전제 조건이라고 보죠. 그리고 '감응력 있는 존재'(sentient being)가 도덕적 지위를 갖는다고 말하지요. 감응력(sentience)은 '쾌고(快苦) 감수 능력'이라고도 하는데, 고통이나 즐거움을 느낄 수 있는 능력을 뜻해요.

경의선숲길에서 동물 학대범에게 쫓겨 바닥에 패대기쳐진 고양이부터 도살장 앞에서 괴성을 지르는 돼지들까지 대다수 종은 고통을 느낍니다. 어떤 존재가 고통을 느낀다면 우리는 그들을 지나쳐서는

공장식축산 농장의 돼지, 젖소. 고통과 즐거움을 느끼는 동물들을 작은 곳에 가둬 놓고 고통을 준 뒤에 이용하는 것은 도덕적으로 옳을까? 피터 싱어의 질문이다.

동물 해방을 위한 철학 수업

안 되며, 고통을 일으키는 행위도 최소화해야 한다는 것이 싱어의 주장이에요. 공장식축산으로 사육되는 돼지, 18세기의 흑인 노예 모두 고통을 느끼는 존재죠. 인간을 포함해 고통을 느끼는 모든 존재에게 폭력을 휘둘러선 안 됩니다. 비도덕적인 행위이니까요.

식인종 외계인이 나타난다면?

사고실험을 또 하나 해 봅시다. 미래의 어느 날, 외계인이 지구에 침공합니다. 자원 고갈로 먹을 게 없어진 이들은 인간을 식량원으로 삼아 우리에 가둬 놓고 사육해 먹기 시작합니다. 여러분은 이 상황을 어떻게 생각하나요? 도덕적으로 옳은 일일까요? 만약 외계인이 인간에게 한 짓이 적절치 않다면, 인간이 비인간동물에게 하는 일도 옳다고 할 수 없겠죠.

고통 앞에서 모든 존재는 평등합니다. 따라서 누구에게든 고통을 주는 것은 비도덕적 행위예요. 과거 일부 사회에서 비난받지 않았던 '인종차별주의'나 '성차별주의'도 특정 무리에게만 도덕적 대우를 하는 행태였습니다. 이것을 동물로 확장해 볼까요? 피터 싱어는 '오직 인간만이 도덕적 대우를 받을 수 있다'는 주장을 가리켜 '종차별주의'라고 부릅니다. 솔직히 말해 이 주장은 '인간은 같은 종, 같은 편이기 때문에 도덕적으로 대우하고, 인간과 다른 종은 차별 대우하는 것'으로 보이죠. 감정적으로는 그럴듯해도 이성적으로는 통하지 않는 주장입니다. 싱어는 그 지점을 짚어 낸 거예요.

아리스토텔레스가 "동물은 인간을 위해 존재한다"고 말한 시대부터 지금껏 우리는 동물을 지배하며 이용하고 있습니다. 어떤 경우엔 그 과정에서 동물에게 극심한 고통을 야기했죠. 현대는 종차별주의가 극대화된 세상입니다. 지금까지 쭉 종차별주의가 있었지만 적어도 지금처럼 파괴적인 적은 없었어요.

현대 공장식축산 농장은 동물을 밀집 사육하며 기계로 찍어 내듯 고기를 생산해요. 우리가 먹는 치킨은 이미 과거 시골집 마당에서 자유롭게 구구대던 그 닭이 아니죠. 공장식축산 시스템의 양계장에서는 닭을 생산에 최적화한 배합사료로 재빨리 살찌워 도살합니다. 병아리를 계사 안에 4만~5만 마리 넣어 기르기도 합니다. 각각 가로세로 1m 크기의 공간에 20마리 정도가 살고 있는 꼴이죠. 닭의 기대 수명은 원래 10~15년이에요. 하지만 이들은 고통스러운 삶을 살다가 생후 한 달여 만에 도축되죠. 한국에서 2020년 한 해 동안 약 10억 7,000만 마리의 닭이 짧은 생을 마치고 고기가 되었습니다.[84]

돼지 농장에서 어미 돼지는 1년에 두 번씩 고기를 만들어 내는 새끼 돼지를 출산하고, 새끼 돼지는 부랴부랴 살을 찌워 6개월 만에 도축장으로 가서 고기가 됩니다. 어미는 다시 인공수정을 당하고, 114일의 임신 기간을 거쳐 분만 작업에 돌입하고, 다시 고기 만드는 기계가 탄생하고⋯. 이렇게 매끈한 컨베이어 벨트가 돌아가, 2020년 한 해 동안 돼지 1,833만 마리가 도축되었습니다.

몇 개의 사고실험을 진행해 봤습니다. 그 과정에서 '동물에게 고통

미국의 만화가 앤디 싱어Andy Singer의 만평 〈소가 사람 고기를 사다Cow Buys Human Meat〉 (2015). 소가 인간을 사육해 고기로 먹는다면 어떨까? 도덕적인 일일까? 이 그림은 우리가 '종차별주의' 시대에 살고 있음을 보여 준다.

을 주는 것은 비도덕적인 일'이라는 주장을 짚어 봤죠. 물론 동물의 고통이 '제로'가 되는 사회로 즉각 나아갈 순 없을 거예요. 약 1만 년 전 신석기시대가 개막한 이래로 인류는 동물을 가축으로 만들어 이용해 왔고, 거기에 기반한 인간의 문화가 쉽게 바뀔 리 없기 때문입니다. 그러나 불과 100~150여 년 전에 나타난, 공장식축산으로 대표되는 근대 이후의 '동물을 이용하는 산업과 문화'는 역사상 그 어느 때와 비교할 수 없을 정도로 동물들이 느끼는 고통의 총량을 대폭 늘린 게 분명합니다. 피터 싱어는 동물의 고통스러운 목소리에 귀 기울이라고 우리에게 호소하고 있습니다. 우리 주변과 자신을 돌아볼 때입니다.

동물 해방을 위한 철학 수업

15___

동물에게도 권리가 있을까?

_동물권 철학의 탄생

칠흑같이 어두운 새벽, 한 동물 단체 활동가들이 시골의 어느 돼지 농장에 들어갔습니다. 헤드랜턴을 차고 카메라를 든 그들이 침입한 곳은 어미 돼지들이 새끼를 기르는 종돈장이었죠.

어미 돼지는 '스톨'이라고 불리는 감금틀에 갇혀 누워 있었어요. 몸 돌릴 공간조차 내주지 않는, 철제 봉으로 사방이 가로막힌 곳에서 어미 돼지는 무기력하게 축 늘어져 누워 있었고 새끼들은 서로 질세라 어미젖을 빨았죠. 이 대열에 끼지 못한 채 멀찍이 쭈그려 앉은 새끼 돼지도 있었고, 일부 죽은 새끼들은 구석에 방치되어 있었답니다.

활동가들은 종돈장의 환경을 영상으로 기록한 뒤, 살아 있는 새

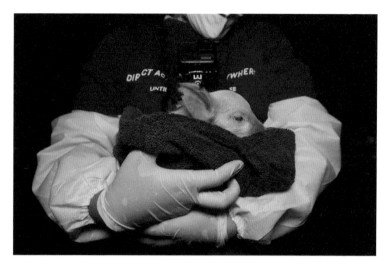

공개 구조 당시 활동가의 품에 안겨 있는 '노을이'의 모습. 구조 때부터 제대로 걷지 못해 병원에서 치료를 받았음에도 끝내 숨졌다.

끼 돼지 두 마리를 빼 왔습니다. 그리고 이들에게 각각 '새벽이'와 '노을이'라는 이름을 붙여 줬어요. 얼마 뒤 활동가들은 돼지들을 구조했다면서 이 과정을 담은 영상을 유튜브로 공개했죠. 이들은 동물해방을 위해 시민불복종 직접행동을 벌이는 디엑스이(DxE) 활동가들이었어요.[85]

구조와 절도 사이에서

디엑스이 활동가들의 행위는 구조일까요, 아니면 절도일까요? 농장주의 허락 없이 들어가 돼지를 가져온 게 확인된다면 불법이 맞습니다. 재판에 넘겨져 건조물 침입죄와 절도죄로 유죄판결을 받을 가능성이 크지요. 하지만 활동가들이 불법을 감수하면서도 이 일을 결행하고, 떳떳이 '구조했다'고 주장하는 이유가 있어요. 바로 돼지에게도 '권리'가 있다고 보기 때문입니다. 돼지를 가두고 도살해 먹는 것은 동물의 권리를 침해하는 일이라고 보기 때문이죠. 그들에 따르면 고기를 먹는 대부분의 사람이 비도덕적인 행위를 하고 있어요.

동물에게 권리가 있다는 '동물권리론'의 대표적인 인물이 미국의 철학자 톰 리건Tom Regan입니다. '동물은 왜 존중을 받아야 하는가?'라는 물음에 리건은 '동물은 태어날 때부터 본래적 가치(inherent value)를 지닌 존재이기 때문'이라고 대답하죠. 본래적 가치는 계약이나 합의를 통해 생기는 것도 아니고, 누군가의 평가로 인정받는 것도 아니에요. 태어날 때부터 자동으로 부여됩니다.

인간을 비롯한 많은 종의 동물이 저마다 욕구와 목표, 선호를 갖고 생활해요. 삶을 살아가는 동안 기쁨과 고통을 느끼며, 불안을 피하고 안정을 희구하는 등 다양한 상황을 경험하죠. 우리와 마찬가지로 비인간동물도 '삶의 주체'(subject of life)로서 살아가고 있는 거예요.

네덜란드 출신의 세계적인 동물행동학자 프란스 드발Frans de Waal은 자신과 반려견과의 일화를 소개합니다. 드발은 개와 숲길을 산책하곤 했어요. 공을 주워 오라며 시냇물에 던지면, 개는 뛰어들어 공을 주워 왔지요. 그런데 어느 날부터 개가 스스로 공이 시냇물을 따라 흘러가게 놔두고는, 미리 하류로 뛰어 내려가서 공을 기다리다가 다시 주워 오는 놀이를 하는 거예요. 이를 본 드발은 개가 미래를 예측하며 계획을 세운다고 말했습니다.

개는 자신의 삶에서 나름의 즐거움과 슬픔, 만족감과 열패감 같은 것을 느껴요. 개와 함께 사는 분은 어떤 말인지 이해할 겁니다. 위의 사례만 봐도 개 또한 삶의 주체임을 알 수 있습니다. 다만 그들은 두 발이 아닌 네 발로 걸으며, 인간과 비교할 수 없이 월등한 후각·청각을 갖췄다는 차이가 있을 뿐이죠. 감각기관이 고유하니 환경을 인식하고 이에 반응하는 인지 체계가 인간과 다르게 진화한 것이고요. 인간과 다르다고 해서 그들이 자신의 삶에서 주체가 될 수 없다고 단정할 수 있을까요? 너무 인간 중심적인 관점이죠. 다른 인지 체계 때문에 우리가 완전히 이해하긴 힘들지만, 삶의 주체로서 살아가는 동물에게는 본래적 가치가 있으며 이를 침해해서는 안 된다고 리건은 말합니다.

따라서 동물 윤리 문제는 우리가 동물을 친절하게 대하거나 동정심을 갖고 대하는 차원을 넘어 그 자체로서 정의에 관한 문제가 됩니다. 이 관점에 따르면 인간이 어미 돼지를 좁은 틀에 가둬 기르고, 태어난 지 3개월 된 새끼를 어미에게서 떼어 내 각종 사료로 살찌우고 6개월째에 잡아먹는 일은 도덕적이지 않습니다. 원래 돼지는 진흙에서 구르며 흙냄새를 맡고 어미의 보살핌을 받으면서 독립하는 존재니까요. 그래야만 즐거움과 성취감, 평안함 등을 느끼며 풍성한 삶의 주체로 살 수 있습니다. 그런 점에서 공장식축산과 육식 문화는 거대한 비도덕적 행위의 향연일 뿐이지요. 그래서 새끼 돼지를 종돈장에서 꺼내 오던 활동가들은 죄의식을 느끼지 않았을 겁니다.

동물 단체 활동가의 손에 구조된 이후 편안히 휴식을 취하고 있는 돼지 '새벽이'. 매일 코로 흙을 파고, 진흙 목욕을 하고 일광욕을 즐기는 돼지로서의 일상을 살아가고 있다.

채식해야 할 이유를 바라보는 두 가지 관점

톰 리건은 이러한 주장을 담아 1983년 『동물 권리의 옹호』를 펴냈어요. 동물권리론의 본격적인 이론서가 된 이 책은 사실 1975년 나온 피터 싱어의 『동물 해방』을 비판적으로 겨냥한 작업이었습니다.

『동물 해방』은 앞서 썼듯 우리가 동물을 바라보던 기존 관념에 혁명적인 전환을 불러일으키면서 20세기 동물권 운동을 촉발했습니다. 그의 주장을 톰 리건과 비교하여 살펴볼까요? 싱어는 우리가 동물을 존중해야 할 이유를 상당수의 동물 종이 인간과 마찬가지로 '고통을 느끼기 때문'이라고 말합니다. 고통을 느끼는 존재라면 도덕공동체에 포함해야 하고, 도덕공동체 안의 존재라면 우리가 평등하게 대해야한다는 거예요. 도덕공동체 안의 존재라면 그가 사람이 됐든, 비인간동물이 됐든 그 존재에게 고통을 가하는 행위는 비난받아야 해요. 가두거나 때리거나 해쳐서는 안 됩니다.

또한, 고통을 느끼는 존재라면 그 고통 역시 동등하게 취급되어야합니다. 적어도 인간 사회 안에서는 누구나 이에 동의할 겁니다. 예를 들어 부유한 사람과 가난한 사람이 똑같이 전염병에 걸려서 아파 죽을 지경이라고 해 보죠. 부자의 고통이 가난한 자의 고통보다 더 중하게 취급되어야 할까요? 그렇지 않습니다. 병원은 두 사람 모두 똑같이 대해야 할 의무를 지녀요. 이러한 원칙을 '평등의 원리'라고 부릅니다.

피터 싱어는 평등의 원리를 인간과 동물 사이에도 적용합니다. 인간과 동물 모두가 도덕공동체에 포함되기 때문에, 이 공동체의 구성원들(인간과 동물)의 고통은 동등하게 취급되어야 한다는 것이죠. 따라서 인간은 동물의 고통을 무시해서는 안 된다는 결론에 이르고요.

사실 피터 싱어의 철학은 '최대 다수의 최대 행복'을 표방하는 공리주의에 기반을 둡니다. 기존의 공리주의자들과 다른 점이라면, 싱어가 '최대 다수'에 인간뿐만 아니라 동물을 포함시킨 것이죠. 따라서 동물을 죽이는 행동은 이를 통해 개인 또는 집단 전체가 얻는 이득이 분명히 중요한 것일 때만 정당화될 수 있어요.

공장식축산 체제와 육식 문화는 어떨까요? 돼지와 닭 등의 동물을 좁은 곳에 가두어 키우는 것은 고통을 유발하는 행위입니다. 우리는 공장식축산으로 돼지고기를 값싸고 편하게 먹을 수 있게 됐지만 싱어는 육식을 통해 얻는 인간의 즐거움이, 돼지들이 고통을 느끼는 바에 비하지 못한다고 주장합니다. 싱어에게도 육식은 비도덕적인 행위일 뿐이에요.

흔히 톰 리건의 동물윤리 철학을 '동물권리론', 피터 싱어의 철학을 '동물해방론'이라고 부릅니다. 둘은 전통적으로 맞서 온 양 진영의 철학에 각각 발을 딛고 서 있어요. 리건의 동물권리론이 '의무론'이라면, 싱어의 동물해방론은 '목적론'이라 할 수 있거든요. 의무론은 결과와 상관없이 '행위 자체로' 옳고 그름을 판단합니다. 반면에 목적론은 '좋은 결과를 가져온다면' 그 행위를 옳다고 보죠. 이 때문에 목적론은 결과론이라고도 부르지요.

이해를 돕기 위해 예를 들어 볼게요. 내가 친구와 만나기로 약속한 상황입니다. 그런데 지금 나는 어떤 이유로 기분이 몹시 나쁜 상태죠. 친구를 만난다면 분명히 이 친구를 화나게 할 것이 뻔해요. 그때 의무론자와 목적론자는 각각 어떤 판단을 내릴까요? 먼저 내가 의무론자라면, 약속을 '했기 때문에' 약속을 지켜야 한다고 생각합니다. 반면에 내가 목적론자라면, 친구를 만난다고 한들 '화나게 할 것이 뻔하므로' 약속을 지키지 않는 게 도덕적이라 판단해요.

그렇다면 이런 경우는 어떨까요? 여러분이 이층집에 산다고 가정해 봅시다. 방은 2층에 있죠. 시험공부가 한창이던 어느 날, 어디선가 들어온 고양이 한 마리가 당신을 마구 괴롭힙니다. 화가 난 나머지 당신은 고양이를 창밖으로 집어 던져 버려요. 그때 리건과 싱어는 당신의 행동을 어떻게 바라볼까요? 먼저 리건은 당신이 '폭력을 행사했으므로' 이 행위를 비도덕적이라고 판단할 것이고, 싱어는 고양이에게 '고통을 줬기에' 당신의 행위가 비도덕적이라고 말할 겁니다.

마지막으로 한 가지 가정을 더 해 봅시다. 미래의 어느 날, 생명공학의 발달로 스트레스 호르몬인 코르티솔을 분비하지 않는 닭이 개발됩니다. 이 닭은 고통을 느끼지 않거나 매우 미미하게 느껴서 공장식 축산의 총아로 떠오르죠. 이런 상황을 본 동물권리론자는 여전히 닭을 가둬 키워서 잡아먹는 행위가 비도덕적이라고 비판할 것입니다. 삶의 주체인 닭의 권리를 앗아 가는 행위임에는 변함이 없으니까요. 하지만 싱어와 같은 동물해방론자라면 턱을 괴고서 깊은 생각에 빠질지도 모르겠네요. 닭고기를 먹는 사람들의 즐거움에 견준다면 무시해도 될 정도로 닭의 고통이 미미해졌으니까요.

'고통을 느끼지 않는 치킨'은 허무맹랑한 상상만은 아닙니다. 캐나다 출신의 작가 마거릿 애트우드Magaret Atwood는 소설 『오릭스와 크레이크』(2003)에서 이런 상황을 꽤 현실적으로 그리고 있죠. 이 책에는 '닭고기옹이'(Chickie Nobs)라는 유전자 변형 닭이 나와요. 엷은 누런색 피부로 뒤덮인 구근 같은 개체가 닭가슴, 닭다리를 여러 개 만들어 냅니다. 닭의 뇌에는 고통이나 기쁨 등 감정 기능은 소거되어 있고 오직 소화나 배설, 성장 등 신진대사 기능만 작동합니다. 사람들은 고통과 슬픔을 느끼는 닭의 고기 대신 닭고기옹이의 고기를 먹지요. 닭고기옹이가 현실이 될 경우 동물복지와 동물권은 새로 정의되어야 할지 모릅니다.

삶의 주체로서 권리를 빼앗기지 않을 권리, 고통당하지 않을 권리를 말했다는 점에서 리건과 싱어는 모두 동물권을 제시한 철학자예요. 하지만 오해해서는 안 됩니다. 이들이 말하는 동물의 권리는 사람처럼 교육받고 투표하는 적극적 권리가 아니거든요. 동물권은 타인의 해악으로부터 자유로울 소극적 권리입니다. 이를테면 농장의 돼지가 투표를 하여 자신들의 대통령을 뽑거나, 인간과 같은 환경에서 교육받을 것을 요구하지는 않습니다. 단지 그들은 예전에 누리던 방식대로 '고통 없이' '삶의 주체'로서 살아가길 원하는 것입니다. 좁은 공간에서 스트레스받아 다른 돼지의 꼬리를 물 정도로 열악한 환경에 감금당하지 않는 삶을 바라죠. 흙에서 자유롭게 구르고 안정감을 느끼며 새끼를 보살필 환경에서 사는 것이야말로 이들이 자연스럽게 삶의 주체가 되는 방식입니다.

수렵채집인은 비도덕적일까?

톰 리건에게 질문을 하나 던져 볼까요? 동물은 인간처럼 내재적으로 권리를 지니며, 그 자체로 존중받을 권리가 있다고 리건은 주장합니다. 그의 생각이 맞는다면 구석기시대 수렵채집인의 사냥 행위는 어떻게 봐야 할까요? 육식동물을 잡은 경우 그들이 자기방어적 차원에서 사냥해 고기를 먹었다고 하더라도, 온순한 초식동물을 잡아먹은 경우는 뭐라 말할 수 있을까요?

앞에서 이야기한 동물 단체의 돼지 구조 영상이 유튜브에 공개되자, 이에 대한 반작용으로 이른바 '안티 비건(vegan)•'을 표방하는 주장 또한 온라인에서 퍼졌습니다. 안티 비건들은 역사적으로 인간이 사냥하면서 고기를 먹어 왔으므로, 육식은 잘못이 아니라고 주장하죠. 오히려 동물 단체 활동가들의 행위가 '절도'로서 처벌받아 마땅하다고 지적합니다. 실제로 사냥과 육식의 역사는 호모사피엔스가 나타나기 이전부터 시작됐어요. 수백만 년 전, 인간과 침팬지의 공통 조상은 원숭이를 사냥했으며, 1만 년 전부터 인간은 동물을 길들여 사육하면서 잡아먹었죠.

우선, 안티 비건들의 주장은 전형적인 '자연주의의 오류'일 뿐입니다. 자연주의의 오류란 사실 명제(무엇이 어떠하다, 존재한다 등)를 근거로 해서 도덕적 가치판단의 명제(무엇이 옳다, 정당하다 등)를 끌어내는 논리적 오류를 말해요. 이를테면 '육아는 전통적으로 여성이 해 왔다'(사실)고 해서 '육아는 여성이 해야 한다'(가치판단)고 주장하는 건 도덕적으로 정당화될 수 없지요. 이와 마찬가지로, 역사적으로 인간이 사냥을 한 게 사실이라 해도 그것이 도덕적으로 옳은지는 전혀 다른 차원의 문제예

• 동물성 제품을 섭취하지 않는 식습관 및 신념을 비거니즘(veganism)이라 한다. 단순히 식습관에 그치지 않고 가죽 제품, 양모, 오리털, 동물 화학실험을 하는 화장품 등의 사용을 피하려는 적극적인 개념을 뜻하기도 하며, 이에 동의해 동물성 제품 섭취와 사용을 피하는 사람을 가리켜 비건이라고 부른다.

　　　　　　　　동물 해방을 위한 철학 수업

의회에서 '화장품 동물 실험 금지'를 촉구하는 멕시코 활동가들. 멕시코 상원은 다음 날 동물을 대상으로 한 화장품 실험을 금지하는 내용의 '일반건강법' 개정안을 표결할 예정이었다. 동물권 운동은 관련 정책에 변화를 가져오고, 궁극적으로 동물 존중 문화의 확산으로 이어져야 한다.

요. 한때 보편적이었던 일이 지금은 비도덕적인 평가를 받는 경우는 이 밖에도 많습니다. 도덕과 윤리가 문화와 시대 속에 갇혀 있기 때문이죠.

하지만 '수렵채집인은 비도덕적일까?' 하는 질문과 '유구한 인류의 육식 문화가 무슨 잘못이냐'는 안티 비건의 사례는 우리에게 중요한 생각거리를 던집니다. 정치적으로 옳고 근본적인 주장이 오히려 반대 목소리를 키울 수 있다는 점을 보여 주니까요. 비인간동물을 지배하는 것은 개별적 행위의 선악 문제이기도 하지만, 동시에 문화의 문제이자 체제의 문제, 곧 역사의 문제이기도 해요. 그래서 다루기가 까다

롭습니다. 고기를 먹는 누군가를 비난한다고 해서 곧바로 해결될 문제도 아니고, 그렇다고 주류 문화를 의식하다가는 동물의 권리를 영영 저버릴 수도 있거든요. 개인과 문화, 두 가지 차원을 균형감 있게 인식해야 합니다.

칸트가 말한 동물의 '간접적 지위론'

우리는 왜 비인간동물을 보호해야 할까요? 사실 환경과 동물을 10년 넘게 취재해 온 저로서도 쉽지 않은 질문입니다. 아마도 동물에게 좀 더 나은 삶의 환경을 제공해 주는 것이 우리가 직관적으로 옳다고 생각하기 때문일 겁니다.

18세기 영국에서는 윌리엄 호가스William Hogarth의 〈잔인함의 네 단계The Four Stages of Cruelty〉라는 판화가 아주 유명했습니다. 네 개의 연작으로 이뤄진 이 그림은 한 소년이 개의 항문에 꼬챙이를 쑤셔 박는 등 동물 학대를 하다가, 어른이 되어서는 범죄를 저지르고, 결국 처형당해 자신의 시신이 해부용으로 사용된다는 내용이죠. 당시 이 그림은 동물 학대에 경각심을 불러일으키기 위한 계도용으로 도시의 하층민들에게 널리 읽혔다고 해요. 그렇다면 250년 전 영국 사회가 동물을 보호하자고 한 이유는 무엇일까요? 그것은 바로 동물을 학대하는 자는 인간도 학대할 것이라는 믿음이 있었기 때문입니다.

철학자 칸트가 이런 입장을 대변합니다. 그는 주인에게 충성을 다한 개의 사례를 들죠. 주인이 더 이상 쓸모없어진 개를 총으로 쏘아 죽입니다. 우선 칸트는 주인이 개에 대한 의무를 다하지 않은 것은 아니라고 말합니다. (데카르트와 마찬가지로) 동물은 자의식이 없고 존엄한 존재가 아니기 때문

이라면서요.

하지만 칸트는 동시에 주인의 행동이 도덕적으로 옳지 못하다고 말합니다. 동물에게 잔인한 사람은 사람에게도 잔인할 것이고, 이런 사람이 많아지면 인간 사회에 초래할 파급 효과가 커질 것이라는 이유에서예요. 이와 반대로 동물을 보호하고 사랑함으로써, 우리는 자비심을 배우고 함양할 수 있고요. 그래서 칸트는 동물에게도 간접적으로나마 도덕적 지위가 있다고 봅니다. 그가 동물을 사랑하고 보호해야 한다고 주장하는 것도 이런 이유 때문입니다.

동물과 관련한 생각과 정책을 떠받치는 두 개의 기둥 중 하나인 칸트의 '간접적 지위론'은 동물에 대한 배려가 결국 더 나은 인간 사회로 귀결된다고 봐요. 제도적으로는 동물 학대를 처벌하는 주요 논거가 되죠. 대표적

동물 해방을 위한 철학 수업

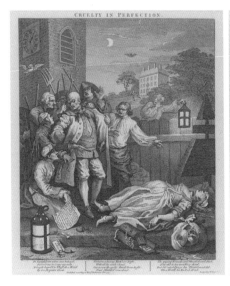

윌리엄 호가스의 〈잔인함의 네 단계〉

인 것이 어려서 동물 학대를 한 사람이 커서도 범죄를 저지를 가능성이 높다는 주장이에요. 실제로 연쇄살인범에게 이러한 경향이 발견되어, 미국 연방수사국(FBI)은 범죄자 신상명세(NIBRS, 국가사건기반보고시스템)에 동물 학대 전력을 기록하고 있죠.

칸트와 달리, 앞서 14장과 15장에서 살펴본 동물권 철학자들은 동물에게 '직접적인 지위'가 있다고 봅니다. 제러미 벤담에서 시작해 피터 싱어에 이르는 공리주의자들은 동물이 고통을 느끼기 때문에, 톰 리건 등 동물권 론자들은 동물이 삶의 주체로서 삶을 향유할 내재적인 권리가 있기 때문에 직접적인 지위가 있다고 보는 것이죠.

16 _____

침팬지의 인신 보호를 신청하다
_비인간인격체 운동

지라 박사: 박사님께 묘기를 보여 드려. 말해, 어서 말해 봐.

(철창 안의 우주 비행사 조지 테일러가 성대가 다친 상태에서 말하려고
노력한다.)

지라 박사: 어때요? 놀랍죠?

제이우스 박사: 인간이 유인원처럼 행동하다니 우습군.

지라 박사: 제이우스 박사님, 인간이 지금 대답하는 거예요. 대단한
친구예요. 담요를 옷처럼 입었어요.

제이우스 박사: 당신을 흉내 내는 것일 뿐이오.

지라 박사: 손가락을 쓰는지 한번 실험해 보시겠습니까?

〈혹성 탈출〉의 한 장면. 인간과 침팬지의 처지가 뒤집힌다면 어떻게 될까? 인간은 철창 안에 갇혀 있고, 침팬지는 인간을 연구한다.

제이우스 박사: 인간이?

지라 박사: 봐요. 손가락을 움직여요.

제이우스 박사: 그냥 당신을 따라 하는 것뿐이라니까요.

도무지 의미를 알 수 없는 이 대화는 영화 〈혹성 탈출Planet of the Apes〉(1968)에 등장해요. 영화는 우주 비행사 조지 테일러(찰턴 헤스턴 분)가 항로 이상으로 이름 모를 행성에 불시착하면서 시작됩니다. 그곳은 유인원이 인간을 지배하는 '유인원 행성'(planet of apes)이었어요. 침팬지, 고릴라, 오랑우탄이 지배계급을 이루고, 인간은 노예로 살아가고 있죠. 언어를 잃어버린 지 오래된 인간은 무지하고 수동적인 '동물'과 같은 존재일 뿐이고요.

인간 행동을 연구하는 젊은 여성 침팬지인 지라 박사(킴 헌터 분)는 이런 체제에 비판적입니다. 어느 날 그의 눈에 띄는 신기한 생명체가 있었는데, 바로 조지 테일러였어요. 테일러는 불시착한 행성에서 헤매다가 유인원들에게 포획되어 철창에 갇힌 신세였지요. 침팬지 지라 박사는 인간이 말할 줄 안다고 신기해하며 과학기술부 장관 격인 제이우스 박사(모리스 에번스 분)에게 보여 줍니다.

하지만 제이우스 박사는 인간 행동을 연구하는 것은 쓸데없는 짓이라며 무시해 버려요. 앞서 인용한 영화의 한 대목처럼 말이지요. 그리고 지라 박사에게 이렇게 충고합니다.

"지라 박사, 이 인간은 당신을 따라 하는 것뿐이오. 내가 경고하는데,
이 동물들은 뇌 시술을 받는 실험 대상에 불과합니다. 언제 당신에게
인간 행동을 연구하라고 했소? 인간을 연구해 봤자 우리 유인원의
본성을 아는 데 득될 게 없어요. 인간은 숲속에서 먹을거리를 몽땅 먹어
치우고는 농경지에 들어와서 농작물을 약탈했소. 모조리 없애는 게
상책입니다. 우리의 생존이 달린 문제예요."

이 얼마나 신랄한 풍자인가요? 마치 지금의 우리가 비인간동물을 기계 취급하는 것과 다를 바 없어요. 동물에겐 언어는 물론 자의식도, 생각도, 감정도 없다고 치부하는 사람이 어디 한둘일까요? 과학계는

꽤 오랫동안 동물에게는 '복잡한 정신 작용이 없다'는 선입견에 휩싸여 있었습니다. 〈혹성 탈출〉에서 인간 행동을 연구하려는 지라 박사에게 핀잔을 주는 학계의 원로처럼 말이죠.

불과 반세기 전까지만 해도 동물행동학은 제대로 된 학문으로 인정조차 받지 못했습니다. 동물은 먹이를 주면 환장하는 '자극-반응 기계'일 뿐인데, 뭐 하러 그들의 행동을 분석하고 정신 작용을 추측하느냐는 뿌리 깊은 편견이 과학계를 지배하고 있었던 겁니다.

침팬지에게는 자의식이 있다

과학계의 이러한 비뚤어진 사고는 1970년 미국의 비교심리학자 고든 갤럽Gordon G. Gallup에 의해 일격을 당했어요. 미국 뉴올리언스의 툴레인대학에 재직하던 그가 유아의 발달단계 연구를 검토하면서 '거울 실험'을 착상했거든요. 이는 거울에 비친 자기 모습을 인식하면 자아가 있다고 판단하는 일종의 테스트예요.

보통 사람의 아기는 두 살 무렵에 거울 속 이미지를 자신으로 인식해요. 그것은 곧 타인의 시선으로 자신을 볼 줄 알게 된다는 뜻이죠. 심리학자들은 이 현상을 자의식이 형성되어 가는 신호로 본답니다.

의식에는 두 가지 차원이 있어요. 주체가 '감각'으로 세계를 경험하는 첫 번째 차원과 자신이 그런 경험을 하고 있음을 '인식'하는 두 번째 차원입니다.

예를 들어 볼게요. 여러분이 배가 고파서 사과를 훔쳤다고 해 봅시다. 이것은 의식의 첫 번째 차원에서 벌어지는 사건이죠. 사과를 보고 (시각) 만지고(촉각) 가져오는(운동) 데 신체감각이 동원되며, 이렇게 훔친 결과로 자기 주변의 세계가 바뀌는 것이니까요(경험을 통한 세계의 변화). 그런데 동시에 여러분은 사과를 훔치는 자신을 목격하고 의식합니다. 그러다 보면 다른 사람의 시선 때문에 사과를 그냥 두고 올 수도 있겠지요. 이것은 의식의 두 번째 차원에서 벌어지는데, 바로 자의식을 통해 작용해요. 자의식이 없다면 우리는 조건반사적으로 반응해 세계를 경험하는 자동기계와 같을 거예요.

갤럽은 거울 실험을 설계하여 동물에게 적용해 보기로 했답니다. 그는 인간과 유전자가 98% 이상 똑같은 침팬지를 거울 앞에 세우기로 했어요. 그 전에 한 번도 거울을 접해 본 적이 없는 침팬지들을 선발한 다음 실험을 시작했지요. 첫째 날, 침팬지들이 사는 곳에 거울을 걸어 놓자 침팬지들은 소리를 지르고 날뛰었어요. 거울 안의 침팬지를 다른 침팬지로 알고 위협하는 듯했죠. 실험 셋째 날이 되자 이런 행동이 부쩍 줄어들었습니다.

다섯째 날, 이윽고 기다리던 행동이 나타났어요! 침팬지들은 거울 앞에서 이빨에 찌꺼기가 끼었는지 확인하거나 코딱지를 파서 없앴답니다. 어떤 침팬지는 입으로 부그르르 거품을 만들어 보이기도 했고요. 허리를 구부려 자신의 항문과 생식기를 관찰하는 침팬지도 있었습니다(침팬지의 항문과 생식기는 잘 보이지 않는 곳에 위치해 있거든요). 분명 거울 속 이미지가 자신이라는 것을 아는 듯 했죠.

〈혹성 탈출 3: 제3의 인류〉(1971)에 출현한 침팬지 '켈리'. 납작하고 펑퍼짐한 코를 오똑한 모양으로 특수 분장했더니, 영 어색한지 자신의 모습을 거울로 들여다보고 있다.

갤럽은 실험 결과를 좀 더 분명히 하고 싶었어요. 그래서 침팬지들을 마취시킨 뒤, 눈썹과 귀 등에 빨간 물감을 칠했습니다. 침팬지는 깨어나서 어떻게 반응했을까요? 당연히 거울 앞에서 자신의 모습을 보고는 빨갛게 칠해진 부분을 쓱 만졌죠. 1970년, 갤럽은 과학 학술지 《사이언스》에 「침팬지: 자의식」이라는 논문을 실었습니다.[86] 그러고는 선언했어요. "침팬지에게는 자의식이 있다!"

이 논문은 심리학계는 물론 대중에게도 많은 영향을 끼쳤습니다. 인간만의 소유로 여겨졌던 자의식을 동물도 가지고 있다는 증거였으니까요. 데카르트 말대로 동물은 더는 의식이 없는 기계가 아니며, 오히려 세계를 경험하며 끊임없이 자신과 타자와의 관계를 의식하는 자의식적 존재라는 걸 일반인들이 확인하게 된 거죠.

과학자들의 추가 연구가 이어졌습니다. 해양 포유류를 연구하는 다이애나 리스^{Diana Reiss}와 로리 마리노^{Lori Marino}는 2000년 미국 뉴욕수족관 수조 안에 1m 크기의 거울을 설치했어요. 돌고래는 자신의 눈 위에 그려진 표식을 좀 더 잘 보기 위해 거울 앞에서 이리저리 몸을 돌리거나 고개를 끄덕거렸죠.[87] 이런 연구를 통해 2006년에는 아시아 코끼리가, 2008년에는 유라시아까치가 거울을 통해 자신을 인식한다는 사실이 밝혀졌답니다.

비인간인격체의 자유

최근 미국과 유럽의 학계와 시민 단체에서는 '비인간인격체'(nonhuman persons)에 대한 논의가 활발하게 전개되고 있어요. 비인간인격체는 생물학적으로 인간과 다르지만(nonhuman, 비인간), 자의식과 복합적인 의사소통 능력 등 인간만이 독점적으로 지녔다고 여겨지던 특성(personhood, 인격체)을 일부 동물 종이 공유한다는 주장입니다.

거울 실험은 일부 동물이 비인간인격체라는 근거로 자주 등장합니다. 거울로 자신을 볼 줄 안다는 것은 자의식이 있다는 증거이고, 자의식은 곧 고차원적 사고와 추상 능력의 주춧돌이기 때문이에요. 거울 실험을 '통과'한 침팬지와 고릴라, 오랑우탄 등 대형 유인원과 돌고래와 코끼리, 유라시아까치 등 일부 조류가 비인간인격체에 해당한다고 보지요.

동물 해방을 위한 철학 수업

비인간인격체라는 개념을 법정으로 가져가 동물에게 '법인격'(法人格, legal person)을 부여하자는 시도도 나오고 있어요. 대부분 나라의 법률에서 동물은 그저 '물건'으로 취급되고 있거든요. 이는 곧 동물이 누군가의 소유물일 뿐, 자신만의 배타적 권리는 없는 존재란 의미입니다. '야생동물보호 및 관리에 관한 법률'이나 '동물보호법'을 들여다보아도 마찬가지예요. 학대를 금지하고 보살핌에 대한 의무를 강조하고 있지만, 어디까지나 수동적으로 보호'받는' 대상으로 동물을 바라볼 뿐입니다.

미국의 변호사인 스티븐 와이즈Steven M. Wise는 비인간인격체 운동의 선두에 선 사람이에요. 와이즈는 동물의 권리능력을 인정하고 그들에게 법인격을 부여하는 방향으로 법이 개선돼야 한다는 신념을 가졌죠. 그는 1996년 '비인간권리프로젝트'(Nonhuman Rights Project)라는 단체를 창설하고 동물의 법적 권리를 쟁취하는 싸움에 들어갔습니다.

와이즈의 전략은 동물에게 '인신보호영장'(habeas corpus, 헤비어스 코퍼스) 청구소송을 제기하는 것이었어요. 인신보호영장은 자기 의지에 반해 구금된 구속자를 석방하게 하는 영장으로, 법원이 이를 받아들이면 해당 인물은 구금에서 풀려나죠. 사람과 같은 법인격체는 신체의 자유가 있으니까요(본인 의지와 상관없이 정신병원이나 집단 수용 시설에 격리된 사람이 그 예가 될 거예요)!

이와 같은 맥락에서 비인간인격체 주창자들은 대형 유인원처럼 적어도 과학적으로 자의식의 존재가 증명된 종에게는 태어났을 때부터 신체의 자유가 있다고 보았습니다. 그러니 사람과 마찬가지로 인신보호영장을 통해서 '구금된 동물의 자유'를 쟁취하겠다고 접근한 것이죠.

와이즈는 2013년부터 세 건의 인신보호영장 청구소송을 제기했어요. 대학 실험실과 개인이 운영하는 사육 시설에 사는 침팬지 네 마리가 대상이었습니다. 미국 뉴욕의 한 트레일러 판매점 내 철창에 갇혀 있던 침팬지 '토미', 과거에 배우였지만 조련사의 학대로 청각장애가 생긴 침팬지 '키코', 미국 뉴욕주립대학 스토니브룩캠퍼스 해부학과의 실험용 침팬지였던 '허큘리스'와 '레오' 등이었습니다.

와이즈는 재판에서 침팬지가 얼마나 학대당하고 열악한 시설에 있는지 등 동물복지 문제에 초점을 맞추지 않았어요. 그 대신 '침팬지에게는 태어났을 때부터 구금되지 않을 생득적 권리가 있다'는 점을 내세웠답니다. 또한 침팬지 같은 비인간인격체는 자의식뿐만 아니라 높은 차원의 의사소통 능력을 지니고 있으므로, 구금될 경우 정신적·신체적 고통이 크다는 점을 강조했어요. 따라서 침팬지들을 플로리다주에 있는 침팬지 생추어리로 보내 자유로운 삶을 누리게 해야 한다는 것이 그의 변론 요지였습니다.

결과는 어땠을까요? 아쉽게도 와이즈의 소송은 모두 실패로 돌아갔어요. 담당 재판관들은 그의 인신보호영장을 모두 기각했죠. 동물을 권리능력 있는 법인격체로 인정한 판례가 없다는 점, 동물에게 권리에 수반되는 책임을 수행할 능력이 없다는 점, 동물들이 어느 정도

보호를 받는 다른 법 조항이 있다는 점 등이 이유였습니다. 다만 그의 취지에 대해 일부 공감을 보인 판사도 있었어요. 뉴욕주대법원 판사인 바버라 재피Barbara Jaffe는 이 소송의 역사적 취지에 공감하는 문장을 판결문에 남겼죠.

불과 얼마 전까지만 해도, 오직 재산을 소유한 백인 남성 시민만이 미국 헌법에 보장된 법적 권리 전체를 누릴 수 있었다. 비극적이게도 수정헌법 제13조●가 통과되기 전까지 아프리카계 미국인은 노예로 매매되었으며 권리가 (설령 있더라도) 거의 없는 재산으로 취급되었다. 여성은 결혼 후에는 남편의 재산으로, 결혼 전에는 가족의 재산으로 여겨졌고, 그들의 아버지, 형제, 삼촌, 남자 사촌들이 누리던 권리를 전혀 인정받지 못했다.[88]

స్టీ

스티븐 와이즈의 법률 투쟁은 지금도 진행 중이에요. 2017년에 그는 코네티컷주 이동 동물원(travelling circus)의 '미니', '뷸라', '카렌' 등 코끼리 세 마리의 인신보호영장을 청구했습니다. 이 코끼리들은 결혼에서 여흥을 돋우거나 광고, 영화 등에 나가는 동물들이었죠.[89]

● 노예제도를 폐지하고, 범죄자를 제외하고서 비자발적인 예속을 금지한 미국의 헌법 수정 조항으로 1865년 하원에서 통과되었다.

브롱크스동물원의 코끼리 '해피'가 아시아관 내부를 거닐고 있다. 비인간권리프로젝트는 말한다. "Happy is not happy."

스티븐 와이즈가 있는 비인간권리프로젝트는 "세 코끼리를 포함한 모든 코끼리는 기본권을 보장받아야 할 만큼 충분히 지적, 감정적, 사회적 능력이 있다는 연구가 있다"며 "이들을 법적으로 사물(thing)이 아닌 인격체(personhood)와 동일하게 간주해야 한다"고 주장했어요. 또한 세 마리의 코끼리를 감금 상태에서 해방해 캘리포니아주에 있는 야생 코끼리 안식처인 '아크 2000'으로 보내야 한다고 이 단체는 덧붙였습니다. 이들 코끼리는 모두 자연에서 태어나서 동물원으로 수입된

동물 해방을 위한 철학 수업

침팬지를 안고 있는 스티브 와이즈. 그의 침팬지 소송은 2016년 다큐멘터리 〈철창을 열고〉를 통해 널리 알려졌다.

지 30년 이상 지났어요. 한때 야생의 삶을 경험했기 때문에 구속 상태의 삶은 더욱 고통스러웠을 거예요. 비인간권리프로젝트는 뉴욕 브롱크스동물원에 사는 코끼리 '해피'의 소송도 진행하고 있습니다.[90] 해피는 실제 거울 실험을 통해 자기 모습을 인식한 코끼리이기도 하죠.

스티브 와이즈는 재판정에서 실패를 거듭하고 있지만 재판정 밖에서는 현실을 조금씩 바꾸고 있어요. 스티브 와이즈의 활동을 그린 다큐멘터리 〈철창을 열고 Unlocking the Cage〉(2016)가 주목받으면서, 사람들의 관심이 침팬지의 열악한 환경으로 옮겨 갔거든요. 허큘리스와 레오의 원 소유주인 루이지애나대학의 뉴이베리아연구센터는 두 침팬지와 함께 그들이 보유한 침팬지 220마리 모두를 조지아주에 조성되고 있던 침팬지 생추어리로 이주시키겠다고 발표합니다. 허큘리스와

레오는 2018년 그곳으로 가면서 자유를 찾게 되죠.[91]

동물 권리 운동의 최전선에서

비인간인격체 주창자들의 이야기는 언뜻 보면 급진적인 듯해도 현실에선 오히려 온건한 주장이라고 볼 수 있어요. (모든 동물이 아니라) 적어도 비인간인격체로 파악되는 동물에게만큼은 신체의 자유를 부여하자는 것이니까요. 즉 이러한 동물들을 실험용이나 전시·공연용으로 가두어 기르거나 번식시키지 말고, 자신들이 원래 살던 서식지나 생추어리에서 자유를 누리며 살 수 있도록 하자는 거죠.

앞으로 비인간동물은 법적 인격체로 보장받을 수 있을까요? 스티븐 와이즈가 뿌린 씨앗은 돌고래에서부터 싹트고 있습니다. 2013년 인도 환경산림부는 "비인간인격체로서 고유한 권리를 누려야 한다"며 돌고래의 전시·공연 투입을 금지했습니다. 영국에서는 이미 1990년대에 규제 강화로 돌고래 수족관이 자취를 감췄고, 2000년대 들어 칠레, 코스타리카, 크로아티아, 그리스, 헝가리, 인도, 스위스, 미국 캘리포니아주 같은 곳에서도 돌고래나 범고래 등 고래류의 공연을 금지하거나 감금된 기존 개체의 번식을 금지했죠. 프랑스 역시 2017년 시행령을 통해 돌고래의 수족관 내 번식과 추가 도입을 중지시켰고요.

사회문제를 해결하는 운동의 방식에는 마틴 루서 킹의 길과 맬컴 엑스Malcom X의 길이 있다고 봅니다. 마틴 루서 킹은 흑인 차별에 대항해 자유주의 성향의 백인들을 설득하고 그들과 함께 가는 방식을 선호했어요. 반면에 맬콤 엑스는 미국에서 흑인과 백인의 이해는 상충한다고 봤고, 흑인 해방과 흑인 공화국의 건설을 목표로 하는 급진적인 방식을 택했죠. 동물복지 운동이 전자라면, 동물권 운동은 후자라고 할 수 있어요.

그간의 동물보호 운동은 제도적으로 하나씩 바꾸어 내는 점진적 접근이 주류였습니다. 인간의 필요에 따라 동물을 이용하는 현 체제의 한계를 인정하고, 동물 삶의 질에 초점을 맞추는 '동물복지' 운동이라고 볼 수 있지요. 반면에 스티븐 와이즈의 비인간인격체 운동은 동물 문제를 법률적으로 일괄 해결하는 방식을 취하고 있습니다. 동물의 내재적 권리를 법률적으로 보장하려는 시도라는 측면에서 '동물권리' 운동의 최전선에 있다는 평가를 받지요. 아직은 그의 동물권리론이 법정에서 받아들여지기에는 우리의 문화와 사람들의 생각이 무르익지 않은 것이 현실이지만, 적어도 과학적으로 증명된 종에 대해서만이라도 법적 권리를 부여하자는 그의 외침이 절절하게 느껴지는 것은 사실입니다.

동물이 '물건'인가?

14장에서 언급했던 '경의선숲길 고양이 학대 사건'의 범인은 징역 6개월을 받았습니다. 그의 죄목은 무엇이었을까요? '동물보호법 위반 및 재물손괴죄'였어요. 어떻게 고양이가 '재물'이 될 수 있냐고요? 재물 맞습니다. 우리나라 민법 제98조는 '유체물 및 전기, 기타 관리할 수 있는 자연력'을 '물건'으로 규정하고 있는데, 비인간동물은 유체물(공간을 차지하고 있는 물건)에 해당돼요. 즉 비인간동물은 물건이라는 거죠.

비인간동물이 소유물이라는 인식은 가축이 나타났던 신석기혁명 이후 기저에 흐르고 있었어요. 물론 사육시대에는 동물을 사고팔기도 했지만, 농장에서 함께 사는 식구로 여겼기 때문에 이중적인 지위를 지니고 있었죠. 하지만 공장식축산이 전면화한 후기 사육시대에는 비인간동물이 지닌 상품(물건)으로서의 특성이 더 커졌다고 볼 수 있습니다.

우리나라 법무부는 2021년 7월 '동물은 물건이 아니다'라는 조항을 민법 제98조의 2에 신설한다고 입법예고했으며, 2022년 1월 현재 민법 개정안이 국무회의를 통과한 상태입니다. 우리나라보다 한발 앞선 나라들도 있어요. 독일과 오스트리아에서는 이미 민법상 동물은 물건이 아니라고 규정하고 있거든요. 비인간동물이 과거에 비해 특별한 지위를 얻게 된 것입니다.

비인간동물이 물건이 아니게 되면 앞으로 어떤 변화가 생길까요? 우선 재물손괴죄가 선고되는 판례가 사라질 거예요. 동물의 특별한 지위가 반영되어, 자신의 반려견이 교통사고를 당하거나 타인에 의해 학대당했을 경우 단순한 재물 이상의 더 큰 손해배상을 요구할 수 있을 것으로 보입니다. 어떤 사람이 자신 소유의 동물을 학대하는 상황인데도 행정기관이 소유권을 박탈하거나 분리 조처를 취하기 힘들었는데, 앞으로는 해결이 용이해지겠죠. 또 부부가 이혼하는데 반려동물을 서로 데려가겠다고 하면 어떻게 될까요? 기존에는 재산 분할의 측면에서 다뤄졌는데, 앞으로는 양육권 분쟁으로 다뤄질 가능성도 있습니다.

하지만 비인간동물을 물건이 아니라고 규정하는 것만으로 비인간동물에게 전면적 권리가 부여된 것은 아닙니다. 비인간동물은 여전히 현행 법 체계에서 '권리의 주체'가 아니라 '권리의 객체'로만 인정받기 때문이에요. 권리의 주체란 법에 의하여 법적 힘을 부여받는 특정인을 말해요. 자연인과 법인은 권리의 주체가 될 수 있는 자격, 즉 '법인격'(法人格, legal person)을 가지죠. 스티븐 와이즈가 침팬지의 인신보호영장 청구소송을 통해 인정받으려고 했던 것이 바로 법인격입니다. 반면에 권리의 객체는 법의 규정을 통해 힘의 대상, 혹은 이익 발생의 대상이 되는 것을 말해요. 물권, 채권 등 권리의 내용에 따라 그 대상이 다르죠(물권의 객체는 물건, 채권의 객체는 채무자의 행위).

따라서 비인간동물의 법적 지위가 물건과 분리되었다는 것은 이렇게 정리할 수 있습니다. '동물은 물건이 아니지만 여전히 권리의 객체로서 소유물이 될 수 있다. 하지만 생명이라는 점을 인정했다는 측면에서 비인간동물은 특별한 지위를 얻게 됐다.'

17 ____

공감한다, 고로 존재한다

_거울뉴런과 동물권

1990년대 중반, 이탈리아 파르마대학의 신경과학 실험실. 신경생리학자 자코모 리촐라티Giacomo Rizzolatti 박사가 이끄는 연구 팀은 물건을 집거나 움켜쥐는 행동이 두뇌의 어떤 운동신경세포(motor neuron)와 관련이 있는지 알아보기 위해, 마카크원숭이의 두뇌에 전극을 심어 놓고 실험을 하고 있었습니다. 연구는 순조롭게 진행되어 종착지를 곧 눈앞에 두고 있었지요. 마카크원숭이가 움켜쥐는 행동을 할 때마다, 'F5'라는 새겉질(신피질) 내 운동앞겉질(Premotor cortex, 전운동피질)의 운동신경세포가 몰려 있는 곳에서 신호를 보냈으니까요.

어느 날, 우연한 일이 벌어졌습니다.[92] 연구원 중 한 명인 비토리오 갈레세^{Vittorio Gallese}가 실험실을 지키고 있는데, 그가 무언가를 집으려 손을 뻗자마자 컴퓨터가 신호음을 보내는 거예요. 원숭이 뇌의 F5에서 나오는 신호였죠. 갈레세는 고개를 돌려 원숭이를 보았지만, 원숭이는 가만히 있었어요. 분명 F5 전극이 신호를 보냈다면, 원숭이 또한 무언가를 집거나 쥐어야 했죠. 참 이상한 일이었습니다.

두뇌가 명령하지 않아도…

그 당시만 해도 과학자들은 이 사실을 어떻게 설명해야 할지 몰랐습니다. 일반적으로 원숭이를 비롯한 인간의 뇌는 감각기관이 지각(知覺)하여 보낸 정보를 토대로 뇌가 '결정'해 행동으로 이어진다고 봤기 때문입니다. 말하자면, '지각→결정→행동'의 단계적 프로세스를 따른다고 생각했죠. 그런데 다른 누군가의 행동을 인지하는 것만으로 운동신경세포가 활성화될 수 있다니요?

이렇게 우연히 발견된 '거울뉴런'은 신경과학의 패러다임을 바꿨습니다. 거울뉴런은 내가 행동하지 않았는데도 그저 보거나 듣거나 상상하는 것만으로도 동일한 반응을 하는 신경세포(뉴런)입니다. 쉽게 설명하자면, 내가 직접 축구공을 차지 않았지만, '남이 축구공 차는 장면'을 봤거나 심지어 '축구공을 찬다'는 소리를 들었을 때에도 거울뉴런은 활성화됩니다. 전통적인 지각/행동의 이분법에 얽매여 있던 당시의 신경과학자들은 이를 쉽게 받아들일 수 없었죠.

그러나 관련 연구가 꾸준히 이어지며 뇌의 운동앞겉질 말고도 마

인간처럼 겔라다개코원숭이도 서로의 얼굴 표정을 흉내 낸다. 이탈리아 파르마대학의 신경과학자 피에르 페라리[Pier F. Ferrai]는 "인간이 아닌 다른 종들에게도 기본적인 형태의 감정이입이 존재한다"고 말한다.

루엽(두정엽)과 관자엽(측두엽)에서 또한 거울뉴런이 발견됐고, 이것이 원숭이뿐만 아니라 인간에게도 있다는 사실이 밝혀졌어요. 거울뉴런에 관한 연구는 활발하게 진행되어 지금은 신경과학, 심리학을 비롯해 철학, 그리고 인간과 비인간동물에 대한 이해에도 영향을 미치고 있습니다. 인도 출신의 세계적인 신경과학자 빌라야누르 라마찬드란[Vilayanur S. Ramachandran] 박사는 '심리학자들의 거울뉴런 발견'을 '생명과학에서 디엔에이(DNA)의 발견'에 비유했을 정도예요.

거울뉴런은 우리 몸에서 쉴 새 없이 일하고 있습니다. 서커스장에서 줄타기 묘기를 본다고 해 봅시다. 곡예사가 외줄에 올라서서 한 발짝 한 발짝 내디딜 때, 우리는 마치 곡예사가 된 것처럼 몸을 앞으로

동물 해방을 위한 철학 수업

기울이며 심장이 조여 오듯 긴장합니다. 누군가의 팔뚝에 주삿바늘이 꽂히는 장면을 영화에서 볼 때면 내 팔도 근질거리죠. 이처럼 상대방의 행동을 신경세포 수준에서 모방하는 거울뉴런은 신체 행동이나 감정의 모방으로 이어지는 최초의 출발점입니다.

여기서 중요한 사실은 거울뉴런이 '무조건 따라 하고 본다'는 것입니다. 신체적 연결이 먼저 일어나고, 이해가 뒤를 따르죠. 감정도 마찬가지입니다. 공감이나 동정은 '내가 그 사람의 상황이라면 어떻게 느낄까?' 하는 식으로, 의식적으로 재현하고 깊이 생각하는 데서 출발하지 않아요. 무의식적으로 신체 반응이 먼저 나오고 이후 그 사람의 자리에 자신을 밀어 넣어 생각하니까요.[93]

잔인한 '쥐 실험'과 고릴라의 '장례식'

1959년 미국의 심리학자 러셀 처치Russel M. Church는 지금 생각해 보면 매우 잔인한 실험을 하나 했습니다.[94] 먼저 첫 번째 단계로 그는 스위치를 누르면 먹이가 나오는 상자를 개발해 쥐를 집어넣었어요. 쥐는 이내 원리를 깨닫고서 먹이를 받아먹기 시작했죠. 이제 실험의 두 번째 단계입니다. 그는 바로 옆방에 다른 쥐를 집어넣은 다음, 이 쥐의 뇌에 전극을 삽입했습니다. 방과 방 사이엔 유리벽을 세워서 쥐들이 서로 볼 수 있게 했죠. 첫 번째 방의 쥐가 먹이를 받아먹기 위해 스위치를 누르면, 옆방의 쥐에게는 전기 충격이 가해졌습니다.

그런데 놀라운 일이 일어났어요. 아픔에 몸부림치는 옆방 쥐를 본

첫 번째 방의 쥐가 스위치 누르기를 스스로 관둔 겁니다. 이 실험을 두고 동물행동학자 프란스 드발은 "고통에 처한 다른 쥐의 모습과 소리, 냄새 때문에 쥐에게 본능적인 감정적 반응이 일어났다고 하는 것이 더 설득력 있을 것"[95] 이라고 말합니다. 쥐가 상대편 쥐의 입장에서 고통을 상상한 뒤 스위치를 누르지 않기로 결정한 이성적이고 순차적 과정이라기보다는, 그저 괴로운 모습을 보기 싫어서 나온 자동 반응에 가깝다는 얘기예요.

비인간동물도 공감을 합니다. 2004년 12월 8일 미국 일간지 《시카코트리뷴》에는 시카고 브룩필드동물원에서 살던 고릴라 '뱁스'에 관한 기사[96] 가 실렸습니다. 동물원 고릴라 무리 중에서 가장 영향력 있는 암컷이던 뱁스가 신장병으로 숨을 거두자, 사육사들은 그가 죽어 누워 있는 방의 문을 살짝 열어 뒀어요.

가장 먼저 뱁스의 아홉 살 난 딸 '바나'가 놀란 표정을 지으며 들어왔죠. 이후 뱁스의 어미인 마흔세 살 '알파'가 따라 들어왔고요. 그리고 '베타', '빈티 주아', '나다야', '쿨라' 등 동물원에 함께 있던 고릴라들도 죽은 뱁스를 보러 왔습니다. 딸 바나는 죽은 엄마의 머리맡에 앉아서 손을 잡고, 다른 손으로는 엄마의 배를 두들겼어요. 죽은 엄마 옆에 누워 팔 밑으로 들어가 안기기도 했죠. 다른 동료들도 차례로 다가와 뱁스의 냄새를 맡고 살짝 만지거나 입안을 살펴봤습니다. 마치 죽은 자에게 경의를 표하는 듯이요.

야생의 코끼리도 죽은 동료에 대해 특유의 의식을 치러요. 한 코끼

보츠와나 초베국립공원에서 아프리카덤불코끼리 무리가 죽은 동료의 사체를 둘러싸고 특유의 행동을 하고 있다. 코끼리는 인간과 함께 죽은 자를 기리는 추모 의식을 벌이는 동물 중 하나다.

리가 죽으면 죽은 동료의 사체를 여기저기 살피는 듯한 행동을 벌입니다. 흙이나 식물을 가져와 사체를 덮어 주기도 하고, 한적한 곳으로 사체를 옮겨 놓기도 해요. 유품을 간직하려는 건지, 죽은 동료에게서 어금니를 빼내는 행동을 하기도 하고요. 보통 새끼들은 죽은 엄마 주변에 오랫동안 머물면서 떠나지 않습니다.

범고래나 큰돌고래(병코돌고래)도 자식이 죽으면 사체가 가라앉지 않도록 계속 밀어 올리며 끌고 다닙니다. 특히 범고래의 경우 같은 무리의 고래들이 그 뒤를 따라 움직이곤 하는데, 어떨 때는 몇 날 며칠 이런 의식을 진행하죠. 어떤 때는 체력이 고갈된 어미를 대신해 다른 동료가 의식을 이어서 해 주는 것으로 보여요.[97] 미국 워싱턴주 앞바다에서 발견된 범고래 'J-35'는 2018년에 무려 17일 동안이나 죽은 새끼를 데리고 다닌 모습이 관찰되기도 했습니다. 이동 거리가 무려 1,600km에 이르렀다고 하죠.

이러한 비인간동물의 의식은 인간의 장례식과 무척 닮았어요. 미국의 동물학자 바버라 킹Barbara J. King은 이렇게 말합니다. "(인간 장례식과 비교하는 것을 두고) 인간중심주의라는 딱지를 붙일 필요는 없다. 애도와 사랑은 인간만의 특성이 아니다. 다른 동물들도 공유한다."[98]

종을 넘어선 공감

공감이 같은 종 사이에서만 이뤄지는 건 아니에요. 방금 언급한 시카고 브룩필드동물원의 '장례식'에 참석한 고릴라 가운데 '빈티 주아'가 있었습니다. 1996년의 어느 더운 여름날, 같은 동물원에서 벌어진 일입니다.

세 살짜리 남자아이가 7m 아래의 고릴라 사육장으로 떨어졌습니다. 고릴라 빈티 주아가 남자아이한테 다가갔습니다. 사람들은 기겁했죠. 고릴라가 아이를 해칠 것으로 생각했거든요. 그러나 우려와 달리 빈티 주아는 아이를 아주 조심스럽게 팔로 안았습니다. 그리고 바깥으로 통하는 문 앞으로 데려가 사람이 오길 기다렸죠. 동물원 사육사가 아이를 안전하게 인계받으면서 소동은 끝났어요.[99] 이 감동적인 장면은 지금도 동영상으로 볼 수 있습니다.[100]

다친 아이를 돌보는 일은 유인원에게도 자연스러운 행위입니다.

사람들은 왜 이런 사실을 몰랐을까요? 이런 행위는 대개 같은 종 안에서만 이뤄지긴 합니다만, 다른 종 사이에서 일어난다 해도 그리 놀랄 일은 아닙니다. 자신이 공격받는 상황이 아니라면, 상대방의 감정에 동조하는 일은 거의 자동적으로 이뤄지니까요.

개와 고양이는 인간과 감정적으로 가장 쉽게 동조되는 종이에요. 이들은 인간의 마음을 거의 본능적으로 알아차리고, 인간도 개와 고양이의 기분을 비교적 수월하게 읽어 냅니다. 당신이 기분 나빠하면, 당신이 키우는 개도 예민해집니다. 반대의 경우도 마찬가지고요. 인간과 반려동물이 공감한다는 건 명백한 사실입니다.

물론 우리(인간과 비인간동물 모두)가 항상 공감만 하는 것은 아닙니다. 서로 미워하기도 하고, 해코지할 때도 있죠. 다른 무리와 전쟁을 벌이는 침팬지들은 상대편의 골육을 먹기도 합니다. 만약 병원의 의사가 시도 때도 없이 환자에게 공감한다면, 정작 치료에는 집중할 수 없겠죠. 너무 고통스럽고 슬픈 나머지 아무것도 할 수 없을 테니까요.

그렇다면 공감을 어떻게 봐야 할까요? 이렇게 설명해 볼 수 있겠습니다. 공감은 거의 자동적인 반응입니다. 바람이 불면 돌아가는 풍속계처럼, 상황이 발생하면 자동으로 돌아가는 '공감의 모터'가 인간과 일부 동물 종에 자리 잡고 있습니다. 이들은 무의식적으로 다른 존재의 몸에 융합하고, 자신을 일치화하며, 따라 합니다. 비슷한 감정을 느끼고 공감하죠.

하지만 공감 모터가 언제나 돌아가는 건 아니에요. 바람이 불면 기본적으로 돌아가려는 성질이 있지만, 살짝 잡아서 멈추거나 덮개를 씌워 작동을 정지시킬 수도 있습니다. 의사가 직업적으로 냉정함을 유지하기 위해 진료 중에는 공감 모터를 꺼 두는 식으로요. 이데올로기나 사상, 혹은 담론이 마치 뚜껑을 닫듯 집단 수준에서 공감 모터를 덮어 버리는 경우도 있습니다. 유대인을 혐오하여 아우슈비츠로 보냈던 나치주의자들의 만행은 파시즘이라는 거대한 외투가 공감 모터를 덮어 버린 결과죠. 최근 사회에서 횡행하는 외국인 노동자를 향한 혐오 정서도 그렇고요.

그럼에도 불구하고 인간 대 인간, 생명 대 생명이 '계급장 떼고 만날 때' 공감 모터가 작동한다는 사실은 변하지 않습니다. '측은지심(惻隱之心)'이라는 말이 이를 잘 설명해 주죠. 인간은 전투 와중에도 피를 흘리고 고통을 겪는 적군을 부축하고 피를 닦아 주려고 합니다.

미국의 사회학자 제러미 리프킨은 제1차 세계대전이 한창이던 1914년 유럽 서부전선(프랑스-벨기에)에서 벌어진 '크리스마스 정전(停戰)'을 이야기하며 『공감의 시대』 서두를 엽니다.[101] 독일군과 영국-프랑스 연합군이 참호를 파고 평행 대치하던 상황이었습니다. 그런데 크리스마스가 되자, 양쪽의 병사들이 참호 밖으로 나와 음식과 선물을 주고받고 축구공까지 차면서 놀았다는 이야기죠. 지휘부의 명령은 아랑곳하지 않고 인간 대 인간으로 만나 평화를 나누었던 것입니다. 공감 모터는 개인의 마음속에 내재한, 바람에 흔들리는 작은 잎새일지 모릅니다. 하지만 세상을 바꾸는 강력한 모터가 되기도 합니다.

　　　　　　　　　　　　　동물 해방을 위한 철학 수업

당시 영국의 한 언론에 실린 크리스마스 정전 삽화. 영국군과 독일군이 참호와 참호 사이의 중간지대에서 만나 담소를 나누고 담배를 나눠 피우고 있다. 상부의 지시 없이 병사들은 잠깐의 평화를 누렸다.

사람을 만나러 오는 돌고래

오스트레일리아 서부의 중심 도시 퍼스에서 1,000km를 달려가면 샤크베이(Shark Bay)라는 멋진 바다가 나옵니다. 이곳에는 남방큰돌고래들이 찾아오는 신비로운 해변 멍키마이어(Monkey Mia)가 있어요. 매일 아침 8시, 돌고래들이 찾아와 인간을 만나고 가지요.

우연은 때로 큰 변화를 부릅니다. 1964년 멍키마이어에 사는 한 어부가 배를 타고 가는데 돌고래가 쫓아오기에 먹이를 주었습니다. 얼마 안 돼 해변으로 먹이를 먹으러 오는 돌고래가 생겼습니다. 이 사실이 전해지자 사람들은 돌고래를 구경하러 왔습니다. 야영장이 사람들로 빽빽해졌고 급기야 리조트가 들어섰지요. 돌고래의 야생성 훼손을 우려하는 목소리가 떠올랐습니다. 정부는 멍키마이어 해변을 보호 구역으로 지정했고, 먹이를 줄 수 있는 남방큰돌고래 개체와 급여 시각, 급여량을 규제했습니다. 1990년대부터는 보호구역 직원들만 먹이를 줄 수 있도록 했습니다.

재밌는 점은 돌고래가 인간을 만나러 오는 게 하나의 '문화'라는 점입니다. 샤크베이에 서식하는 돌고래는 3,000여 마리. 제가 2015년 방문했을 때 멍키마이어 해변에 찾아오는 돌고래는 네 마리였습니다. 각각 '서프라이즈', '퍽', '피콜로', '쇼크'라는 이름의 암컷들이었죠. 수십 마리의 돌고래들이 찾아왔지만 하나둘 죽고 사라지면서 이들만 남은 것이지요. 정부 또한 점차 먹이 급여 대상을 줄여서 예전부터 찾아오던 이 네 마리에게만 먹이를 줄 수 있도록 한 것이고요. 네 마리의 새끼들은 어미를 따라 이곳에 와서 인간을 만나게 됐습니다. 이제는 가끔씩 친구들이 이들을 따라 오기도 합니다.

돌고래들은 단순히 먹기 위해 이 해변에 방문하는 것이 아닙니다. 야생성 훼손을 막기 위해 생선은 정해진 암컷 네 마리에게 딱 6~8마리만 지급되거든요. 돌고래의 하루 섭취량이 8~10kg이니, 여기서 먹는 건 그저 '간식' 수준이라 할 수 있죠. 그럼에도 돌고래는 새끼를 데리고, 때로는 친구를 데리고 멍키마이어에 옵니다. 오는 날도 있고 안 오는 날도 있습니다. '퍽'이라는 돌고래는 자주 오긴 하지만 먹이는 잘 안 먹고 돌아가는 편입니다. 그러니까 돌고래들은 가끔씩 인간이 운영하는 레스토랑에 디저트를 먹으러 오는 '문화'를 가지고 있는 것

오전 9시가 되니 정확히 돌고래가 찾아왔다. 오스트레일리아 샤크베이의 돌고래는 자주 반복하는 특정 행동에 따라 집단을 분류할 수 있다. 그중에는 이처럼 인간을 찾아와 만나는 집단도 있다.

입니다. 문화는 세대를 타고 새끼들에게 '수직 전승'되고, 친구들에게 '수평 전파'됩니다.[102]

　샤크베이는 '돌고래의 곰베'로 알려진 곳입니다. 곰베는 동물학자들의 핫플레이스입니다. 침팬지가 도구를 이용해 흰개미를 잡아먹는 걸 보고, 세계적인 영장류학자 제인 구달Jane Goodall이 '유레카'를 외친 아프리카의 정글이죠. 샤크베이의 남방큰돌고래들은 해면류를 입에 물고 물고기를 꼬이게 해 사냥합니다. 도구를 이용하는 것입니다. 그런데 샤크베이의 돌고래 전체가 해면류를 이용하는 것은 아닙니다. 멍키마이어의 레스토랑 방문객처럼, 일부 집단만 해면류를 이용하는 문화를 가지고 있습니다.

문화의 행동학적 기원은 '따라 하기', 즉 모방입니다. 친구를 따라 하거나, 어미가 새끼에게 "이렇게 해 봐."라고 가르치면서 전승되지요. 대표적으로 아프리카의 침팬지 집단은 먹이와 관련한 다수의 문화가 존재합니다. 구달이 곰베에서 관찰한 동부 침팬지 집단●은 나뭇가지를 흰개미 굴에 넣어 낚시하듯 흰개미를 먹는 문화가 퍼져 있습니다. 반면에 일본의 영장류학자들이 관찰한 동부 침팬지 집단은 견과류를 돌로 깨서 먹는 문화가 압도적이지요. 114개 침팬지 집단에서 지금까지 문화적 행위라고 할 만한 31개 행위가 수집되었고, 인간 활동에 의해 침팬지의 문화적 다양성이 줄어들고 있다고 독일 막스플랑크 진화인류학연구소의 연구 팀이 밝힌 적도 있었어요.[103]

우리가 상대방과 신체를 맞추고 행동을 함께하면 유대감이 형성됩니다. 춤이 대표적이지요. 따라 하고 조율하면서 하나가 됩니다. 연인들은 같이 먹고 같이 걷고 같이 춤을 춥니다. 마치 하나가 될 것처럼요. 우리가 누군가에게 좋아하는 음악 장르와 밴드를 물어보았는데, 같은 취향이라는 걸 확인하면 형제자매 같다는 느낌이 듭니다. 콘서트장은 한 부류의 정체성을 갖는 거대한 집회장이죠.

문화는 특정 행동이 모방을 거쳐 만들어 낸 흐름이라 할 수 있어요. 세대와 민족, 종교로 묶인 사람들이 비슷한 문화를 공유하며 일치

● 현재 침팬지는 중앙아프리카침팬지(중부 침팬지), 서부아프리카침팬지(서부 침팬지), 동부아프리카침팬지(동부 침팬지), 나이지리아-카메룬침팬지 등 총 4가지 아종으로 분류된다.

동물 해방을 위한 철학 수업

감과 소속감을 느끼죠. 같은 집단일수록 공감의 깊이는 더 깊어집니다. 문화는 공감의 방향을 결정합니다. 이 문화의 최초 출발점에는 거울뉴런이 있지 않았을까요?

위대한 헌신보다 사소한 동정

21세기 들어 인간과 비인간동물의 문화는 또 다른 전환점을 맞고 있습니다. 지난 세기 공장식축산의 출현으로 인간-동물 관계는 왜소한 형태의 상품 관계로 환원됐지만, 이러한 은폐된 관계를 드러내면서 공존을 외치려는 움직임 또한 확산하고 있기 때문입니다. 탈(脫) 공장식축산의 전망을 갖고 비인간동물의 고통을 줄이려고 노력하는 기업, 일상에서 고기를 먹지 않겠다는 비건 등 고통받는 비인간동물의 자리에 자신을 밀어 넣고 공감하는 데서 출발한 시도들이 있습니다.

거울뉴런은 비인간동물을 보호하고 그들의 권리를 존중하려는 활동이 거창한 철학이나 위대한 헌신에 있다는 게 아니라는 사실을 보여 줍니다. 오히려 그 깊은 곳에는 남을 따라 하려는 인간의 본능, 그리고 생명 대 생명으로 고통을 감지하고 공감하려는 본능이 있다고 볼 수 있어요. 앞으로 동물권을 보호하려는 움직임은 다른 사람들에게 공감을 일으킬 것입니다. 그런 점에서 인간과 비인간동물의 관계를 비관적으로 보지 않아요. 우리의 신체는 연결되어 있기 때문입니다.

동물권에도
뉴노멀이
필요하다

'동물들은 왜 불행해졌을까?'라는 질문으로 책을 시작했습니다. 이제 갈무리할 때입니다.

우리 사회는 비인간동물에 대한 제도화된 폭력 위에 건설됐어요. 한편으로 반려동물과 야생동물, 그리고 농장동물과 실험동물 등에 대해 분할 통치가 이뤄져 왔고요. 어떤 동물은 천국에 살고, 어떤 동물은 지옥에서 허우적거리고 있죠. 동물행동학자 마크 베코프의 말입니다. "사람들이 동물을 대할 때 이중 잣대를 가지는 것에 관해서라면, '당신의 애완견에게도 그런 일을 하겠냐?'는 질문을 하고 싶다."

저는 이런 이중 잣대를 버리는 것에서 동물권을 향한 여정이 출발한다고 생각해요. 오늘 죽어 가고 있는 소와 돼지의 생명이 우리 집 개와 고양이와 똑같은 무게를 지녔음을 절감하고 행동하는 것이죠.

코로나19 대유행을 겪으며, 우리는 인간-동물 관계의 왜곡이 대재앙을 몰고 올 수 있음을 목도했습니다. 근본적 해결책은 '뗏목의 문명'으로 우리 삶을 바꾸는 것이겠지만, '크루즈선 문명'의 안락함도 버리기 쉽지 않은 게 현실이죠(18장). 그럼 문명에 대한 '일시정지' 버튼을 눌러 보는 것은 어떨까요(19장)? 작은 나침반을 얻게 될지 모르거든요. 식단에서 고기의 비중을 조금 줄이는 것만으로 '혁명적 변화'를 기대할 수도 있을 겁니다(20장).

18 ___

인간들만의
'사회적 거리 두기'
_팬데믹과 공장식축산

　2019년 12월 중국 우한에서 처음 발생했다고 보고된 코로나 19(COVID-19) 바이러스의 세계적 대유행(팬데믹)이 지금까지 이어지고 있습니다. '코로나 바이러스'는 바이러스의 가장자리가 태양 표면에서 불타오르는 대기층인 '코로나'처럼 생겼다고 해서 그렇게 이름 붙여졌어요. 기원전 8000년경에 나타났을 것으로 추정되는 이 바이러스는 박쥐, 새, 소, 말, 개, 인간 등이 걸리며 수많은 변종이 있는데, 또 다른 변종이 발생하여 전 세계를 휩쓴 것이지요. 정확한 명칭은 '사스-코로나 바이러스2'(SARS-Cov-2)입니다(2003년에 유행하던 '사스-코로나 바이러스'와 여러모로 비슷하거든요). 이 신종 바이러스는 이전에 볼 수 없었던 빠른 속도로 확산했습니다. 사람에게 일반적인 감기 증상을 일으키던 기존 코로나 바이러스와 달리, 중증으로 이어지거나 사망에 이르는 경우도 많았고요. 2021년 12월 현재 확진자 2억 7,700만 명에 사망자는 538만 명에 이르렀지요.

어떤 동물이 코로나19에 걸리나

이 신종 바이러스는 박쥐로부터 기원해 천산갑 같은 중간숙주를 거쳐 사람에게 왔다고 알려져 있죠. 사람이라는 숙주를 타고 가장 활발하게 이동하며, 사람을 가장 잘 감염시켜 기침, 콧물, 폐렴 같은 임상 증상을 일으키고요.

그런데 코로나19 바이러스가 사람뿐만 아니라 비인간동물에게도 이런 영향을 미친다면 정말 큰일이겠죠? 동물이 피해받는 것은 물론이고, 바이러스가 동물에서 과다 증식하여 다시 더 많은 사람으로 전파돼 피해를 키울 수도 있으니까요.

세계적 대유행의 기미가 보이자 과학자들은 서둘러 코로나19 바이러스가 어느 종에 감염력이 있는지 연구했어요. 인간과 접촉 빈도가 높은 동물에게 인위적으로 바이러스를 투입하는 실험을 벌인 거죠.[104] 이것을 '바이러스 감수성 실험'이라고 하는데, 실제 인위적으로 투입된 바이러스가 대량 증식하며, 질병을 일으키는지 보는 거예요. 동시에 세계 각지의 동물 병원이나 동물원 등에서 관련 증상에 대한 보고가 있는지를 살펴보았습니다. 두 가지가 모두 확인돼야 코로나19

바이러스가 실험 대상 종을 비롯해 다른 생태계 구성원에게 영향을 미친다고 볼 수 있지요. 그런데 바이러스 감수성 실험 결과, 우리 식탁에 오르는 소, 돼지, 닭, 오리 등 농장동물은 코로나19 바이러스에 감염되지 않는 것으로 나타났습니다.

인간의 가장 친한 친구인 개와 고양이는 병리학적으로는 감염이 되는 것으로 나타났습니다. 바이러스가 체내에 들어가 살아 있거나 일부나마 증식했거든요. 하지만 개는 증상이 나타나지 않았고, 고양이는 아주 가볍게 증상이 나타났습니다. 고양이는 고양이끼리 바이러스를 옮기는 것으로도 나타났습니다(증상이 나타났다는 의미는 바이러스를 침방울 같은 체액을 통해 타 개체에 옮길 수 있다는 뜻이거든요). 어쨌든 이론적으로는 감염된 것이 맞지만, 현실에서 나타날 수 없는 아주 고용량의 바이러스를 투입한 것이라 고양이에게 코로나19가 유행할 가능성은 극히 적다고 과학자들은 해석했습니다. 세계 각지의 동물 병원, 동물원에서 개, 고양이가 감염됐다는 보고가 극소수 있었는데, 이것이 무시할 만한 수준이었기 때문이기도 하고요.

그런데 과학자들이 주목한 동물이 따로 있었어요. 족제빗과 동물인 페럿은 사람과 마찬가지로 코로나19 바이러스에 쉽게 감염되고, 또 쉽게 퍼뜨렸습니다. 바이러스에 대한 감수성이 높았던 것입니다. 페럿은 독한 감기에 걸린 듯 심한 증상을 보였으며, 치사율 또한 높았습니다(그래서 연구자들은 페럿을 대상으로 코로나19의 치료제 및 백신을 개발하기 위한 동물실험을 하고 있답니다).

밍크 농장. 족제빗과의 동물은 사람과 호흡기계 기관이 비슷해서 코로나19 바이러스에 취약하다. 바이러스의 저수지가 된 밍크 농장에서는 코로나19 바이러스가 변이를 일으킨 뒤 다시 사람에 옮기는 상황까지 이르렀다.

페럿을 보면서 과학자들은 한 가지 걱정을 하기 시작했습니다. 페럿이 코로나19 바이러스에 감수성이 높다면, 같은 족제빗과 동물도 그럴 가능성이 클 테니까요. 기어코 문제가 터지고 맙니다. 세계적인 명품 브랜드에 코트나 목도리용 모피를 공급하는 네덜란드의 한 밍크 농장이었지요.

밍크들의 재앙으로 번지다

2020년 4월 말이었습니다. 네덜란드의 밍크 농장 두 곳에서 코로나19 바이러스에 감염된 밍크가 발견됐어요. 곧이어 밍크가 폐사하는 농장이 하나둘 늘어나더니, 급기야 5월 중순에는 농장 노동자에게서도 양성 판정이 나왔어요. 에스파냐에서는 농장 노동자 14명 가운데 7명 이 코로나19에 걸렸다는 소식이 들려왔고요. 맨 처음 코로나에 감염 된 노동자가 밍크에게 바이러스를 옮겼는데, 이것이 밍크들에게 퍼진 뒤 다시 다른 노동자들을 감염시킨 겁니다.

네덜란드 정부는 밍크 농장 조사에 들어갑니다. 그리고 앞으로 사 람 사이의 감염은 줄어들겠지만, 밍크로 인한 인간 감염 사례는 늘 어날 것이라며 그해 6월 밍크 10만 마리에 대해 살처분 명령을 내렸 죠.[105] 네덜란드 정부가 이처럼 급박하게 움직인 이유는 밍크 농장 이 '바이러스의 저수지'가 될 수 있다고 보았기 때문입니다. '동물권 리'(Animal Right)라는 단체는 네덜란드의 밍크 농장 두 곳을 잠입하여 찍은 영상을 공개했어요.[106] 그 영상에서 밍크들은 아주 좁은 케이지 에 두세 마리씩 들어가 밀집 사육되고 있었죠. 철창에는 분뇨가 덕지 덕지 붙어 있고 먹이는 오염된 상태였습니다. 청결도에 차이가 있을 뿐이지 고기나 모피, 실험용으로 사용되는 동물들은 대개 그러한 감 금형 밀집 사육 시스템에서 길러집니다. 이를 다른 말로 공장식축산 농장이라고도 하지요.

공장식축산 농장은 동물들(숙주)이 밀집 사육되는 환경 탓에 바이 러스가 침방울이나 콧물, 분뇨 등을 타고 다른 숙주로 이동하기 쉽습 니다. 청결도가 떨어지는 농장일수록 바이러스는 더 빠른 속도로 확 산하겠죠. 바이러스는 숙주를 타고 다니며 세를 불릴 테고요. 증식 과

밍크가 사람에게 코로나19 바이러스를 옮기자, 덴마크 정부는 전국 밍크 농장의 밍크 1,700만 마리를 모두 살처분하는 조처를 취했다. 사진은 농장에서 대량으로 도살한 밍크 사체. 한쪽에서 대규모 살처분이 이뤄지는 동안 다른 한쪽에서는 모피를 얻기 위한 도살이 진행되고 있다.

정에서 바이러스 변이가 일어날 가능성도 있습니다. 기존 바이러스가 한 종에서 다른 종으로 타고 넘어가 감염시키는 '종간 감염'(spillover, 스필오버) 능력이라든지, 면역 체계에 저항할 수 있는 능력 등을 지닌 새로운 유전자를 갖게 될 수 있는 거예요.

이러한 우려는 덴마크 밍크 농장에서 현실로 나타났어요. 덴마크 국립혈청연구소는 2020년 11월, 밍크 38마리 및 사람 310명에게서 '클러스터 5'라는 변이 바이러스를 발견했다고 밝혔습니다.[107] 쉽게 말해 코로나19 바이러스가 밍크 농장이라는 거대한 숙주 도가니를 만나 변이를 일으킨 뒤, 다시 사람에게 들어온 겁니다. 다행히 인간에게 치명적이거나 백신을 무용지물로 만들 정도로 큰 변이는 아니었습니다. 하지만 순식간에 바이러스의 저수지가 될 수 있는 축산 농장의 잠재적 폭발력을 확인한 순간이었지요.

코로나19 사태를 겪으면서 우리는 '사회적 거리'를 강조했어요. 어린이집과 유치원, 학교가 등교를 중단하고, 많은 기업이 원격 근무를 했죠. 바이러스가 숙주에서 다른 숙주로 넘어갈 수 없게 차단하려는 목적이었습니다. 하지만 밀집 사육되는 공장식축산 농장에 사는 동물은 애당초 사회적 거리 두기를 하는 게 불가능하죠. 코로나19 바이러스에 대한 감수성이 높은 밍크들이 모여 사는 농장이 바이러스의 저수지가 될 수 있는 최적의 환경인 것도 바로 이 때문입니다.

한편 소, 돼지, 닭은 코로나19 바이러스에 감수성이 낮은 종이어서 굳이 방역 조처를 할 필요가 없습니다. 바이러스에 감염되지 않으므로 비말이나 분뇨 등을 통해 퍼지지도 않고요. 그런데 미국에서는 코로나19 사태 이후 돼지와 닭이 대량 살처분됐어요. 왜 이런 일이 벌어졌을까요? 바로 공장식축산 체제 특유의 '밀어내기' 생산 시스템 때문이었습니다.

감염되지 않는데도 죽어야 한다는 모순

한때 미국에서는 코로나19 바이러스가 나날이 확산하자 사회적 거리 두기를 최대로 하는 '봉쇄'(lockdown, 락다운) 조처가 내려졌어요. 집 밖으로 나가는 일이 제한됐고 회사와 학교, 공장도 부분 폐쇄되거나 아예 문을 닫았죠.

도축장도 예외는 아니었습니다. 지역별로 도축장이 있는 우리나라와 달리, 미국은 소수의 정육 가공업체가 대규모 도축장을 운영합니다. 각지에 분포된 소, 돼지, 닭 등이 미시간주 등지에 있는 소수의 도축장으로 옮겨져 도살·가공된 뒤 다시 전국으로 퍼져 나가는 식이에요. 코로나19 사태로 도축장도 부분적으로 운영할 수밖에 없는 상황이었는데, 설상가상으로 도축장 노동자를 중심으로 코로나19 바이러스가 퍼졌어요. 결국 도축장이 대부분 폐쇄되며 소, 돼지, 닭이 농장에서 출하되지 못하는 상황으로 이어졌죠. 좀 기다리면 되지 않느냐고요? 아닙니다. 별일 아닌 듯 보이지만, 간단한 문제가 아닙니다.

돼지를 예로 들어 볼까요? 공장식축산 시스템에서 돼지는 종돈장에서 태어난 뒤 3주째에 젖을 떼고 어미와 떨어져, 다른 곳에 있는 비육 농장으로 옮겨져요. 비육 농장에서 살을 찌워 6개월째에는 도축장으로 보내지고요(우리가 먹는 돼지는 사실 새끼 돼지에 가깝습니다. 자연 상태라면 돼지는 10~15년을 살아야 하거든요). 이때 돼지는 종돈장에서 비육 농장으로, 그리고 도축장으로 컨베이어 벨트를 타듯 멈추지 않고 움직여 줘야 하죠. 하지만 코로나19 사태로 도축장에서 물량을 처리하지 못하게 되니, 돼지들이 비육 농장에서 적체되기 시작했습니다.

그럼 어떤 일이 벌어질까요? 농장주로선 돼지를 팔지도 못하는데, 사료값과 분뇨 처리 비용을 써야 하는 상황에 놓였죠. 게다가 돼지를 8개월, 10개월째 출하하면 6개월령으로 최적화된 '고기 맛'이라는 품

축산 농장에서는 정작 가축이 적체되고 있는데, 슈퍼마켓에서는 고기 품귀 현상이 일어나는 모순적인 상황. 코로나19 대유행은 공장식축산의 병리를 드러냈다.

질도 보장할 수 없습니다.

농장주는 결국 돼지를 그냥 살처분하는 게 경제적이라는 결론에 이릅니다. 차라리 농장을 비우고 코로나19 사태가 끝난 뒤 동물을 다시 키우는 게 낫다는 것이죠. 미국에서는 그런 이유로 돼지와 닭이 대량 살처분되고 말았어요. 이 동물들은 코로나19에 걸린 적도 없는데 말이에요. 미국의 전국돈육생산협회(NPCC)는 2020년 봄, 그해 9월까지 살처분해야 할 돼지가 약 1,000만 마리가 될 것이라는 추정치를 내놓기도 했죠.

돼지와 닭은 코로나19 바이러스와 아무런 상관이 없습니다. 오히려 이 동물들이 물건처럼 취급되는 공장식축산의 생산 시스템이야말

동물권에도 뉴노멀이 필요하다

로, 코로나19의 세계적 대유행에 취약했을 뿐이지요. 돼지와 닭은 그 때문에 억울한 죽임을 당했던 셈이고요. 바이러스는 동물(박쥐)에서 중간숙주(천산갑)를 거쳐 사람을 타고 공장식축산 시스템을 마비시켰고, 이 결과가 다시 동물들의 억울한 죽음으로 이어졌다고 볼 수 있어요.

그런데 도축장 운영이 중단되자 시장에선 고기 가격이 오르는 등 품귀 현상이 발생했다고 해요. 정작 고기가 될 동물은 살처분되는 와중에 사람들은 비싸서 고기를 사 먹지 못하는 이 현실을, 우리는 어떻게 보아야 할까요? 코로나19 사태는 공장식축산 체제의 병리적 현상을 폭로했습니다.

뗏목인가, 크루즈선인가

동물들이 빽빽하게 모여 사는 밀집식 농장은 그 자체로 바이러스의 저수지가 될 가능성이 높아요. 만약 페럿이나 밍크가 아니라 돼지나 닭이 코로나19 바이러스에 감수성이 높았다면, 이번 사태는 더욱 더 끔찍했을 겁니다.

과학자들이 가장 경계하고 있는 병원체는 조류인플루엔자(HPAI) 바이러스입니다. 청둥오리 같은 야생 철새에겐 가벼운 감기 정도만 일으키고 지나가지만, 산란계가 사는 양계장이나 육계 농장에 침입하면 숙주의 폐사율이 80~90%에 이를 정도로 쑥대밭을 만드니까요. 심지어 이 바이러스는 인수공통감염병을 일으키는 녀석이죠.

물론 감염병을 일으키는 바이러스가 과거에 없었던 것은 아닙니다. 지구에 생명체가 탄생한 직후부터 바이러스가 활동했다고 봐야 맞을 테니까요. 그런데 문제는 현대사회에서 바이러스의 파괴력이 커졌다는 데 있어요. 사람은 거대 도시에서 모여 살고, 동물은 공장 같은 농장에 모여 살기 때문이죠.

특히 밀집형 공장식축산은 감염병을 파괴적으로 바꾸어 놓았습니다. 농장은 밀집화, 거대화했죠. 불과 100년 전만 해도 농장 한 곳당 키우는 산란계는 수십 마리, 많아 봐야 수천 마리였습니다. 그러나 지금은 수만 마리에서 수십만 마리가 기본이죠. 10층이 넘는 아파트형 닭장(배터리 케이지) 한 칸에서 닭 서너 마리가 날개 한 번 못 펴고 계란을 낳다가 2년 만에 죽습니다. 올림픽 수영장에 물 한 방울을 떨어뜨리는 것처럼, 이곳에 바이러스가 떨어진다면 어떻게 될까요? 수만~수십만 마리가 폐사합니다.

게다가 농장은 네트워크화되어 있습니다. 사료나 축산물을 운반하는 차량 등이 각 농장을 수시로 연결합니다. 사람은 국경을 넘어 바이러스를 실어 나릅니다. 사람과 동물의 집적(도시화와 공장식축산), 그리고 교통의 발달에 따른 교류의 증가는 바이러스가 확산하기에 최적의 조건입니다.

이렇게 비유해 볼까요? 과거의 농장과 도시는 바다에 떠 있는 뗏목이나 소형 보트와 같았습니다. 숙주들이 사는 농장은 소규모로 산재했으며, 농장끼리의 연결망은 간헐적이었습니다. 바이러스는 숙주를 타고 멀리 이동하지 못했습니다. 따라서 바이러스로 인해 가축이 몰살하더라도, 피해는 작았고 먼 곳까지 확산하지도 않았습니다. 국지적으로 끝나는 경우가 많았지요.

하지만 지금은 대형 크루즈선 몇 대가 서로 긴밀히 연결되어 바다를 항해하는 형국입니다. 크루즈선 안에서도 수많은 동물과 사람이 밀접하게 접촉하며 모여 살죠. 다른 크루즈선으로 이동도 편해지고 활발해졌지요. 물론 이 크루즈선은 과거보다 청결하고 체계적으로 관리됩니다. 방역도 철저합니다. 워낙 크고 튼튼해 폭풍우에도 안전하고요. 하지만 크루즈선이 침몰하면 어떻게 될까요? 방역 체계가 현대화되고 다양한 치료제와 백신이 개발되었지만, 한번 무너지면 크게 무너지겠죠. 한 척이 침몰하면 도미노처럼 다른 한 척이 침몰합니다. 사람(도시)도, 동물(농장)도 마찬가지예요.

앞으로 코로나19같은 인수공통감염병과 가축전염병은 더욱 잦아질 것이라고 과학자들은 경고합니다. 조류인플루엔자가 갖는 파괴력, 코로나19가 갖는 전염력이 결합한 신종 인수공통감염 바이러스가 출몰한다면 우리는 어떻게 해야 할까요? 코로나19 사태를 능가하는 대재앙 앞에서 우리가 할 수 있는 게 남아 있긴 할까요?

인간과 비인간동물의 삶은 '바이러스'라는 병원체를 통해서, 그리고 오늘날은 무엇보다 '경제적·사회적 제도'를 통하여 연결되어 있습니다. 우리는 서로 연결되어 있기에 어느 한쪽이 다른 한쪽을 착취하고, 한쪽만 잘 사는 방식은 모래 위에 쌓은 성처럼 허물어지기 쉬워요. 뗏목의 방식을 택해야 할까요? 크루즈선의 방식을 택해야 할까요? 감염병에 잘 대처하려면 인간 문명을 성찰하는 데서부터 논의를 시작해야 합니다.

신종플루 대유행의 원인은 공장식축산?

코로나19 바이러스는 다행히 돼지나 닭 등 다른 가축에 비해 개체 수가 적은 밍크 농장에서 확산해 큰 피해는 막을 수 있었어요. 만약 돼지나 닭 농장에서 인수공통감염 바이러스가 확산했다면 어떻게 됐을까요? 2009~2010년 인류는 그런 위기에 봉착했다가 운 좋게 살아남았어요. 이른바 돼지독감(swine flu) 대유행 사태예요. 축산업계의 반발로 세계보건기구는 나중에 명칭을 'A형 인플루엔자(H1N1)'로 바꿨고, 우리나라에선 '신종플루'라고 불렀죠.

맨 처음 이 바이러스는 멕시코와 미국 사이의 국경을 중심으로 양쪽 지역에서 환자가 발생하며 유행이 시작됐어요. 비말로 전파됐고, 독감과 비슷한 증상을 일으켰죠. 당시의 돼지독감 바이러스는 H1N1이라는 유전자형의 변이로, 기존에 관찰된 적이 없는 '신종'이었어요. 초기 유전자 분석 결과, 돼지가 걸리는 기존의 돼지독감 바이러스가 변이를 일으킨 것으로 보였죠. 곧바로 이 지역에 설립된 돼지 농장들에 스포트라이트가 비춰졌어요. 북미자유무역협정(NAFTA)이 체결된 이후 멕시코가 미국, 캐나다와 같은 경제권으로 묶이며, 미국의 거대 양돈 기업들이 멕시코 국경 지대에서부터 돼지 농장을 인수해 규모를 불려 왔거든요. 동부 베라크루스주(州)만 해도 16개 농장에서 매년 95만 마리가 사육되고 있었죠.

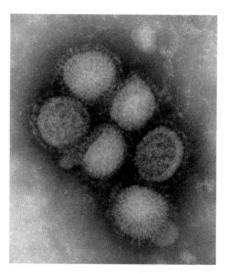

미국 질병통제관리센터(CDC)에서 현미경으로 촬영한 H1N1 인플루엔자바이러스

멕시코에서 첫 번째 환자가 나온 곳도 베라크루스주의 돼지 농장 주변이었어요. 주민들은 역한 분뇨 냄새와 파리 떼가 꼬이는 환경으로 고생하고 있었어요. 다섯 살 소년 에드가 에르난데스Edgar Hernandez는 죽을 정도로 앓았다가 겨우 살아났죠. 나중에 발견되어서 그렇지, 에드가 가장 빨리 발병한 '0번 환자'였어요.

앞서 말했듯 공장식축산 농장은 바이러스의 저수지가 될 수 있는 환경이에요. 수많은 숙주가 빽빽하게 모여 살기 때문에, 한번 바이러스가 들어오면 세를 불리고 변이를 일으키는 '바이러스의 증폭기'가 되죠. 전문가들은 바이러스가 인간에게 넘어오는 '스필오버'를 비롯해, 인간들끼리 서로 감염되는 '변이'가 일어난 곳으로 멕시코 돼지 농장을 의심했답니다.

이런 주장을 딱 부러지게 뒷받침하는 과학적 증거가 나오지는 않았어요. A형 인플루엔자바이러스의 기원은 아직 안개 속에 있죠. 2016년에 나온

동물권에도 뉴노멀이 필요하다

연구 결과[108]를 보면, 유전자 분석 결과 인간과 조류 그리고 돼지 인플루엔자바이러스가 재조합된 것으로 드러났어요(여러 바이러스 간에 유전물질 교환이 이루어져 유전자 재조합이 일어나면서 새로운 바이러스가 만들어지는 거예요). 밀집된 환경에서 사는 것으로 치자면 돼지가 1등이니, 바이러스 재조합 현장은 돼지 농장일 가능성이 크죠. 이 논문은 A형 인플루엔자바이러스가 멕시코 중부의 고립된 지역에 10년 정도 머물러 있다 세계로 퍼졌을 것이라고 추정했습니다.

변종 H1N1 바이러스는 세계로 퍼져, 2010년 8월 세계보건기구가 대유행 종료를 선언할 때까지 약 28만 4,000명이 사망했어요. 다행히 과거 세 차례 인플루엔자 대유행*보다는 치명적이지 않아서 전문가들은 '용두사미'로 끝났다며 안도의 한숨을 쉬었죠.

* 1918년의 스페인 독감(H1N1), 1957년의 아시아 독감(H2N2), 그리고 1968년의 홍콩독감(H3N2)이다.

19 ___

인류-일시정지 버튼을 누를 때
_코로나19 사태와 야생동물

"로스앤젤레스에 퓨마가 나타났다!"

2012년 미국 로스앤젤레스의 시민들은 카메라에 포착된 퓨마의 모습을 보고 깜짝 놀랐습니다. 퓨마가 관찰된 곳은 시내 한가운데 위치한 그리피스공원. 'HOLLYWOOD'(할리우드)라고 쓰인 대형 입간판이 있어 관광객도 많이 찾는 그런 공간에서 대형 맹수가 어슬렁거리고 있던 겁니다.

과학자들은 이 퓨마를 임시로 포획해 검사를 벌였습니다. 검사 결과 세 살로 추정되는 수컷이었죠. 이름은 'P-22'. 발견된 곳으로부터 약 40km 떨어진 샌타모니카산맥에서 활동하는 퓨마 'P-1'의 후손이

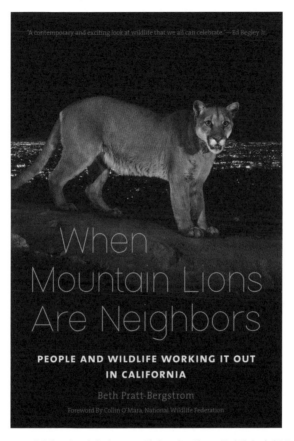

로스앤젤레스의 스타가 된 P-22는 책의 표지 모델로도 등장했다. 사진은 『퓨마가 이웃이라면When Mountain Lions Are Neighbors』의 표지. 캘리포니아주의 사례를 중심으로 야생동물과 인간의 공존을 논하는 책이다. 표범의 뒤쪽으로 로스앤젤레스의 야경이 보인다.

었어요. 과학자들은 또 한 번 놀랄 수밖에 없었습니다. 샌타모니카산맥에서 로스앤젤레스 시내까지 오려면 엄청나게 넓은 고속도로 두 개를 건너야 했거든요. 매일 수십만 대의 차량이 지나다니는 곳이죠. 그런데도 P-22는 교통사고의 위험을 피해 무사히 당도해 냈답니다.

P-22를 두려워하는 이보다 환영하는 시민이 훨씬 더 많았어요. 약 400만 명이 사는, 캘리포니아주 최대 도시의 생태계가 복원되고 있다는 신호로 받아들였죠. P-22를 다시 방사한 뒤에도 로스앤젤레스동물원에서 코알라가 습격당한 것을 빼고는 별다른 피해가 없었다고 해요. 퓨마 P-22의 목에 위성위치확인시스템(GPS)을 달아 실시간으로 추적해 거주민에게 미리 알린 덕분이기도 했지요. 어쨌든 맹수가 머무는 도시에 산다는 사실에 로스앤젤레스 시민들은 흥분을 감추지 못했습니다.

코로나19 바이러스가 살린 퓨마

2019년 말, 중국을 시작으로 전 세계로 퍼진 코로나19 바이러스는 대다수 국가의 산업을 멈춰 세웠습니다. 코로나19 바이러스의 대단히 강한 확산력을 우려한 미국과 유럽연합 대부분의 나라는 '봉쇄' 조처까지 했죠. 바이러스의 숙주인 인간의 이동을 제한하는 방식으로 코로나19의 전파를 아예 막아 버리려고 한 거예요.

학교와 공원이 문을 닫고, 회사는 원격 근무로 운영됐어요. 공장은 가동을 중단하거나 최소한의 인력만 나와 기계를 돌렸죠. 자본주의의 컨베이어 벨트 속도가 느려지면서, 공장 굴뚝의 연기가 희미해지고, 도로 위 차량 대수도 부쩍 줄었습니다. 사람들이 죄다 집에 머무르다 보니 거리가 한산해졌어요. 마치 '지구 멸망의 날'이라도 된 것처럼요.

동물권에도 뉴노멀이 필요하다

인간이 사라진 자리에 야생동물이 나타났습니다. 에스파냐 북부의 한 도시에선 곰이 어슬렁거렸고, 타이 중부의 도시 한가운데에서는 수많은 원숭이가 도로를 점거하고 패싸움을 벌였죠. 이 밖에도 미세한 변화에 기민하게 반응한 동물들의 모습이 유튜브를 통해 전 세계로 퍼졌어요.

코로나19 사태는 야생동물에게 어떠한 영향을 미쳤을까요? 2020년 7월 캘리포니아주립대학 데이비스캠퍼스의 도로생태계센터(Road Ecology Center)는 흥미로운 보고서를 내놓았습니다.[109] 센터 측은 이동제한 조처를 반가워했어요. 왜냐하면 봉쇄 조처 이전과 이후의 도로 교통량이 극명하게 달라져서, 연구 팀의 인위적 개입 없이도 자연스레 실험을 진행한 것과 똑같은 결과를 얻을 수 있었기 때문이에요. 일반적인 상황에선 교통량을 줄이거나 늘리는 일이 쉽지 않지요.

도로생태계센터는 '도로에 다니는 차가 적어질수록 동물 찻길 사고(로드킬) 건수가 감소하고, 사망 개체 수도 줄어든다'는 기본 가설을 세우고, 봉쇄 조처가 끼친 영향을 분석했습니다. 결과는 예상한 대로였습니다. 락다운 조처 발동 시점을 기준으로 4주 이전·이후의 기간을 비교했더니 찻길 사고로 인한 대형 동물의 사망 개체 수가 부쩍 줄어든 것입니다.

도로생태계센터는 캘리포니아, 아이다호 그리고 메인 등 미국 세개 주(州)의 하루 평균 동물 찻길 사고의 통계를 뽑아 보았습니다(다람쥐나 뱀, 도롱뇽 같은 소형 동물은 찻길 사고가 나도 대개 신고되지 않기 때문에 통계에서 제외

코로나19 락다운 조처 전후의 찻길 사고로 인한 대형 동물 폐사 개체 수

주	락다운 이전	락다운 이후	감소율
캘리포니아주	8.4마리	6.6마리	21%
아이다호주	8.7마리	5.4마리	38%
메인주	15.2마리	8.4마리	45%

했습니다). 메인주의 경우 하루 평균 15.2마리가 차에 치여 숨지던 것이 이동 제한 이후 8.4마리로, 무려 45% 줄어든 결과가 나왔죠. 코로나19 바이러스가 하루 7마리의 동물을 살린 셈이에요. 캘리포니아주와 아이다호주도 마찬가지였습니다. 각각 21%, 38%씩 로드킬당한 개체 수가 감소함으로써, 코로나19 사태가 야생동물에게 긍정적인 영향을 준 것으로 나타났죠.

가장 큰 수혜를 입은 종은 퓨마였습니다. 봉쇄 조처 전후 10주의 기간을 비교해 보니, 찻길 사고 사망률이 58%나 줄어든 것입니다. 도로생태계센터는 보고서에서 "퓨마는 캘리포니아주에서 일주일에 평균 두 차례 차량에 치인다. 보통은 사망률이 일정하다가 겨울에서 여름으로 가는 동안 살짝 늘어나는 정도의 전형적인 패턴을 보이는데, 58%의 사망률 감소는 주목할 만하다."라고 밝혔습니다.

코로나19 사태가 계속된다면 어떻게 될까요? 캘리포니아주에는 약 4,000~6,000마리의 퓨마가 사는 것으로 추정됩니다. 대부분 동남부의 고산지대를 삶터로 삼아 노새사슴이나 코요테 등을 잡아먹고 살죠. 생산 활동의 둔화로 인간은 불편해지겠지만, 역설적으로 로스앤젤레스를 방문하는 퓨마는 점점 많아질 것입니다.

거대한 실험의 결과

수많은 사람이 집에 머무르고 생산 활동이 줄어든 코로나19 사태 당시의 세계는 인간이 '거대한 멈춤'(Great Pause) 버튼을 누른 상황과 비슷합니다.

영국 세인트앤드루스대학의 생물학자 크리스천 러츠Christian Rutz 등 일군의 생물학자는 코로나19 사태 때와 같은 인류 활동의 일시적 둔화를 '인류-일시정지'(anthropause)라 부르자고 제안했죠. 이는 '근대적 인간 활동의 전 지구적 수준의 일시적인 감소'를 정의하는 개념입니다.[110]

인류-일시정지로 많은 변화가 관찰되었습니다. 화석연료를 이용한 생산 활동의 감소로 오랜만에 깨끗한 하늘을 자주 볼 수 있게 됐죠. 기후변화를 야기하는 온실가스 배출량 증가세도 살짝 주춤하는 모습을 보였고요. 인류-일시정지는 지구의 다른 종들에게도 중대한 영향을 미쳤어요. 인간 활동 범위의 축소로 야생동물은 잠시나마 자신의 영역을 넓힐 수 있었습니다. 그와는 반대로 인간 주거지에 살면서 음식물을 공유하는 도시의 길고양이나 동남아시아의 원숭이, 동물원에 사는 전시동물 등은 코로나19로 경제적 곤란에 처한 사람들이 보살피지 않아 어려운 상황에 처했다는 소식도 전해졌습니다.

현실은 힘들지만, 인류가 인류-일시정지를 겪음으로써 '점점 더 붐비는 지구를 함께 쓰는 법을 터득할 기회가 찾아왔다'고 말하는 이들도 있습니다. 인류는 기후 위기를 목전에 두고 있습니다. 화석연료 사용을 줄이기 위해 당장에라도 일상생활과 사회 기반 시설의 운영 전반을 바꾸어야 하는 상황이죠. 앞으로 닥칠 기후·환경 위기를 슬기롭게 헤쳐 나가려면 인류는 계획을 잘 짜야 합니다. 코로나19가 가져다준 일시정지 사태를 제대로 분석한다면, 소비문화를 떠받치는 기존의 생산 활동을 앞으로 얼마나 자제할 수 있을지 가늠해 낼 수 있을 거예요.

물론 인류-일시정지가 계속되길 바라는 사람은 아무도 없을 겁니다. 하지만 이 일시정지라는 기회는 우리에게 매우 소중합니다. 기후변화와 야생동물 멸종, 생태계 붕괴 등 인류가 직면한 위기를 헤쳐 나가기 위해 온실가스 배출량을 얼마나 줄일지, 생태계와 공존하려면 사회 시스템을 어떻게 조정할지 등 우리의 기준선을 잡는 데 '거대한 실험'으로써 활용할 수 있을 테니까요.

이를테면 여행 산업은 20세기 말부터 인터넷에 기반한 마케팅과 기술혁신으로 많은 사람이 이전보다 쉽게, 그리고 자주 여행할 수 있는 문화를 일궜습니다. 저가 항공사를 이용해 누구나 싼값에 외국으로 나가고, 익스피디아 같은 웹사이트에서 클릭 한 번에 항공과 호텔을 예약하는 편리함으로 전체 파이를 키워 왔죠.

하지만 인류-일시정지로 여행 산업은 과도한 투자와 소비의 거품

동물권에도 뉴노멀이 필요하다

을 없앨 기회를 맞았습니다. 그래서 이번 일시정지가 여행 업계 대전환의 계기가 될 것이라고 보는 학자들도 있습니다. 규모의 경제로 몸집을 키워 온 여행 산업이 기존 모델에서 탈피해 기후 위기와 야생 보전에 대처하며 '소비의 적정선'을 찾는 기회를 맞았다는 거죠.[111] 이를테면 기업은 저가 경쟁에서 벗어나 노후 항공기를 폐기하는 등 과도한 경쟁으로 키워 온 군살을 빼고, 소비자는 화석연료를 최소화하는 '로컬 여행'으로 발길을 돌릴 수 있겠죠. 코로나19 사태가, 그동안 지구를 괴롭혀 왔던 매캐한 검은 연기를 일정 정도 걷히도록 하는 전 지구적 구조 조정의 방아쇠가 될 수 있다는 거예요.

캘리포니아주 퓨마의 경우도 마찬가지입니다. 코로나19 대유행 직후의 동물 찻길 사고를 분석하여 해당 교통량 수준에서 로드킬 동물 개체 수를 최대 절반 가까이 줄일 수 있다는 사실을 발견했죠. 좀더 연구를 진척해 도로와 철도, 항공 등의 교통망과 그 운영 빈도의 적정선을 찾아낸다면 인간과 생태계가 공존하는 '합리적 수준'을 결정할 수 있을 겁니다.

야생동물의 땅은 도로로 찢어지고…

인류-일시정지의 사례는 과거에도 '국지적으로' 있었습니다. 대표적인 예가 1986년 옛 소련(현재는 우크라이나) 원자력발전소 사고가 발생한 체르노빌입니다. 방사성물질이 누출되면서 이곳에 사는 주민들은 긴급 소개(疏開) 조처로 뿔뿔이 흩어졌고, 지금은 정화 작업을 하는 노

1986년 방사성물질 누출 사고가 발생한 체르노빌 원자력발전소 인근의 도시 프리
피야트에 가 보았다. 콘크리트를 비집고 나무가 자랐다.

체르노빌의 '붉은 숲'에서 풀을 뜯는 프르제발스키말. 인류-일시정지 버튼이 눌러지
면 야생생물에게는 평화의 시간이 시작된다.

동물권에도 뉴노멀이 필요하다

동자만 출입하는 '버려진 땅'이 되었습니다.

그동안 체르노빌에는 딱딱한 아스팔트를 비집고서 다시 푸르른 나무가 자랐고, 멸종 위기종 야생마인 '프르제발스키말'이 번성했죠. 인간이 사라지면서 그야말로 동물의 천국이 된 거예요. 6·25 전쟁으로 비워진 비무장지대(DMZ)도 국지적인 일시정지 버튼이 눌린 사례로 자주 논의되는 곳입니다.

인간의 근대적 생산 활동은 도로를 닦으면서 시작됐어요. 도로는 사람과 물자를 실어 보냈고, 마을과 공장은 도로를 중심으로 생겼죠. 인간은 도로를 따라 '개척 기지'를 세우면서 야생동물의 땅을 야금야금 삼켰습니다. 사람과 동물의 거리는 도로 때문에 너무 가까워졌어요. 서식지가 교란되어 자꾸만 도시로 뛰쳐나오는 멧돼지, 로드킬당하는 고라니 등 야생동물이 일으키는 혼란의 기원에는 '도로'가 있죠.

도로는 동물의 유전자 다양성도 훼손해요. 각 개체군 사이를 단절시키기 때문입니다. 도로가 생기면 한 개체군에서 다른 개체군으로 이동하기가 힘들어지는 탓에 서로 다른 개체군 사이에 번식이 이뤄지지 않고, 결국 유전자 다양성이 줄어들면서 멸종 속도가 가속화하게 됩니다.

바라건대, 코로나19 사태는 머지않아 끝날 겁니다. 인류-일시정지 버튼도 해제될 겁니다. 캘리포니아의 고속도로는 차량 소리로 시끄러워지고 퓨마는 거대한 '차들의 강'을 보며 놀라겠죠. 그래도 한 가지 다행인 게 있습니다. 2019년 8월 로스앤젤레스시가 약 8,700만 달러

미국 캘리포니아주 샌타모니카산맥을 지나가는 101번 고속도로. 로스앤젤레스시 교통 당국은 퓨마의 안전한 이동을 보장하고자 왕복 10차선 도로를 가로지르는 초대형 생태통로를 짓기로 했다.

(우리 돈 1,040억 원가량)을 들여 고속도로 위에 생태통로를 짓겠다고 밝혔거든요.[112] 10차선 고속도로 위에 지어지는 세계 최대의 생태통로라고 합니다. 시민들의 사랑을 받아 온 퓨마 P-22가 일궈 낸 결과죠.

현대 문명이 발전하며 물질이 최고 가치가 되어 버린 세상입니다. 어느새 인간은 다른 존재의 삶과 죽음에 대해 거룩함과 경외의 시선을 잃었어요. 인류-일시정지 버튼이 꾹 눌렸을 때마다 우리는 새삼 깨닫게 됩니다. 인간이 한 발을 빼고 조용히 앉아 있으면, 지구의 친구들이 더 평화롭게 살 수 있다는 것을요. 인간은 자기중심적이지만, 다른 존재에 대해 공감할 줄도 압니다. 우리는 공존할 수 있을 것입니다.

동물권에도 뉴노멀이 필요하다

20 ____

세상 모든 사람이 채식을 한다면?
_육식의 비용

이런 책의 마지막 장은 대개 우리의 행동 지침을 제시하는 것으로 끝나곤 하지요. 맞습니다. 비인간동물과 공존하기 위해서, 공장식축산에 저항하기 위해서, 우리가 가장 쉽게 할 수 있는 일은 채식이에요. 물론 흔하게 듣는 이야기죠. 하지만 뻔한 이야기일수록 굳은 알맹이가 들어 있는 경우가 많습니다.

뻔한 결론일지라도

2017년 유엔 식량농업기구(FAO)는 「기후변화를 위한 축산업 해결책Livestock solutions for climate change」이란 보고서를 발간했어요.[113] 이 보고서

전 세계인이 채식을 한다면 어떻게 될까? 세상은 적지 않게 바뀐다.

를 보면 공장식축산을 비롯한 21세기 축산업이 얼마나 지구 환경의 골칫거리인지 알 수 있죠.

온실가스 배출량을 볼까요? 축산 부문은 전체 온실가스 배출량의 14.5%를 차지합니다. 이는 인류가 운송 수단을 사용하는 데 배출하는 온실가스 양과 맞먹어요. 세상 모든 사람이 하루 동안 고기를 먹지 않는다면, 세상 모든 탈것이 하루 동안 정지하는 경우와 비슷한 수준으로 온실가스 배출량이 줄어들겠죠.

그렇게 많은 온실가스가 축산 부문에서 배출되는 원인은 우리가 먹는 고기의 양이 근대 이후 갑자기 늘어서예요. 특히 소를 사육하는 과정에서 온실가스가 많이 발생합니다. 축산 부문에서 배출되는 온실가스 가운데 3분의 2 정도가 소를 기르고 우유를 짜는 작업에서 생겨나거든요. 소 같은 반추동물은 되새김질을 하잖아요? 한번 삼킨 먹이를 게워 내 다시 씹죠. 되새김질을 통해 위에서 생긴 메테인(메탄)은 소가 숨 쉬거나 트림할 때 몸 밖으로 나와요. 소에게서 나오는 메테인이 전 세계 메테인 배출량의 37%를 차지할 정도입니다.

게다가 메테인은 열을 잡아 두는 능력이 이산화탄소보다 21배나 높아요. 같은 양이라도 더 큰 온실효과를 유발하는 셈이죠. 하지만 메테인은 대기 중 수명이 이산화탄소보다 짧습니다. 따라서 메테인 배출량을 줄이면 비교적 빠른 시간 안에 온실가스 저감 효과를 볼 수 있겠죠? 고기를 줄이는 식습관이, 우리 각자가 기후 위기에 대응하는 최선의 실천임을 보여 주는 대목이에요.

주변에 채식을 하는 이들이 종종 있죠. 이들이 채식을 선택하는 이유는 무엇일까요? 동물권론자나 동물복지론자는 생명을 먹는 행위에 참여하지 않겠다는 의미에서, 여기에 더해 공장식축산 체제에 대한 개인적 저항 차원에서 채식을 합니다. 그 반면 환경론자에게 채식은 현재 인류가 처한 '기후 위기'에 대한 유력한 대안이기 때문입니다. 물론 건강을 위해 채식을 하는 사람도 많을 거고요.

영국 옥스퍼드대학에서 미래 문제를 연구하는 '옥스퍼드마틴스쿨'이라는 연구소는 2016년 재미있는 연구를 했어요.[114] 바로 '세상 모든 사람이 채식을 한다면 2050년의 세계는 어떻게 변할까?'라는 물음을 던져 본 겁니다. 이 연구소는 전 세계인이 한꺼번에 식단을 바꾸면 세상이 어떻게 변할지 시뮬레이션을 하면서 세 가지 시나리오를 상정했어요.

고기가 없어진 2050년

첫 번째 시나리오는 세상 모든 사람이 세계보건기구(WHO)가 추천하는 건강 식단을 선택한 경우입니다. WHO 권장 식단에 따르면 과일과 채소를 좀 더 많이 먹고, 하루 43g 이하의 붉은고기(소·돼지·양 등 적색육)를 섭취하는 거예요. 두 번째 시나리오는 세상 모든 사람이 채식 식단을 선택하는 경우죠. 고기와 생선을 먹지 않지만, 우유와 치즈, 달걀 등 유제품은 섭취하는 락토오보(lacto-ovo) 식단입니다. 세 번째 시나리오는 세상 모든 사람이 비건(vegan), 즉 식물성 음식만 먹는 완전 채식주의자가 되는 것입니다. 달걀, 치즈는 물론 찌개에 들어가는 육수 같은 동물성 식품을 완전히 배제하는 거예요.

시뮬레이션의 결과는 어땠을까요? 2050년의 세상은 눈에 띄게 달라져 있었어요. WHO 권장 식단으로만 식습관을 바꾸어도 현재의 식습관을 유지하는 것보다 전 세계 사망자가 510만 명이나 줄어든다고 나왔죠. 채식 식단은 그보다 많은 730만 명, 비건식은 810만 명을 구해 냈습니다. 이렇게 사망자가 줄어든 까닭은 고기 소비를 줄였기 때문이에요. 아울러 과일과 채소를 적절히 배합하여 먹고 전체 열량 섭취를 줄이다 보니 '만병의 근원'인 당뇨나 비만 역시 감소한 것이죠.

온실가스도 줄었습니다. WHO 권장 식단은 식품 부문의 온실가스 배출량을 29% 줄였고, 채식 식단과 비건식은 각각 63%, 70%를 줄이는 효과가 있었어요. 이번 연구를 주도한 옥스퍼드대학의 마르코 스프링먼Marco Springman 박사는 "식단을 바꾸는 것만으로 사회에 큰 혜

택을 줄 수 있다는 사실을 보여 준다"고 말했답니다.

사실 그동안 세계 여러 나라의 정부는 온실가스 배출량을 줄이기 위해 수송이나 에너지 부문에만 관심을 기울였습니다. 대중교통 이용을 장려하고, 전기차 도입을 서두르고, 화석에너지를 풍력이나 태양열 등 재생에너지로 바꾸는 데 중점을 두었죠. 반면에 정작 우리의 먹거리를 바꾸는 데는 큰 신경을 쓰지 않은 거예요.

물론 세상 모든 사람이 채식주의자나 비건이 되는 건 생각보다 쉽지 않아요. 하지만 WHO가 권장하는 대로 고기 섭취를 줄이고 채소와 과일 섭취를 늘리는 것만으로도 큰 변화가 찾아온다는 것을 옥스퍼드마틴스쿨의 연구 결과가 보여 줍니다. 우리 식단에 아주 작은 변화만 주어도 지구에 큰 영향을 미칠 수 있다는 거죠. 비인간동물의 삶을 위해서도 바람직하고요. 고기 소비가 줄면, 공장식축산의 규모도 줄어들 테니까요.

사실 식단을 바꾸는 것은 간단한 일이 아니에요. 무엇을 먹는다는 것은 역사적이고 문화적인 행위이기 때문입니다. 인도 사람들은 종교적인 이유로 상당수가 채식을 합니다. 반면에 영국인과 미국인은 20세기 초반까지만 해도 육류 중심의 식단이 자신들의 강인함의 비결이라고 자부했죠.

고깃세가 도입된다면?

하지만 역사와 문화는 변하기 마련입니다. 몇 년 전 주목할 만한 결정이 있었습니다. 2015년 WHO 산하 국제암연구소(IARC)에서 가공육(햄·베이컨·소시지 등)과 붉은고기를 각각 '발암물질 1군'과 '발암추정물질 2A군'으로 지정한 것이죠. 발암물질 1군은 동물실험과 사람을 대상으로 한 역학조사에서 암을 유발한다는 과학적 근거가 있을 경우 지정돼요. 발암추정물질 2A군은 동물실험 자료는 있으나 사람에게 암을 유발한다는 근거가 제한적일 경우에 지정되고요.

IARC의 발표 이후 각국 정부와 기관에서도 육식을 줄이려는 정책적인 움직임이 일고 있습니다. 그동안 동물권 단체나 채식인들이 벌이는 캠페인을 통해서만 장려되었던 채식의 위상이 달라진 것이죠. 영국의 대학에서는 붉은고기 추방 정책이 확산하고 있습니다. 케임브리지대학은 2016년부터 교내 식당과 카페 그리고 모든 행사에서 붉은고기를 쓰지 않고, 채소와 과일 메뉴를 확충했어요. 이렇게 해서 탄소 배출량을 10.5% 줄였다고 2019년에 밝히기도 했지요. 현재 붉은고기 금지 정책은 골드스미스런던대학, 런던정치경제대학(LSE), 옥스퍼드대학 등에서 시행 중이랍니다.

독일에서는 '고깃세'를 부과하는 방안이 논의되기도 했어요. 세금을 부과해 육류 섭취를 줄이자는 아이디어였죠. 독일에서는 고기에 붙는 부가가치세가 7%로, 19%인 다른 상품에 비해 현저히 낮습니다. 이에 녹색당과 사회민주당 일부 의원을 중심으로 고기에 대한 부가가치세를 인상하자는 제안이 나온 거예요.[115] 아직 실현되지는 않았지만, 고기 소비 규제를 논의한 것만으로도 중요한 움직임이라 할 수 있답니다.

유럽연합에서는 2050년까지 탄소중립*을 달성하고, 지속 가능한 생산 시스템을 만들기 위해 유기농 과일과 채소류에 대한 부가가치세를 면제하는 방안을 논의 중이에요. 여기에 추가로 육류에 높은 부가가치세를 부과하자는 제안도 나왔죠. 네덜란드에 본부를 둔 비정부기구 '동물성단백질의 진짜가격을 위한 연대'(TAPP, True Animal Protein Price Coalition)는 온실가스 배출, 수질 및 대기 오염, 야생생물 서식지 훼손 등 공장식축산에 의해 발생하는 고기의 환경 비용을 무시해서는 안 된다고 주장합니다. 이들은 보고서에서 고기 1kg당 0.42유로(약 560원), 돼지고기와 닭고기는 각각 0.32유로(약 430원)와 0.15유로(약 200원)의 환경 비용이 든다면서, 환경 비용을 세금으로 책정해 가격에 포함해야 한다고 주장했죠. 유럽에서는 고깃세가 본격적으로 공론장에 오르는 형국입니다.

최근 들어서는 채식 열풍이 강하게 불고 있습니다. 동물권 담론이 널리 퍼지고 기후 위기가 경각심을 주면서 다들 채식의 필요성을 느끼게 된 것입니다. 하지만 세계적으로 고기 소비가 뚜렷이 줄어드는 징후는 보이지 않습니다. 오히려 중국과 인도 등 개발도상국의 경제가 나아짐에 따라 서구 식단이 전 세계로 확산하며 고기 소비가 늘어

● 이산화탄소를 배출하는 만큼 그에 상응하는 조치를 해서 실질 탄소 배출량을 '0'으로 만드는 일. 배출량만큼 나무를 심거나 재생에너지 시설에 투자하는 등의 방식으로 이루어진다.

날 것이라는 예상이 많지요.

잠시 150년 전으로 돌아가 볼까요? 포경선이 작살을 들고 바다를 누비던 시대였지요. 닥치는 대로 고래를 잡아 바다는 핏빛으로 물들었습니다. 고래를 해체한 뒤 고기는 버리고 고래기름만 취했습니다. 당시만 해도 고래기름은 자본주의를 밝히던 등불이었습니다. 가정과 공장에서 쓰던 양초의 원료가 되었고, 도시의 가로등을 밝히는 기름이었지요. 포경선은 대서양에서 태평양으로, 북극해를 넘어 남극해까지 진출해 고래들을 작살냈습니다. 고래는 멸종을 앞두고 벼랑에 간신히 매달린 신세였습니다.

1850년 10월 15일 미국 하와이의 지역 신문 《호놀룰루프렌드》 편집자에게 발신자 '북극고래' 명의의 편지가 도착했어요. 어떤 시민이 익명으로 보낸 편지였습니다.

> 나는 도살당하고 죽어 간 동지들을 대신하여 이 글을 씁니다. 고래 가족의 친구들에게 호소합니다. 우리는 모두 죽임을 당하게 될까요? 우리 종은 멸종하게 될까요? 이 부조리를 되갚아 줄 친구나 우리 편은 없는 것일까요?[116]

또 하나의 장면이 있습니다. 1859년 미국 펜실베이니아주에서 상업용 유전 개발이 성공합니다. 오른쪽은 한 신문에 실린 삽화입니다. 고래들이 턱시도를 입고 파티를 하고 있습니다. 고래들은 누구를 위

186
VANITY FAIR.
[APRIL 20, 1861.
OILY GAMMON
WE WAIL NO MORE FOR OUR BLUBBER
THE OIL WELLS OF OUR NATIVE LAND
MAY THEY NEVER SECEDE
MINERAL OIL
OILS WELL THAT ENDS WELL
GRAND BALL GIVEN BY THE WHALES IN HONOR OF THE DISCOVERY OF THE OIL WELLS IN PENNSYLVANIA.

1861년 4월 20일 미국의 한 신문에 실린 만평. 1859년 최초의 상업용 유전이 미국 펜실베이니아주에서 발견되자, 고래들이 유전 발견을 축하하며 파티를 하고 있다.

해 축배를 들고 있을까요?

멸종 위기의 고래를 구출한 것은 익명의 편지를 보낸 시민의 선량한 마음이 아니었습니다. 1854년 캐나다의 지질학자 에이브러햄 게스너Abraham Gesner는 석유에서 등유를 추출하는 데 성공합니다. 더는 고래기름을 쓸 필요가 없어진 것이지요. 석유를 정제하는 기술이 점차 발전했고, 급기야 고래기름과 석탄으로 굴러가던 20세기 초반의 경제는 이제 석유 위로 갈아탑니다.

바다에는 평화가 찾아왔지요. 미국과 영국 등 포경의 주축이던 나라는 포경 경제에서 발을 뺍니다. 내연기관 자동차가 대세가 되면서 혹사당하던 말과 마차도 거리에서 사라지지요.

폴 샤피로Paul Shapiro는 『클린 미트』(2018)에서 한 과학자의 말을 인용하여 이렇게 씁니다.

> 사람에게 불을 끄러 다니라고 계속 잔소리하는 방법이 있는가 하면, 계속 켜 두어도 소비 전력이 적은 전구를 개발하는 방법도 있다.[117]

매일 하루 2억 마리 이상의 소, 돼지, 양 등 가축이 음식을 위해 희생됩니다. 바다에서 잡히는 생선이나 양식장 물고기까지 합하면 하루 30억 마리에 이릅니다.[118] 공장식축산 농장에 갇혀 있는 소와 돼지, 닭을 누가 구출할 수 있을까요? 인간의 선량한 마음에만 기대어선 현실은 바뀌지 않는다고 생각하는 이들이 있습니다. 그 가운데 현재 배양육 개발 전선에 뛰어든 사람들이 있죠.

실험실에서 고기를 기르다

배양육은 바이오공학을 이용하여 고기를 '기른' 것입니다. 항생제나 성장촉진제 등이 들어가지 않기 때문에 '청정 고기'라고도 부릅니다. 어떻게 만드냐고요? 먼저 소나 돼지, 닭의 특정 부위를 일부 떼어내 줄기세포를 추출합니다. 이를 배양하면 근육세포로 분화하며 단백질 조직이 자라나요. 살아 있는 동물이 아니기 때문에 혈관은 없습니다. 몇 주 뒤에는 자라난 단백질 조직이 서로 합쳐져 국수가락 모양의

동물권에도 뉴노멀이 필요하다

근섬유 형태가 되는데, 이것을 떼어 내 고기로 씁니다. 구글의 공동 창업자인 세르게이 브린^{Sergey Brin}이 2011년 배양육에 투자를 했고, 여러 푸드 스타트업이 배양육 개발에 뛰어들었습니다. 소고기, 닭고기는 물론 소가죽을 배양하여 생산하는 곳도 있습니다.

처음에는 버거용 패티 하나를 만드는 데 무려 30만 달러가 들어갔습니다. 이후엔 기술이 점차 개선되어 미트볼을 하나 만드는 데 1,200달러가 들었죠. 2015년 12월 샌프란시스코에서 푸드 스타트업 '멤피스미트'가 미트볼 시식회를 열었어요. 이들의 꿈은 원대합니다.

> "우리의 계획은 말과 마차를 바꿨듯이 축산업을 바꾸는 것입니다.
> 배양육은 현재 상황을 송두리째 뒤집어, 가축을 먹는 행위를 상상할
> 수도 없는 세상을 만들 것입니다." [119]

배양육은 동물의 고통을 수반하지 않고, 분뇨 처리에 골머리를 앓을 필요도 없고, 가축용 사료를 재배할 땅을 확보하기 위해 열대우림을 잘라 내지 않아도 돼요. 물론 몇 가지 난관이 존재합니다. 첫째는 가격을 낮춰야 합니다. 기술혁신이 거듭되면서 비용이 줄어들고 있지만, 아직 상용화할 만한 수준은 아닙니다. 둘째는 기술이 완성되지 않았습니다. 현재 배양육은 의학용 기술을 이용하고 있어요. 특히 근육이 자라는 뼈의 역할을 하는 고정 틀에 고기를 배양하는데, 이 의학용 고정 틀이 대량생산에 적합하지 않다고 합니다. 아직 기술혁신이 필

2013년 영국에서 배양육 시식회가 열렸다. 네덜란드 마스트리히트대학 연구 팀이 개발한 이 햄버거 패티의 제작 비용은 25만 유로였다. 앞으로는 가격이 싸질 것이다.

요한 부분입니다. 셋째는 사람들의 선입견과 정부의 규제를 넘어야 합니다. 사람들은 배양육을 유전자조작식품(GMO)과 비슷하게 생각할 수 있습니다. 배양육을 개발하는 스타트업 측은 억울해합니다. 세포를 떼어 내 배양하는 것일 뿐 유전자를 건드리지 않으며, 오히려 배양육이 대중화되면 공장식축산 사료를 위해 키워지는 콩, 옥수수 등 GMO 작물의 생산이 줄어들 것이라며 반박하지요. 사람들에게는 자연적인 식품을 선호하는 정서가 있으므로 정부의 규제가 어떻게 될지는 두고 볼 일입니다.

사회적 해결책과 기술적 해결책

저는 사회문제를 해결하는 데는 사회적 해결책과 기술적 해결책,

이 두 가지가 있다고 봐요. 사회적 해결책은 시민 단체나 정부 기관의 캠페인, 그리고 법과 제도의 개선 같은 방법입니다. 기술적 해결책은 기술혁신을 통해 사회적·경제적인 구조 변화를 이끌어 내는 방식이고요.

이를테면 기후 위기에 따른 에너지 문제에 직면해 있다고 가정해 봅시다. 전기 사용량은 계속 늘어나는데, 화력발전소를 짓자니 온실가스 배출이 염려되는 상황이에요. 이럴 때 사회적 해결책으로 정부가 '전기를 아껴 쓰자'는 캠페인을 벌이거나 전기 요금을 인상하여 사람들의 행동을 전기 소비를 줄이는 쪽으로 유도할 수 있죠. 환경 단체는 화력발전소의 신규 건설 중단을 요구하고, 정부가 이를 수용하는 정책을 내놓을 수도 있을 거고요.

반면에 기술적 해결책은 기술혁신을 통해 경제 구조를 재편하는 거예요. 풍력발전이나 태양열발전의 효율성을 높이고 생산 단가를 개선하면, 자연스레 경제의 중심축을 재생에너지 산업으로 이동시킬 수 있을 테니까요. 그러면 사람들의 행동 양식과 문화도 자연스레 바뀌죠.

사회적 해결책과 기술적 해결책은 양자택일의 문제가 아닙니다. 세상에 좋은 영향을 끼치는 변화는 사회적 해결책과 기술적 해결책이라는 두 바퀴로 굴러갑니다. 채식이 사회적 해결책이라면, 배양육은 기술적 해결책이죠. 기술혁신만 기다리면서 아무것도 하지 않는다거나, 기술혁신이 불러오는 사회적 변화에 대해 무관심한 태도는 모두 좋지 않아요.

2050년에는 세계 인구가 97억으로 예상됩니다. 100억에 육박하는 인구죠. 이들을 부양하려면, 얼마나 많은 비인간동물이 죽어야 할까요? 날로 심해지는 태풍과 이상고온현상을 그저 일상으로 받아들여야 할까요? 분명한 사실은 우리가 무언가를 해야 한다는 것입니다.

주

|1부| 동물은 왜 불행해졌을까?

1. 야생에서 처음 만나다 _동물과 인간, 그 교감의 오랜 역사

1. 엘머 펠트캄프(Elmer Veldkamp), (2011), 「한국사회의 동물 위령제를 통해 본 동물의 죽음에 대한 사회적 인식의 변화」, 《비교문화연구》 제17집 2호, 서울대학교 비교문화연구소, pp.87-124.
2. 에두아르도 콘, (2018), 『숲은 생각한다』, 차은정 옮김, 사월의책. (원서 출판 2013)
3. 남종영, (2011), 『고래의 노래』, 궁리.
4. 브라이언 페이건, (2016), 『위대한 공존』, 김정은 옮김, 반니. (원서 출판 2015)
5. 팻 시프먼, (2017), 『침입종 인간』, 조은영 옮김, 푸른숲. (원서 출판 2015)
6. Haynes, G., (2002), The catastrophic extinction of North American mammoths and mastodonts. *World Archaeology* 33(3), pp.391-416.
7. Kellert S.R., (1993), The biological basis for human values of nature, *The biophilia hypothesis*, pp.42-69.

2. 동물 지배의 기원 _가축화 사건

8. 재러드 다이아몬드, (1998), 『총, 균, 쇠』, 김진준 옮김, 문학사상사, pp.234-259. (원서 출판 1997)
9. 제임스 서펠, (2003), 『동물, 인간의 동반자』, 윤영애 옮김, 들녘코기토, pp.95-112. (원서 출판 1986)
10. 제러미 리프킨, (2010), 『공감의 시대』, 이경남 옮김, 민음사, pp.238-239. (원서 출판 2009)
11. 찰스 패터슨, (2014), 『동물 홀로코스트』, 정의길 옮김, 휴. (원서 출판 2002)
12. 제임스 서펠, (2003), 『동물, 인간의 동반자』, 윤영애 옮김, 들녘코기토, pp.21-24.

13. 찰스 패터슨, (2014), 『동물 홀로코스트』, 정의길 옮김, 휴, p.31.
14. 다음에서 재인용. 마고 드멜로, (2018), 『동물은 인간에게 무엇인가』, 천명선·조중헌 옮김, 공존, pp.132-133. (원서 출판 2014)

3. 모든 동물은 평등할까 _동물 통치 체제의 윤리적 딜레마

15. 조지 오웰, (1991), 『동물농장·1984년』, 김회진 옮김, 범우사, p.424. (원서 출판 1945)
16. 존 버거, (2020), 『본다는 것의 의미』, 동문선. (원서 출판 1992)
17. 남종영, (2017), 『잘 있어, 생선은 고마웠어』 한겨레출판, pp.257-262; Lorimer, J. and Driessen, C., (2013), Bovine biopolitics and the promise of monsters in the rewilding of Heck cattle, *Geoforum* 48, pp.249-259.
18. 우병준, (2014), 「EU 동물복지정책 동향」, 《세계농업》 163호. [Online] http://asq.kr/YiJtk1

| 2부 | 비인간동물님, 정말 안녕하신가요?

4. 불쌍한 닭들의 행성 _인류세와 공장식축산

19. 앤드루 롤러, (2015), 『치킨로드』, 이종인 옮김, 책과함께. (원서 출판 2014)
20. 헨리 조지, (2019), 『진보와 빈곤』, 이종인 옮김, 현대지성. (원서 출판 1879)
21. 조너선 사프란 포어, (2011), 『동물을 먹는다는 것에 대하여』, 송은주 옮김, 민음사. (원서 출판 2009)
22. Smil, Vaclav, (2011), Harvesting the biosphere: The human impact, *Population and development review* 37(4), pp.613-636.

5. 인간들의 가짜 영웅 _우주 동물 라이카와 동물실험

23. BBC, (1957), Russians launch dog into space, *BBC* November 3. [Online] http://asq.kr/ZCpWgZ

24. Hankins, Justin, (2004), Lost in space, *Guardian* March 20. [Online] http://asq.kr/za7G0
25. 농림축산식품부, (2020), 「2019년 실험동물 보호·복지 관련 실태조사 결과」, 6월 16일 자 보도자료.
26. 다음에서 재인용. 할 헤르조그, (2011), 『우리가 먹고 사랑하고 혐오하는 동물들』, 김선영 옮김, 살림, p.327. (원서 출판 2010)
27. 농림축산식품부, (2020), 「2019년 실험동물 보호·복지 관련 실태조사 결과」, 6월 16일 자 보도자료.
28. Morell, Virginia, (2015), Rats see the pain in other rats' faces. *Science Magazine* March 31. [Online] http://asq.kr/xwrqIUT
29. 최유경, (2020), 「법정에 선 이병천 교수…"실험견 고통 줄였는데 기소돼 아이러니"」, 《KBS》 10월 9일. [Online] http://asq.kr/Z3etrlAH
30. Cruelty Free International, (2015), Facts and figures on animal testing. [Online] http://asq.kr/zlsA
31. Nelson, Amy, (2009), The legacy of Laika, ed: Brantz Dorothess, *Beastly Nature*, University of Virginia Press.

6. 불도그는 죄가 없어! _순종견 집착에 관한 불편한 진실

32. 찰스 다윈, (2019), 『종의 기원』, 장대익 옮김, 사이언스북스. (원서 출판 1859)
33. Balsley, C. S., (2017), *The Effect of Inbreeding and Life History Traits on the Risk of Cancer Mortality in Dogs*, Arizona state university. 다음에서 재인용. 클라이브 D. L. 윈, (2020), 『개는 우리를 어떻게 사랑하는가』, 전행선 옮김, 현암사. (원서 출판 2019)
34. 할 헤르조그, (2011), 『우리가 먹고 사랑하고 혐오하는 동물들』, 김선영 옮김, 살림.
35. 윤희본, (2007), 『윤희본의 진돗개 이야기』, 꿈엔들.

7. 진돗개의 불운한 일생 _유기견으로 전락한 우리나라 토종개

36. 김정호, (1979), 『진도견』, 전남일보 출판국.
37. 이상오, (1971), 『수렵비화(한국야생동물기)』, 박우사. (초판 1959)
38. 이슬기, (2018), 「치앙마이에는 '커뮤니티 개'가 산다」, 《한겨레 애니멀피플》 7월 23일. [Online] http://asq.kr/YK1L8

39. 클라이브 D. L. 윈, (2020), 『개는 우리를 어떻게 사랑하는가』, 전행선 옮김, 현암사, p.89.

40. 농림축산식품부, (2021), 「2020년 반려동물 보호·복지 실태조사 결과」, 5월 18일 자 보도자료. [Online] http://asq.kr/XxYJz6N

8. 돌아갈 곳 없는 오랑우탄들 _대멸종 시대와 위기의 야생동물

41. Nater, A., Mattle-Greminger, M. P., Nurcahyo, A., Nowak, M. G., De Manuel, M., Desai, T., Groves, C., Pybus, M., Sonay, T. B., Roos, C. and Lameira, A. R., (2017). Morphometric, behavioral, and genomic evidence for a new orangutan species. *Current Biology* 27(22), pp.3487-3498.

42. Voigt, M., Wich, S. A., Ancrenaz, M., Meijaard, E., Abram, N., Banes, G. L., Campbell-Smith, G., d'Arcy, L. J., Delgado, R. A., Erman, A. and Gaveau, D., (2018), Global demand for natural resources eliminated more than 100,000 Bornean orangutans. *Current Biology* 28(5), pp.761-769.

43. Union of Concerned Scientists, (2013), Palm Oil and Global Warming. [Online] http://asq.kr/YsRXY

44. 남종영, (2017), 「범고래가 죽으며 남긴 경고문…"아이들이 사라진다"」, 《한겨레》 5월 29일. [Online] http://asq.kr/YEiEmU

45. Desforges, J. P., Hall, A., McConnell, B., Rosing-Asvid, A., Barber, J. L., Brownlow, A., De Guise, S., Eulaers, I., Jepson, P. D., Letcher, R. J. and Levin, M., (2018), Predicting global killer whale population collapse from PCB pollution. *Science* 361(6409), pp.1373-1376.

46. Molnàr, P. K., Bitz, C. M., Holland, M. M., Kay, J. E., Penk, S. R. and Amstrup, S. C., (2020), Fasting season length sets temporal limits for global polar bear persistence, *Nature Climate Change* 10(8), pp.732-738.

47. Blackburn, Tim M., Céline Bellard, and Anthony Ricciardi, (2019), Alien versus native species as drivers of recent extinctions, *Frontiers in Ecology and the Environment* 17(4), pp.203-207.

48. Jean-Christophe Vie, Jean-Christophe, Craig Hilton-Taylor, and Simon N. Stuart, eds., (2009), *Wildlife in a changing world: an analysis of the 2008 IUCN Red List of threatened species*, IUCN, pp.19-20.

49. 송경은, (2018), 「세계 개구리 멸종으로 내몬 항아리곰팡이, 한국이 발원지」, 《동아사이언스》 5월 11일. [Online] http://asq.kr/qkEyQ

50. Temple, S. A., (1977), Plant-animal mutualism: coevolution with dodo leads to near extinction of plant, *Science* 197(4306), pp.885-886.

51. 엘리자베스 콜버트, (2017), 『여섯 번째 대멸종』, 이혜리 옮김, 처음북스, pp.25-27. (원서 출판 2014)

52. Reece, Jane B. and Taylor, Martha R. et al., (2011), 『생명과학: 개념과 현상의 이해 7 판』, 김명원 등 옮김, 피언슨에듀케이션코리아, pp.274-275. (원서 출판 1987)

9. 남방큰돌고래 제돌이는 왜 특별한가 _ 동물원의 이면

53. 남종영, (2017), 『잘 있어, 생선은 고마웠어』, 한겨레출판.

54. Mann, J., Stanton, M. A., Patterson, E. M., Bienenstock, E. J. and Singh, L. O., (2012), Social networks reveal cultural behaviour in tool-using dolphins, *Nature communications* 3(1), pp.1-8.

55. Allen, S. J., King, S. L., Krützen, M. and Brown, A. M., (2017), Multi-modal sexual displays in Australian humpback dolphins, *Scientific reports* 7(1), pp.1-8.

56. Simóes-Lopes, P. C., Fabián, M. E. and Menegheti, J. O., (1998), Dolphin interactions with the mullet artisanal fishing on southern Brazil: a qualitative and quantitative approach, *Revista Brasileira de Zoologia* 15(3), pp.709-726.

57. Mullan, B. and Marvin Garry, (1999), *Zoo Culture*, University of Illionis Press. 다음에서 재인용. 마고 드멜로, (2018). 『동물은 인간에게 무엇인가』, 천명선·조중헌 옮김, 공존, p.153.

58. Reamer, David, (2020), How a 1960s publicity stunt landed a baby elephant named Annabelle in Alaska, *Anchorage Daily News* October 6. [Online] http://asq.kr/XI5wm

59. 마고 드멜로, (2018), 『동물은 인간에게 무엇인가』, 천명선·조중헌 옮김, 공존, p.148.

60. 남종영, (2019), 「수족관 흰고래야 미안해-세계 최초 '돌고래 바다쉼터'」, 《한겨레 애니멀피플》 10월 7일. [Online] http://asq.kr/ZdJwbo

61. 해양수산부, (2021), 「제1차 수족관 관리 종합계획(2021~2025)」. [Online] http://asq.kr/YbRuVm

10. 너는 고릴라를 보았니? _생명의 위계에 대한 다윈의 대답

62. Simons D. J. and Chabris C. F., (1999), Gorillas in our midst: Sustained inattentional blindness for dynamic events, *Perception* 28, pp.1059-1074.

63. 송혜민, (2008), 「英 기억력 챔피언, 침팬지에게 졌다」,《서울신문》1월 29일. [Online] http://asq.kr/YIbbL

64. Inoue S. and Matsuzawa T., (2007), Working memory of numerals in chimpanzees. *Current Biology* 17(23), pp.R1004-R1005.

65. 템플 그랜딘·캐서린 존슨, (2006), 『동물과의 대화』, 권도승 옮김, 샘터사. (원서 출판 2005)

66. 조슈아 포어, (2016), 『1년 만에 기억력 천재가 된 남자』, 류현 옮김, 갤리온. (원서 출판 2011)

67. 버지니아 모렐, (2014), 『동물을 깨닫는다』, 곽성혜 옮김, 추수밭. (원서 출판 2013)

11. 우리가 동물을 혐오하는 이유 _두려움과 배제의 메커니즘

68. 데이비드 버스, (2012), 『진화심리학: 마음과 행동을 탐구하는 새로운 과학』, 이충호 옮김, 웅진지식하우스, p.162. (원서 출판 4판 2012)

69. 데이비드 버스, (2012), 『진화심리학: 마음과 행동을 탐구하는 새로운 과학』, 이충호 옮김, 웅진지식하우스, pp.162-165.

70. Crockford, C., Wittig, R. M. and Zuberbühler, K., (2017), Vocalizing in chimpanzees is influenced by social-cognitive processes. *Science Advances* 3(11), p.e1701742.

71. 임재영, (1993), 「漢拏山의 珍客, 노루 돌아왔다」,《동아일보》1월 10일 22면.

72. 허호준, (1993), 「한라산의 노루 위협, 들개 포살 작전」,《한겨레》6월 27일 15면.

73. 황경근, (2012), 「제주 한라산 상징서 천덕꾸러기로 '포획 합법화'…14일까지 마지막 절차만 남아」,《서울신문》12월 2일 12면. [Online] http://asq.kr/XEl41

74. 제주특별자치도 세계유산본부, (2019), 「제주 노루 행동·생태·관리」, 제주특별자치도.

75. 제주환경운동연합, (2019), 「제주노루 유해야생동물 지정 해제하고, 보호계획 마련하라」, 3월 7일 자 보도자료. [Online] http://jeju.ekfem.or.kr/archives/15091

12. 데카르트를 이긴 과학 _동물도 고통을 느끼는가

76. 다음에서 재인용. 김봉규·김경집·고규홍, (2012), 『생각하는 십 대를 위한 철학 교과서』, 꿈결, p.152
77. 다음에서 재인용. 엠마 타운센드, (2011), 『다윈의 개: 진화론을 설명하는 세상에서 가장 쉬운 이야기』, 김은영 옮김, 북로드, p.148. (원서 출판 2009)
78. 마크 롤랜즈, (2018), 『동물도 우리처럼』, 윤영삼 옮김, 달팽이출판. (원서 출판 2002)
79. 조너선 밸컴, (2017), 『물고기는 알고 있다』, 양병찬 옮김, 에이도스. (원서 출판 2016)

13. 동물 그리고 여성 _혐오의 사슬

80. 매트 리들리, (2004), 『본성과 양육』, 김한영 옮김, 김영사. (원서 출판 2003)
81. 동물자유연대, (2021), 「동물자유연대, '고어 전문' 오픈채팅방 동물 학대자 고발」, 1월 8일 자 보도자료. [Online] https://animals.or.kr/report/press/56003
82. 캐럴 애덤스, (2003), 『프랑켄슈타인은 고기를 먹지 않았다』, 류현 옮김, 미토, p.125. 다음 책으로 재출간. 캐럴 애덤스, (2018), 『육식의 성정치』, 류현 옮김, 이매진. (원서 출판 1990)
83. 피터 싱어, (2012), 『동물 해방』, 김성한 옮김, 연암서가, p.35. (원서 출판 4판 2009)

|4부| 동물 해방을 위한 철학 수업

14. 도덕공동체로 당신을 초대합니다 _동물의 도덕적 지위

84. 농림축산검역본부, 축산물안전관리시스템. [Online] http://asq.kr/Ycd2KA

15. 동물에게도 권리가 있을까? _동물권 철학의 탄생

85. 섬나리, (2021). 「생추어리의 '새벽이'만 특별한 돼지가 아니다」, 《한겨레 애니멀피플》 7월 27일. [Online] http://asq.kr/zYRvxmgU

16. 침팬지의 인신 보호를 신청하다 _비인간인격체 운동

86. Gallup, G. G., (1970), Chimpanzees: self-recognition, *Science* 167(3914), pp.86-87.
87. Reiss, D. and Marino, L., (2001), Mirror self-recognition in the bottlenose dolphin: A case of cognitive convergence, *Proceedings of the National Academy of Sciences* 98(10), pp.5937-5942.
88. 다음에서 재인용. 데이비드 보이드, (2020), 『자연의 권리』, 이지원 옮김, 교유서가. (원서 출판 2017)
89. Brulliard, Karin, (2017). Three elephants in Connecticut just got a lawyer, *The Washington Post* November 14. [Online] http://asq.kr/TuTeX
90. Shannon, Joel, (2021), Case asking courts to free elephant 'imprisoned' in Bronx zoo heads to New York's highest court, *USA today* May 4. [Online] http://asq.kr/YxObz6
91. Nonhuman Rights Project, (2018), *Visiting our clients Hercules and Leo at their new sanctuary home* Nonhuman Right blog, November 19. [Online] http://asq.kr/MWG9F

17. 공감한다, 고로 존재한다 _거울뉴런과 동물권

92. 마르코 야코보니, (2009), 『미러링 피플』, 김미선 옮김, 갤리온. (원서 출판 2008)
93. 프란스 드발, (2017), 『공감의 시대』, 최재천·안재하 옮김, 김영사. (원서 출판 2009)
94. Church, R.M., (1959), Emotional reactions of rats to the pain of others, *Journal of comparative and physiological psychology* 52(2), p.132.
95. 프란스 드발, (2017), 『공감의 시대』, 최재천·안재하 옮김, 김영사, p.106
96. William Mullen, (2004), One by one, gorillas pay their last respects, *Chicago Tribune* December 8.
97. 남종영, (2018), 「아기고래야, 제발 가라앉지 마」, 《한겨레21》 1225호. [Online] http://asq.kr/XeOPYS
98. King, Barbara, (2014), *How animals grieve*, The University of Chicago Press.,
99. Chicago Tribune, (2016), 20 years ago today: Brookfield Zoo gorilla helps boy who fell into habitat. *Chicago Tribune*. [Online] http://asq.kr/KxTbH
100. ABC News, (1996), Gorilla Carries 3-Year-Old Boy to Safety in 1996 Incident, *ABC News*. [VIDEO] [Online] http://asq.kr/Z59WnH

101. 제러미 리프킨, (2010), 『공감의 시대』, 이경남 옮김, 민음사, pp.11-13.
102. 남종영, (2015), 「비인간인격체 여행#1 돌고래는 왜 찾아오는가」, 《허핑턴포스트》 10월 27일. [Online] https://www.huffingtonpost.kr/jongyoung-nam/story_b_8396074. html
103. Kühl, H. S., Boesch, C., Kulik, L., Haas, F., Arandjelovic, M., Dieguez, P., Bocks-berger, G., McElreath, M. B., Agbor, A., Angedakin, S. and Ayimisin, E. A., (2019), Human impact erodes chimpanzee behavioral diversity, *Science* 363(6434), pp.1453-1455.

| 5부 | 동물권에도 뉴노멀이 필요하다

18. 인간들만의 '사회적 거리 두기' _팬데믹과 공장식축산

104. Shi, J., Wen, Z., Zhong, G., Yang, H., Wang, C., Huang, B., Liu, R., He, X., Shuai, L., Sun, Z. and Zhao, Y., (2020), Susceptibility of ferrets, cats, dogs, and other domesticated animals to SARS-coronavirus 2, *Science* 368(6494), pp.1016-1020.
105. 남종영, (2020), 「밍크들의 재앙으로 번진 코로나19」, 《한겨레 애니멀피플》 6월 8일. [Online] http://asq.kr/1wjxV4vve2
106. Humane Society UK, (2020), Press Release: Video—Mink tossed in gas chamber like trash as Dutch fur farms "harvest" their final mink for fur before industry closes for good. 편집본은 [VIDEO] [Online] https://youtu.be/7x5DCUxcDLs
107. 윤신영, (2020), 「논란의 밍크 유래 추정 코로나 변이 살펴보니 "관찰 필요하지만 과대 해석 금물"」, 동아사이언스 홈페이지, 11월 10일. [Online] http://asq.kr/yCMyxST
108. Mena, I., Nelson, M. I., Quezada-Monroy, F., Dutta, J., Cortes-Fernández, R., Lara-Puente, J. H., Castro-Peralta, F., Cunha, L. F., Trovão, N. S., Lozano-Dubernard, B. and Rambaut, A., (2016), Origins of the 2009 H1N1 influenza pandemic in swine in Mexico, *Elife* 5, p.e16777.

109. Nguyen, Tricia., and Saleh, Malak et al., (2020), *Special Report 4: Impact of COVID 19 Mitigation on Wildlife-vehicle conflict*, Road Ecology Cener UC Davis.

110. Rutz, C., Loretto, M. C., Bates, A. E., Davidson, S. C., Duarte, C. M., Jetz, W., Johnson, M., Kato, A., Kays, R., Mueller, T. and Primack, R. B., (2020), COVID-19 lockdown allows researchers to quantify the effects of human activity on wildlife, *Nature Ecology & Evolution* 4(9), pp.1156-1159; Gill, Victoria, (2020), Coronavirus: Wildlife scientists examine the great 'human pause', *BBC News*, June 23. [Online] http://asq.kr/xdOnMQsg

111. Gössling, S., Scott, D. and Hall, C. M., (2020), Pandemics, tourism and global change: a rapid assessment of COVID-19, *Journal of Sustainable Tourism*, pp.1-20.

112. Gammon, Katharine., (2019), Los Angeles to build world's largest wildlife bridge across 10-lane freeway, *Guardian*, August 21. [Online] http://asq.kr/m3DQx

20. 세상 모든 사람이 채식을 한다면? _육식의 비용

113. FAO, (2017), Livestock solutions for climate change. [Online] http://asq.kr/hGeTT

114. Springmann, M., Godfray, H. C. J., Rayner, M. and Scarborough, P., (2016), Analysis and valuation of the health and climate change cobenefits of dietary change, *Proceedings of the National Academy of Sciences*, 113(15), pp.4146-4151.

115. 남종영, (2019), 「영국 대학 구내식당에선 왜 소고기를 안 팔까?」, 《한겨레 애니멀피플》 11월 29일. [Online] http://asq.kr/yGf5bW

116. 다음에서 재인용. 폴 사피로, (2019), 『클린 미트』, 이진구 옮김, 흐름출판, p.47. (원서 출판 2018)

117. 폴 사피로, (2019), 『클린 미트』, 이진구 옮김, 흐름출판, p.57.

118. Zampa, Matthew, (2018), How many animals are killed for food everyday?, *Sentient Times* September 16.

119. 폴 사피로, (2019), 『클린 미트』, 이진구 옮김, 흐름출판, p.162.

도판 출처

들어가며

p.4   ©남종영

|1부| 동물은 왜 불행해졌을까?

p.16   ©농림축산검역본부
p.21   public domain(Nicolaas Witsen, Noord en Oost Tartarye, First print: Amsterdam, 1692)
p.26   ©Billwhittaker(2010, Wikipedia, CC BY-SA 3.0)
p.35   public domain(J. T. Newman, The Picture Magazine, 1895)
p.45   ©Jo Frederiks(2015, Wikimedia Commons, CC BY 3.0)
p.51   ©Juina24hr(shutterstock.com)
p.60   public domain(Le Cochon Prodigue, 1919)

|2부| 비인간동물님들, 정말 안녕하신가요?

p.67   ©noppadon sangpeam(shutterstock.com)
p.69   ©Anish Pandya(shutterstock.com)
p.70   ©C.Lotongkum(shutterstock.com)
p.73(위)   ©oYOo(shutterstock.com)
p.73(아래) ©rtem(shutterstock.com)
p.79   ©연합뉴스
p.83   ©Kirill Kurashov(shutterstock.com)
p.90   public domain(Unknown photographer, 1906)
p.96   ©Fæ(2014, Wikimedia Commons, CC BY 4.0)
p.97   ©Ann Tyurina(shutterstock.com)

p.103   ⓒ국가기록원
p.106   ⓒ남종영
p.108   ⓒ연합뉴스
p.110   ⓒ남종영
p.115   ⓒRich Carey(shutterstock.com)
p.117   ⓒ남종영
p.121   ⓒ남종영
p.124   public domain(Roelant Savery, ca. 1626)
p.129   ⓒ남종영
p.133   public domain(Thomas Rowlandson, 1816, Select views of London)
p.139   ⓒ연합뉴스
p.142   ⓒ제주도 해양수산연구원

ㅣ3부ㅣ 우리 안의 종차별주의

p.147   ⓒDaniel J. Simons and Christopher F. Chabris
p.149   ⓒ연합뉴스
p.154   ⓒ(Temple Grandin, 2009, How does visual thinking work in the mind of a
               person with autism?)
p.159   public domain(G. Avery, 1876, Scientific American)
p.161   public domain(Charles Darwin, 1837, Notebook B)
p.168   public domain(American Red Cross in France)
p.174   ⓒ연합뉴스
p.177   ⓒ남종영
p.182   public domain(Jan Steen, ca. 1666)
p.185   public domain(A. Konby, 1899, Scientific American)
p.191   ⓒ남종영
p.194   ⓒAndrii Vodolazhskyi(shutterstock.com)
p.195   ⓒBangtalay(shutterstock.com)
p.198   ⓒCharles Darwin and Robert Fitzroy and Phillip Parker King(1839,
               Narrative of the Surveying Voyages of His Majesty's Ships Adventure and
               Beagle: Between the Years 1826 and 1836, Volume 3, Henry Colburn)
p.201(위)   public domain(Anonymous, 1968)

| 5부 | 동물권에도 뉴노멀이 필요하다

북트리거 일반 도서

북트리거 청소년 도서

안녕하세요, 비인간동물님들!

고단한 동료 생명체를 위한 변호

1판 1쇄 발행일 2022년 2월 10일
1판 5쇄 발행일 2024년 5월 10일

지은이 남종영
펴낸이 권준구 | 펴낸곳 (주)지학사
본부장 황홍규 | 편집장 김지영 | 편집 공승현 명준성
책임편집 김지영 | 디자인 스튜디오 진진
마케팅 송성만 손정빈 윤술옥 | 제작 김현정 이진형 강석준 오지형
등록 2017년 2월 9일(제2017-000034호) | 주소 서울시 마포구 신촌로6길 5
전화 02.330.5265 | 팩스 02.3141.4488 | 이메일 booktrigger@naver.com
홈페이지 www.jihak.co.kr | 포스트 post.naver.com/booktrigger
페이스북 www.facebook.com/booktrigger | 인스타그램 @booktrigger

ISBN 979-11-89799-66-3 03330

북트리거

트리거(trigger)는 '방아쇠, 계기, 유인, 자극'을 뜻합니다.
북트리거는 나와 사물, 이웃과 세상을 바라보는 시선에 신선한 자극을 주는 책을 펴냅니다.